빠른시작

# 빠작

중학 국어 **비문학 독해**

# 0

## ▎ 중학 국어 빠작 시리즈

**비문학 독해 0, 1, 2, 3** ┃ 독해력과 어휘력을 함께 키우는 독해 기본서

**문학 독해 1, 2, 3** ┃ 필수 작품을 통해 문학 독해력을 기르는 독해 기본서

**문학x비문학 독해 1, 2, 3** ┃ 문학 독해력과 비문학 독해력을 함께 키우는 독해 기본서

**고전 문학 독해** ┃ 필수 작품을 통해 고전 문학 독해력을 기르는 독해 기본서

**어휘 1, 2, 3** ┃ 내신과 수능의 기초를 마련하는 중학 어휘 기본서

**한자 어휘** ┃ 한자를 통해 중학 국어 필수 어휘를 배우는 한자 어휘 기본서

**첫 문법** ┃ 중학 국어 문법을 쉽게 익히는 문법 입문서

**문법** ┃ 풍부한 문제로 문법 개념을 정리하는 문법서

**서술형 쓰기** ┃ 유형으로 익히는 실전 TIP 중심의 서술형 실전서

## ▎ 이 책을 쓰신 선생님

최두호(오산고) 최수경(숭곡중) 허단비(전 인화여중)

빠른시작

## 빠작

중학 국어
**비문학 독해**

**0**

# 차례
## CONTENTS

# 구성과 특징
## STRUCTURES

하나! 다양한 영역과 주제의 지문을 읽고 실전 문제로
비문학 독해 감 잡기

### 교과 학습과 연계된 다양한 주제의 지문

인문, 사회, 과학, 기술, 예술 등 5개 분야에 걸쳐 다양한 주제의 지문을 수록했습니다. 교과 학습과 연계된 유익한 지문, 최신 이슈를 반영한 흥미로운 지문은 읽는 것만으로도 학생들에게 큰 도움이 될 것입니다.

### 빠작ON+

빠른 채점, 지문 해제, 배경 지식 영상 자료, 추가 어휘 퀴즈를 온라인으로 이용 가능합니다.

인문

**01**

문제 풀이
지문 해제
관련 영상
어휘 퀴즈

## 타고난 능력이란 없다

17세기에 활동한 영국의 철학자 존 로크는 대학 시절 의학을 공부한 인물이다. 로크는 의사로서 갓난아이부터 만 6세까지의 어린아이를 접해 본 경험을 통해 태어날 때 사람의 마음 상태는 백지와 같다고 생각했다. 즉, 사람의 마음은 하얀 종이처럼 아무것도 없이 태어난다는 것이다.

로크는 사람이 어떤 지식을 얻는 것은 감각을 통해 직접 경험하거나 간접 경험함으 5 로써 이루어진다고 보았다. 이는 경험에 의지하지 않고 생각만으로도 세상을 정확하게 인식할 수 있다는 데카르트의 주장을 부정한 것이었다. 로크는 사람이 태어날 때는 백지상태이며, 그 위에 무엇인가를 보고 들은 경험이 채색되면서 세상에 대한 지식이 쌓인다고 보았다. 마치 빈 수첩을 아이디어로 채우는 것처럼 경험을 통해 수많은 생각을 마음속에 쌓아 나간다는 것이다. 10

이러한 로크의 생각은 지금은 당연하게 여겨질 수 있지만, 로크가 살던 당시에는 매우 획기적인 것이었다. 누구나 태어날 때 마음 상태가 백지라는 것은 인간에게 타고난 우열이 없다는 것을 뜻한다. 즉, 왕족의 자식이든 귀족의 자식이든 백성의 자식이든 타고난 차이가 없다는 것이다. 또한 경험을 통해 지식을 얻을 수 있다는 것은 곧 교육에 의해 인간이 만들어진다는 것을 뜻한다. 이러한 생각에서 로크는 경험론 15 을 내세우며, 사람은 경험과 학습을 통해 얼마든지 배울 수 있고 달라질 수 있음을 강조했다.

지식을 얻고 세상을 이해하는 ㉠근본을 경험에 둔 로크의 생각은 태어나서 어떤 경험을 하고 어떤 것을 배우는가에 따라 무엇이든 될 수 있다는 의미를 지닌다. 하얀 백지에 어떤 의미 있는 경험과 지식을 새겨 넣을 수 있을까? 인간에게 타고난 능력 20 이란 없으며, 경험을 통해 인간은 무엇이든 될 수 있다는 로크의 경험론은 현대를 살아가는 우리에게도 여전히 중요한 문제이다.

### TIP 다양한 영역의 지문을 읽는 것이 왜 필요한가요?

수능 국어 영역은 인문, 사회, 과학, 기술, 예술 등 다양한 분야에 걸쳐 고르게 출제됩니다. 학생들은 평소에 접하지 못한 낯선 분야의 지문이 출제되면 당황하기 때문에, 미리미리 다양한 영역의 지문을 읽어 보며 훈련을 해 두는 것이 좋습니다.

◆
**데카르트** 프랑스의 수학자·철학자(1596~1650). '나는 생각한다. 고로 나는 존재한다.'라는 명제를 자신의 철학적 기초로 삼았다.
**우열** 나음과 못함.

## 1

■ 정답과 해설 1쪽

**윗글에서 알 수 있는 로크의 견해로 적절하지 않은 것은?**

① 갓 태어난 사람의 마음 상태는 백지와 같다.

② 경험에 의지하지 않고도 세상을 이해할 수 있다.

③ 감각을 통해 직접 경험함으로써 지식을 얻을 수 있다.

④ 무엇인가를 보고 들은 경험을 통해 세상에 대한 지식이 쌓인다.

⑤ 사람은 경험과 학습을 통해 얼마든지 배울 수 있고, 달라질 수 있다.

인문 01

**실전 문제**

지문을 읽은 후 문제를 풀며 자신이 지문을 올바르게 읽었는지 확인해 보세요. 지문의 내용과 일치하는지를 묻는 문제, 지문의 내용을 구체적인 사례에 적용하는 문제 등 독해력을 키우는 데 도움이 되는 문제들로만 구성했습니다.

## 2

**윗글에 대한 설명으로 가장 적절한 것은?**

① 사람의 타고난 마음에 대한 여러 견해를 비교하고 있다.

② 사람의 마음에 대한 두 견해를 제시하고 이를 종합하고 있다.

③ 동일한 시기에 등장한 여러 사상들을 열거하며 소개하고 있다.

④ 특정 사상의 내용과 그로부터 이끌어 낸 의미를 설명하고 있다.

⑤ 특정 사상이 등장하게 된 시대적 배경과 한계를 분석하고 있다.

◆ **종합** 여러 가지를 한데 모아서 합함.

## 3 어휘

**㉠과 문맥적 의미가 가장 유사한 것은?**

① 결과          ② 바탕          ③ 쓸모

④ 태도          ⑤ 한계

**어휘 문제**

실제 수능 비문학 시험에서는 독해 외에 어휘 문제도 출제되는 점을 감안하여 실전 형태의 어휘 문제를 추가했습니다.

# 구성과 특징
## S T R U C T U R E S

독해력과 어휘력을 함께 키우는
특별한 구성

**둘!** 독해력과 어휘력을 함께 키우는
특별한 구성

**독해의 기초를 다져 주는 ·**
**'지문 분석'**

빈칸을 채워 나가는 과정을 통해 독해의 기본 원리인 지문 분석 방법을 자연스럽게 익힐 수 있습니다.

**지문
분석**

**문단 요약**

**1**

각 문단의 중심 내용을 다음과 같이 정리할 때, 빈칸에 들어갈 내용을 써 보자.

**1문단** 로크는 태어날 때 사람의 마음 상태는 (          )와 같다고 생각했다.

▼

**2문단** 로크는 사람이 어떤 지식을 얻는 것은 (          )으로부터 이루어진다고 보았다.

▼

**3문단** 로크는 (          )을 내세우며, 사람은 경험과 학습을 통해 얼마든지 배울 수 있고 달라질 수 있음을 강조했다.

▼

**4문단** 로크의 경험론은 (          )를 살아가는 우리에게도 여전히 중요한 문제이다.

**정보 확인**

**2**

다음 빈칸을 채워 가며, 로크의 경험론을 정리해 보자.

태어날 때 사람의 마음 상태는 (          )와 같음.

▼

인간에게 타고난 (          )은 없음.

▼

경험을 통해 (          )을 얻을 수 있음.

▼

(          )에 의해 인간이 만들어짐.

▼

사람은 (          )과 (          )을 통해 얼마든지 배울 수 있고 달라질 수 있음.

**TIP** **국어 독해에서 왜 지문 분석이 중요한가요?**

실제 독해 강의에서 가장 중요하게 다루는 것이 지문 분석입니다. 각 문단의 중심 내용을 정리한 후 이를 바탕으로 글의 구조를 파악하고 주제를 찾아내는 것이 독해의 기본 원리이기 때문입니다. 이 책에서는 '지문 분석'을 통해 독해의 기본 원리를 부담 없이 익힐 수 있습니다.

**배경지식**

## 로크가 강조한 경험은 무엇일까? ——

존 로크(1632~1704)는 영국의 철학자이자 정치 사상가예요. 로크는 인간은 백지와 같은 상태로 태어난다고 보았어요. 착한 마음도 악한 마음도 갖지 않고 태어난다는 것이지요. 그러면서 인간은 여러 가지 경험을 하면서 텅 빈 마음을 채우게 된다고 했어요.

그렇다면 로크가 말한 경험은 무엇일까요? 로크는 **감각**을 **강조**했어요. 그러니까 보고, 듣고, 냄새 맡고, 맛보고, 느끼는 다섯 가지 감각을 통해서 지식이 쌓인다고 본 거예요. 좀 더 자세히 말하자면, 감각을 통해 알게 된 것을 마음속으로 다시 한 번 생각하고 정리하면서 지식을 얻게 된다는 것이지요. 로크는 **감각을 통해서 얻는 지식이야말로 가장 정확하고 확실한 지식**이라고 생각했답니다.

이러한 생각을 담은 로크의 경험론은 널리 퍼지면서 영국의 경험주의 철학의 바탕이 되었어요.

존 로크

#존 로크    #경험론    #감각    #경험    #경험주의 철학

---

● 지문 이해를 도와주는
'**배경지식**'

지문 내용과 관련된 배경지식을 수록하여 지문을 보다 쉽게 이해할 수 있습니다. 배경지식을 차곡차곡 읽다 보면 독해나 논술에 도움이 되는 기초 교양을 자연스럽게 쌓아 나갈 수 있습니다.

---

**어휘·어법**

**1~3**  다음 뜻풀이에 해당하는 단어를 〈보기〉에서 찾아 써 보자.

> 보기
>
> 감각    강조    인식

1 사물을 분별하고 판단하여 앎. (          )
2 어떤 부분을 특별히 강하게 주장하거나 두드러지게 함. (          )
3 눈, 코, 귀, 혀, 살갗을 통하여 바깥의 어떤 자극을 알아차림. (          )

**4~6**  다음 빈칸에 들어갈 알맞은 단어를 〈보기〉에서 찾아 써 보자.

> 보기
>
> 갓    마치    즉

4 (          ) 영화 속 주인공이 된 것 같다.
5 그는 이제 (          ) 스물이 된 청년이었다.
6 그녀가 당선되려면 과반수, (          ) 20명 이상의 표를 얻어야 한다.

---

**Tip**  • 상태(형상 狀, 모양 態) 사물·현상이 놓여 있는 모양이나 형편. ◎ 건강 상태가 좋다.
　　• 상황(형상 狀, 상황 況) 일이 되어 가는 과정이나 형편. ◎ 상황이 유리하다.

---

● 지문과 연계해 익히는
'**어휘·어법**'

'어휘·어법'을 통해 지문에 나온 어휘의 의미와 쓰임을 바로 확인할 수 있어서 독해력과 어휘력을 함께 키울 수 있습니다. 특히 〈 Tip 〉에서는 서로 혼동하기 쉬운 어휘나 시험에 자주 출제되는 어법 등 꼭 기억해야 할 어휘들을 모아 소개했습니다.

아래의 개념은 문제에서 자주 언급되는 것들이니 꼭 기억해 두자!

## 비문학 주요 개념

| | |
|---|---|
| **화제** | • 글쓴이가 글에서 다루는 소재로, 중심이 되는 화제를 '중심 화제'라고 함.<br>• 글에서 자주 반복되거나 많이 언급되는 대상인 경우가 많음. ≒ 핵심어 |
| **논지**<br>= 주제 = 결론 | • 글에서 말하고자 하는 취지로, 쉽게 말해 글에서 말하고자 하는 '주제', '결론'을 뜻함.<br>• '논지 전개 방식'이란 글의 주제를 이끌어 내기 위해 설명이나 논리를 전개하는 방식을 뜻함. |
| **중심 문장** | • 문단의 핵심 내용이 담겨 있는 문장<br>• 대체로 문단의 처음이나 끝 부분에 제시되는 경우가 많음. |
| **뒷받침 문장** | • 중심 문장의 내용을 자세히 설명하는 내용이 담겨 있는 문장<br>• 구체적인 사례를 들거나 중심 문장의 내용을 좀 더 쉽게 풀어서 설명하는 경우가 많음. |
| **관점**<br>= 견해 = 주장 = 생각 | • 어떤 대상이나 상황을 바라보는 태도나 방향<br>• '견해, 주장, 생각' 등과 같거나 비슷한 의미로 사용되는 경우가 많음. |
| **전제** | 어떤 사실이나 주장을 이끌어 내기 위한 기초가 되는 판단 내용이나 사실 |
| **추론** | 이미 알고 있는 정보로부터 새로운 정보를 이끌어 내는 것 |
| **비판** | 어떤 생각이나 관점, 현상이나 사물의 옳고 그름을 판단하여 밝히거나 잘못된 점을 지적하는 것 |
| **의의**<br>= 가치 = 장점 | • 어떤 사실이나 행위 따위가 갖는 중요성이나 가치<br>• 쉽게 말해 어떤 대상이나 현상이 존재함으로써 지니는 장점, 좋은 점을 뜻함. |
| **기능**<br>= 구실 = 역할 | • 하는 구실이나 작용<br>• 쉽게 말해 어떤 대상이나 현상이 하는 역할을 뜻함. |
| **수단**<br>= 방법 = 도구 | • 어떤 목적을 이루기 위한 방법이나 도구<br>• '~으로, ~을 통해' 등의 표현을 통해 알 수 있음. |
| **부연** | • 이해하기 쉽도록 설명을 덧붙여 자세히 말함.<br>• 쉽게 말해 '보충 설명'을 한다는 개념임. |
| **표제** | • 글의 전체 내용을 압축·요약한 문구<br>• 대체로 글의 중심 화제나 글 전체의 주제와 관련된 내용으로 제시됨. |
| **부제** | • 표제를 보완하는 간결한 문구<br>• 주로 표제에 언급된 내용을 구체화하는 방식으로 제시됨. |

## 비문학 글의 설명 방법

| | |
|---|---|
| **정의** | • 어떤 대상의 뜻을 명확하게 밝혀 설명하는 방법<br>• '~은/~이란 ~이다/~을 말한다', '~하는 ~' 등의 형식으로 제시되는 경우가 많음.<br>　예 '점유 이탈물'이란 점유자의 점유를 떠났지만 아직 누구의 점유에도 속하지 않는 물건을 말한다. |
| **예시** | • 구체적인 사례를 들어서 설명하는 방법<br>• '예를 들어, 예컨대' 등의 표현이 사용되는 경우가 많음.<br>　예 예를 들어 숫자 10을 뽑은 사람은 아프리카 국가의 비율이 10%일 것이라는 짐작에서 출발한다. |
| **비교** | • 두 대상이 지니고 있는 공통점을 바탕으로 설명하는 방법<br>• '~와 마찬가지로, 모두, 둘 다' 등의 표현이 사용되는 경우가 많음.<br>　예 광학 감시 방법과 레이더 감시 방법은 모두 우주 물체를 감시하고 추적하는 데 활용된다. |
| **대조** | • 두 대상이 지니고 있는 차이점을 바탕으로 설명하는 방법<br>• '반면(에), 이와 달리, 이에 비해, 반대로' 등의 표현이 사용되는 경우가 많음.<br>　예 가상 현실에서 구현된 모든 이미지는 가상이다. 반면 증강 현실은 실제와 가상이 혼합된 이미지를 구현한다. |
| **분류** | • 대상을 일정한 기준에 따라 나누어 설명하는 방법<br>• '~에는/~의 종류에는 ~이 있다, ~은 ~으로 나눌 수 있다' 등의 형식으로 제시되는 경우가 많음.<br>　예 정치 광고는 크게 '직접적인 정공법'과 '부드러운 포장법', 두 유형으로 나눌 수 있다. |
| **분석** | • 대상을 이루고 있는 구성 요소별로 나누어 설명하는 방법<br>• '~은 ~으로 구성된다/~으로 이루어져 있다' 등의 형식으로 제시되는 경우가 많음.<br>　예 앙부일구는 크게 그림자를 만드는 막대인 '영침'과 그 그림자를 받는 '시반'으로 이루어져 있다. |
| **인과** | • 어떤 일의 원인과 결과를 밝혀 설명하는 방법<br>• '왜냐하면, 그 이유는, ~ 때문에, ~한 결과, ~으로 인해' 등의 표현이 사용되는 경우가 많음.<br>　예 교통이 편리해지면서 더 많은 원료와 제품의 수송이 이루어졌고, 그 결과 산업은 비약적으로 발전했다. |

**인문**

'인문'은 인간의 사상 및 문화를 대상으로 하는 학문 분야로, 철학, 심리학, 역사학, 윤리학, 종교학, 인류학, 논리학 등이 이에 속한다. 이러한 인문 영역의 독해는 제시된 사상의 개념과 특징이 무엇인지 확인하는 읽기가 중요하다.

**사회**

'사회'란 인간 사회와 인간의 사회적 행위를 연구하는 학문 분야로, 정치, 경제, 법·제도, 미디어, 언론, 사회 문화 등을 주로 다룬다. 이러한 사회 영역의 독해에는 교과서에 제시되어 있는 사회 용어와 제도 등의 배경지식이 도움이 된다.

**과학**

'과학'은 자연의 진리와 법칙을 발견하려는 체계적인 학문 분야로, 생명 과학, 물리학, 화학, 지구 과학, 수학 등이 이에 속한다. 이러한 과학 영역은 설명하고 있는 원리를 이해하는 읽기가 중요하다.

**예술**

'예술'은 상상력을 바탕으로 새로운 아름다움을 창조하는 활동을 다루는 학문 분야로, 음악, 미술, 디자인, 건축, 연극·영화, 만화 등을 주로 다룬다. 이러한 예술 영역은 지문이나 문제에 제시된 내용이 시각 자료에 어떻게 적용되는지 잘 살펴 읽도록 한다.

**기술**

'기술'은 과학 이론을 실제로 적용하여 사물을 인간 생활에 유용하도록 가공한 것을 다루는 학문 분야이다. 이러한 기술 영역은 실생활에서 접하는 다양한 기계의 구조나 작동 원리에 관한 세부 정보를 이해하는 읽기가 중요하다.

# 타고난 능력이란 없다

　　17세기에 활동한 영국의 철학자 존 로크는 대학 시절 의학을 공부한 인물이다. 로크는 의사로서 갓난아이부터 만 6세까지의 어린아이를 접해 본 경험을 통해 태어날 때 사람의 마음 상태는 백지와 같다고 생각했다. 즉, 사람의 마음은 하얀 종이처럼 아무것도 없이 태어난다는 것이다.

　　로크는 사람이 어떤 지식을 얻는 것은 감각을 통해 직접 경험하거나 간접 경험함으로써 이루어진다고 보았다. 이는 경험에 의지하지 않고 생각만으로도 세상을 정확하게 인식할 수 있다는 데카르트◆의 주장을 부정한 것이었다. 로크는 사람이 태어날 때는 백지상태이며, 그 위에 무엇인가를 보고 들은 경험이 채색되면서 세상에 대한 지식이 쌓인다고 보았다. 마치 빈 수첩을 아이디어로 채우는 것처럼 경험을 통해 수많은 생각을 마음속에 쌓아 나간다는 것이다. 　　10

　　이러한 로크의 생각은 지금은 당연하게 여겨질 수 있지만, 로크가 살던 당시에는 매우 획기적인 것이었다. 누구나 태어날 때 마음 상태가 백지라는 것은 인간에게 타고난 우열◆이 없다는 것을 뜻한다. 즉, 왕족의 자식이든 귀족의 자식이든 백성의 자식이든 타고난 차이가 없다는 것이다. 또한 경험을 통해 지식을 얻을 수 있다는 것은 곧 교육에 의해 인간이 만들어진다는 것을 뜻한다. 이러한 생각에서 로크는 경험론을 내세우며, 사람은 경험과 학습을 통해 얼마든지 배울 수 있고 달라질 수 있음을 강조했다. 　　15

　　지식을 얻고 세상을 이해하는 ㉠근본을 경험에 둔 로크의 생각은 태어나서 어떤 경험을 하고 어떤 것을 배우는가에 따라 무엇이든 될 수 있다는 의미를 지닌다. 하얀 백지에 어떤 의미 있는 경험과 지식을 새겨 넣을 수 있을까? 인간에게 타고난 능력이란 없으며, 경험을 통해 인간은 무엇이든 될 수 있다는 로크의 경험론은 현대를 살아가는 우리에게도 여전히 중요한 문제이다. 　　20

◆ **데카르트** 프랑스의 수학자·철학자(1596~1650). '나는 생각한다. 고로 나는 존재한다.'라는 명제를 자신의 철학적 기초로 삼았다.
**우열** 나음과 못함.

# 1

**윗글에서 알 수 있는 로크의 견해로 적절하지 <u>않은</u> 것은?**

① 갓 태어난 사람의 마음 상태는 백지와 같다.

② 경험에 의지하지 않고도 세상을 이해할 수 있다.

③ 감각을 통해 직접 경험함으로써 지식을 얻을 수 있다.

④ 무엇인가를 보고 들은 경험을 통해 세상에 대한 지식이 쌓인다.

⑤ 사람은 경험과 학습을 통해 얼마든지 배울 수 있고, 달라질 수 있다.

# 2

**윗글에 대한 설명으로 가장 적절한 것은?**

① 사람의 타고난 마음에 대한 여러 견해를 비교하고 있다.

② 사람의 마음에 대한 두 견해를 제시하고 이를 종합하고 있다.

③ 동일한 시기에 등장한 여러 사상들을 열거하며 소개하고 있다.

④ 특정 사상의 내용과 그로부터 이끌어 낸 의미를 설명하고 있다.

⑤ 특정 사상이 등장하게 된 시대적 배경과 한계를 분석하고 있다.

◆
**종합** 여러 가지를 한데 모아
서 합함.

# 3 어휘

**㉠과 문맥적 의미가 가장 유사한 것은?**

① 결과          ② 바탕          ③ 쓸모

④ 태도          ⑤ 한계

**지문 분석**

**문단 요약**

**1**

**각 문단의 중심 내용을 다음과 같이 정리할 때, 빈칸에 들어갈 내용을 써 보자.**

**1문단** 로크는 태어날 때 사람의 마음 상태는 (　　　　　)와 같다고 생각했다.

▼

**2문단** 로크는 사람이 어떤 지식을 얻는 것은 (　　　　　)으로부터 이루어진다고 보았다.

▼

**3문단** 로크는 (　　　　　)을 내세우며, 사람은 경험과 학습을 통해 얼마든지 배울 수 있고 달라질 수 있음을 강조했다.

▼

**4문단** 로크의 경험론은 (　　　　　)를 살아가는 우리에게도 여전히 중요한 문제이다.

**정보 확인**

**2**

**다음 빈칸을 채워 가며, 로크의 경험론을 정리해 보자.**

태어날 때 사람의 마음 상태는 (　　　　　)와 같음.

▼

인간에게 타고난 (　　　　　)은 없음.

▼

경험을 통해 (　　　　　)을 얻을 수 있음.

▼

(　　　　　)에 의해 인간이 만들어짐.

▼

사람은 (　　　　　)과 (　　　　　)을 통해 얼마든지 배울 수 있고 달라질 수 있음.

**배 경 지 식**

### 로크가 강조한 경험은 무엇일까?

존 로크(1632~1704)는 영국의 철학자이자 정치 사상가예요. 로크는 **인간은 백지와 같은 상태로 태어난다**고 보았어요. 착한 마음도 악한 마음도 갖지 않고 태어난다는 것이지요. 그러면서 인간은 여러 가지 경험을 하면서 텅 빈 마음을 채우게 된다고 했어요.

그렇다면 로크가 말한 경험은 무엇일까요? **로크는 감각을 강조했어요.** 그러니까 보고, 듣고, 냄새 맡고, 맛보고, 느끼는 다섯 가지 감각을 통해서 지식이 쌓인다고 본 거예요. 좀 더 자세히 말하자면, 감각을 통해 알게 된 것을 마음속으로 다시 한 번 생각하고 정리하면서 지식을 얻게 된다는 것이지요. 로크는 **감각을 통해서 얻는 지식이야말로 가장 정확하고 확실한 지식**이라고 생각했답니다.

이러한 생각을 담은 로크의 경험론은 널리 퍼지면서 영국의 경험주의 철학의 바탕이 되었어요.

#존 로크    #경험론    #감각    #경험    #경험주의 철학

존 로크

---

**어 휘 · 어 법**

**1~3**

### 다음 뜻풀이에 해당하는 단어를 〈보기〉에서 찾아 써 보자.

> 보기
>
> 감각    강조    인식

**1** 사물을 분별하고 판단하여 앎. (                )
**2** 어떤 부분을 특별히 강하게 주장하거나 두드러지게 함. (                )
**3** 눈, 코, 귀, 혀, 살갗을 통하여 바깥의 어떤 자극을 알아차림. (                )

**4~6**

### 다음 빈칸에 들어갈 알맞은 단어를 〈보기〉에서 찾아 써 보자.

> 보기
>
> 갓    마치    즉

**4** (                ) 영화 속 주인공이 된 것 같다.
**5** 그는 이제 (                ) 스물이 된 청년이었다.
**6** 그녀가 당선되려면 과반수, (                ) 20명 이상의 표를 얻어야 한다.

---

**Tip** · **상태**(형상 狀, 모양 態) 사물·현상이 놓여 있는 모양이나 형편. ❸ 건강 상태가 좋다.
· **상황**(형상 狀, 상황 況) 일이 되어 가는 과정이나 형편. ❸ 상황이 유리하다.

# 내키지 않아도 다수를 따른다

문제 풀이
지문 해제
관련 영상
어휘 퀴즈

누구나 회의 또는 모임에서 마음에 들지 않는 의견으로 결정이 내려지는 것을 묵묵히 지켜본 경험이 있을 것이다. 더구나 압도적인 다수가 그 의견을 지지한다면, 그것이 아무리 불합리한 것이라도 반대 의견을 내놓는 것 자체가 망설여진다. 이처럼 원치 않지만 다른 사람의 의견을 따르는 것을 '비자발적 동조'라고 한다.

미국의 사회 심리학자 솔로몬 아시는 사람들의 비자발적 동조 성향을 알아보기 위해서 다음과 같은 실험을 실시했다. 먼저 피험자들에게 A 카드에 그려진 선분과 길이가 같은 것을 B 카드의 세 선분 가운데 찾는 문제를 제시한다. 이때 제시된 선분 길이의 차이가 분명하기 때문에, 혼자서 문제를 푸는 일상적인 상황에서 테스트를 했을 때 피험자들의 정답률은 99% 이상을 기록했다. 하지만 실험 상황에서는 전혀 다른 결과가 나왔다. 7~9명의 학생들을 테이블에 둘러앉게 한 뒤, 한 명씩 순서대로 답을 말하게 한다. 여기서 한 명만 진짜 피험자이고, 나머지 학생은 모두 실험 협력자이다. 자기 순서에서 정답을 말하려고 기다리던 피험자는 자기 앞의 사람들이 갑자기 다른 번호를 정답이라고 연속해서 말하자 당황하기 시작한다. 혼자인 상황에서는 99% 이상 정답을 맞히지만, 실험 상황에서는 오답률이 36.8%에 달했다.

실험이 끝난 뒤 오답을 말한 피험자들을 인터뷰한 결과 대부분은 정답을 알고 있었다. 하지만 이들은 다른 사람들과 다르게 보이기 싫어서 틀린 답을 이야기했다고 말했다. 혼자서 튀기보다는 차라리 틀리게 말하고 다수에 묻혀 있고 싶은 심리가 드러난 것이다.

우리가 내키지 않으면서도 다수의 결정을 따르는 것에는 이유가 있다. '모난 돌이 정 맞는다'라는 속담처럼 집단에서 튀지 않는 것이 미덕이라는 식으로 배우고 자라 왔기 때문이다. 그러나 불만스러운 결정을 매번 따라가는 것은 바람직하지 않다. 가끔은 다수의 결정에 이의를 제기하는 행동도 필요하다. 다수의 결정이 항상 옳은 것은 아니기 때문이다.

◆ **동조** 남의 주장에 자기의 의견을 일치시키거나 보조를 맞춤.
**피험자** ① 시험이나 실험 따위의 대상이 되는 사람. ② 심리학적 실험에 연구 대상으로서 참여하는 사람.
**선분** 직선 위에서 그 위의 두 점에 한정된 부분.

**1**

**윗글의 내용과 일치하는 것은?**

① 비자발적 동조 현상은 원치 않지만 자기 의견을 내세우는 것을 말한다.

② 아시의 실험은 사람들의 자발적 동조 성향을 알아보기 위해 실시되었다.

③ 아시의 실험은 처음부터 정답을 고르기 어려워 실험 설계에 문제가 있었다.

④ 아시의 실험은 혼자 튀기보다는 다수에 묻혀 있고자 하는 심리를 보여 준다.

⑤ 내키지 않아도 다수의 결정을 따라야 하는 것은 다수가 항상 옳기 때문이다.

**2**

〈보기〉가 아시가 실시한 실험에 사용된 카드라고 할 때, 윗글을 바탕으로 추론한 내용으로 적절하지 <u>않은</u> 것은?

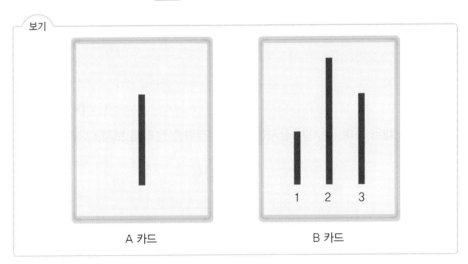

보기

A 카드      B 카드

① A 카드의 선분과 같은 길이의 선분을 B 카드에서 고르라는 문제겠군.

② 일상적 상황에서는 피험자 대부분 B 카드의 3번을 정답으로 골랐겠군.

③ 실험 결과 B 카드의 1번을 정답으로 고른 피험자가 36.8%에 달했겠군.

④ 실험 협력자들이 연속해서 틀린 답을 말했을 때 피험자는 당황하는 기색을 보였겠군.

⑤ 실험 협력자들의 답변과 관계없이 자신이 생각하는 옳은 답을 말한 피험자도 있었겠군.

문단요약

**1**

**각 문단의 중심 내용을 다음과 같이 정리할 때, 빈칸에 들어갈 내용을 써 보자.**

**1문단** 원치 않지만 다른 사람의 의견을 따르는 것을 '( )'라고 한다.

▼

**2문단** 아시가 사람들의 비자발적 동조 성향을 알아보기 위한 실험을 실시한 결과, 일상적인 상황과 실험 상황에서 전혀 ( ) 결과가 나왔다.

▼

**3문단** 오답을 말한 피험자들 대부분은 문제의 정답을 알고 있었지만 다른 사람들과 ( ) 보이기 싫어서 틀린 답을 이야기했다.

▼

**4문단** ( )의 결정이 항상 옳은 것은 아니므로 가끔은 다수의 결정에 이의를 제기하는 행동도 필요하다.

**2**

**다음 빈칸을 채워 가며, 아시가 실시한 실험의 결과를 정리해 보자.**

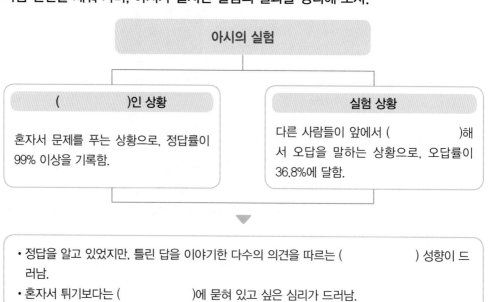

아시의 실험

| ( )인 상황 | 실험 상황 |
|---|---|
| 혼자서 문제를 푸는 상황으로, 정답률이 99% 이상을 기록함. | 다른 사람들이 앞에서 ( )해서 오답을 말하는 상황으로, 오답률이 36.8%에 달함. |

▼

• 정답을 알고 있었지만, 틀린 답을 이야기한 다수의 의견을 따르는 ( ) 성향이 드러남.
• 혼자서 튀기보다는 ( )에 묻혀 있고 싶은 심리가 드러남.

**배 경 지 식** · **동조 현상은 어떤 상황에서 크게 일어날까?**

솔로몬 아시는 본문에 언급된 **선분 실험**을 두 명에서 열여섯 명까지 인원수를 늘려 가면서 실시했어요. 그 결과, 실험 협력자가 한 명일 때는 오답을 말하는 사람이 거의 없었어요. 그러나 실험 협력자가 두 명이 되자 오답률이 급격하게 늘어났고, 세 명이 되자 오답률이 더욱 늘어났어요. 하지만 그 이상의 경우에는 실험 협력자가 늘어나더라도 오답률은 두드러지게 높아지지 않았어요. 또 실험 협력자 중 정답을 말하는 사람이 있는 경우에는 오답률이 그렇지 않은 상황에 비해 4분의 1로 떨어지기도 했지요.

아시의 실험은 **집단에 적어도 서너 명이 있고, 나머지 구성원들의 의견이 모두 같을 때 동조가 크게 일어난다는 것**을 보여 줘요. 그러나 한 사람이라도 동의하는 사람이 있다면 동조가 일어나는 정도가 급격히 낮아지는 것에서, 사람은 자기 의견이 지지받을 가능성이 조금이라도 있다면 진실을 말할 가능성이 있다는 것을 알 수 있어요.

#동조 현상    #솔로몬 아시     #선분 실험

솔로몬 아시

---

**어 휘 · 어 법**

**1~3** · 다음 뜻풀이에 해당하는 단어를 괄호 안의 초성을 참고하여 써 보자.

1 성질에 따른 경향. ( ㅅㅎ ➡                )
2 다른 의견이나 논의. ( ㅇㅇ ➡                )
3 아름답고 갸륵한 덕행. ( ㅁㄷ ➡                )

**4~6** · 다음에 제시된 단어의 사전적 의미를 찾아 바르게 연결해 보자.

4 실시 •        • ㉠ 실제로 시행함.
5 지지 •        • ㉡ 의견이나 문제를 내어놓음.
6 제기 •        • ㉢ 어떤 사람이나 단체 따위의 주의 · 정책 · 의견 따위에 찬동하여 이를 위하여 힘을 씀.

---

**Tip** 맞히다 / 맞추다 '문제의 답을 맞히다.(○)'가 옳은 표현이고 '문제의 답을 맞추다.(×)'는 틀린 표현이다. '맞히다'에는 '적중하다'라는 의미가 있어서 정답을 골라낸다는 의미를 가지지만, '맞추다'는 '대상끼리 서로 비교하다.'라는 의미를 가져서 '답안지를 정답과 맞추다.(○)'와 같은 경우에만 쓴다.

# 소비의 문화

북미 인디언의 구리판, 남태평양 트로브리안드 제도 원주민의 조개 목걸이와 조개 팔찌, 나이지리아 티브족의 놋쇠 막대. 이러한 물건들은 우리에게 전혀 귀하게 여겨지지 않는다. 그러나 그들에게는 자신의 사회적 지위를 과시하는 중요한 의미를 지닌다. 또 트로브리안드 제도의 원주민들은 유럽 상인들이 들어오기 전까지 자신들의 지역에서 나오는 진주를 귀한 물건으로 여기지 않았다. 그것은 서구인에게나 귀중품 5 이었기 때문이다. 이처럼 물건의 가치나 위상은 문화마다 다르게 규정되어 있다.

같은 사회 내에서도 물건의 가치나 위상이 변화하지 않고 항상 그대로 유지되는 것은 아니다. 한때 귀하게 여겨졌던 것이 쓸모없거나 일상적인 물건이 되기도 하며, 반대로 흔하거나 일상적이었던 것이 귀하거나 비싼 물건이 되기도 한다.

18세기 이전까지 영국에서는 설탕을 열대 지방에서 수입한 이국적인 향신료이자 10 약품으로, 귀족 계급만이 누릴 수 있는 희귀한 물품으로 여겼다. 그러나 영국의 식민지에 대규모 설탕 플랜테이션이 만들어지고 설탕이 대량으로 수입되면서, 영국의 중산 계급과 노동자 계급까지도 설탕을 소비할 수 있게 되었다. 이처럼 설탕이 대중적인 물건이 됨으로써 설탕 소비는 더 이상 특별한 지위를 표시하는 수단이 되지 못했다. 이와 같은 현상은 우리나라에서도 찾아볼 수 있다. 1960~1970년대에 부유함을 15 드러내는 물건이었던 텔레비전이 오늘날에는 일상적인 물건이 된 것이 대표적이다.

이러한 사례들은 물건의 가치가 그 물건 자체에 담긴 어떤 본질적인 속성에 따라 정해지는 것이 아니라, 한 사회가 그 물건에 어떠한 의미를 부여하는가와 밀접하게 연관되어 있음을 보여 준다. 또한 한 사회의 상품 체계 내에서 물건이 지니는 위상에 변화가 생기면 그 물건에 부여하는 문화적 의미도 변화함을 알 수 있다. 20

문제 풀이
지문 해제
관련 영상
어휘 퀴즈

◆
**제도** 모든 섬. 또는 여러 섬.
**열대 지방** 일 년 내내 매우 덥고 비가 많이 오는 기후에 속하는 고온 지방.
**이국적** 자기 나라가 아닌 다른 나라에 특징적인 것.
**플랜테이션** 열대 또는 아열대 지방에서, 자본과 기술을 지닌 구미인(유럽인과 미국인을 아울러 이르는 말)이 현지인의 값싼 노동력을 이용하여 특정 농산물을 대량으로 생산하는 경영 형태.
**중산 계급** 재산의 소유 정도가 지주·자본가 등 재산이 많은 유산 계급과 생산 수단을 소유하지 않고 노동력을 판매하여 생활하는 무산 계급의 중간에 놓인 계급.

## 1

**윗글의 내용과 일치하지 <u>않는</u> 것은?**

① 물건의 가치나 위상은 문화마다 다르게 규정되기도 한다.

② 한 사회 내에서 물건의 가치나 위상은 변하지 않고 늘 그대로이다.

③ 서구인에게 귀중품이었던 진주는 원주민에게 귀한 물건이 아니었다.

④ 예전에는 우리나라에서 텔레비전이 자신의 부를 나타내는 물품이었다.

⑤ 18세기 이전까지 영국에서 설탕은 귀족 계급만 누리는 희귀한 물품이었다.

## 2

**윗글을 바탕으로 〈보기〉를 이해한 내용으로 가장 적절한 것은?**

> 보기
>
> 조선 시대에 일상복으로 입던 한복은 오늘날 서양식 복장이 일반화되면서 명절이나 결혼식과 같이 특별한 날에만 입는 의례적◆인 옷으로 그 의미가 바뀌었다.

◆
**의례적** 정하여진 방식에 따라 치르는 행사에 맞는 것.

① 물건의 가치는 물건 자체에 담긴 본질적 속성을 따른다.

② 문화마다 자신의 사회적 지위를 과시하는 물건이 각기 다르다.

③ 한 사회에서 가치 있는 물건이 다른 사회에서는 쓸모가 없기도 하다.

④ 물건이 지닌 위상에 변화가 생기면 물건에 부여하는 문화적 의미도 변화한다.

⑤ 물건이 대량 생산될수록 해당 물건은 대중화되어 일상적 품목이 될 가능성이 크다.

**1** 각 문단의 중심 내용을 다음과 같이 정리할 때, 적절한 것은 ○, 적절하지 <u>않은</u> 것은 ×를 표시해 보자.

> | 1문단 | 문화마다 비슷하게 규정된 물건의 가치나 위상 | ( ) |

▼

> | 2문단 | 같은 사회 내에서 변화하기도 하는 물건의 가치나 위상 | ( ) |

▼

> | 3문단 | 같은 사회 내에서 물건의 가치나 위상이 바뀌게 된 사례 | ( ) |

▼

> | 4문단 | 물건 자체의 본질적 속성과 연관되어 있는 물건의 가치나 위상 | ( ) |

**2** 다음 빈칸을 채워 가며, 물건의 가치나 위상이 사회 및 문화와 어떻게 관련되는지 정리해 보자.

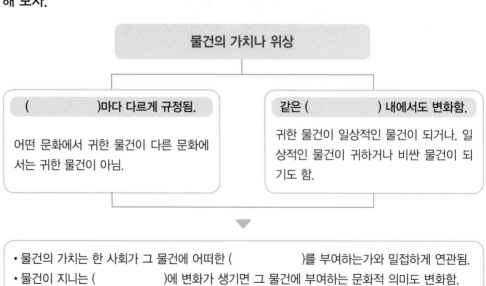

**물건의 가치나 위상**

( )마다 다르게 규정됨.

어떤 문화에서 귀한 물건이 다른 문화에서는 귀한 물건이 아님.

같은 ( ) 내에서도 변화함.

귀한 물건이 일상적인 물건이 되거나, 일상적인 물건이 귀하거나 비싼 물건이 되기도 함.

▼

• 물건의 가치는 한 사회가 그 물건에 어떠한 ( )를 부여하는가와 밀접하게 연관됨.
• 물건이 지니는 ( )에 변화가 생기면 그 물건에 부여하는 문화적 의미도 변화함.

### 배 경 지 식

## 플랜테이션이란 무엇일까?

　플랜테이션(plantation)은 자본과 기술을 지닌 서구 제국 국가가 현지인의 값싼 노동력을 이용하여, 쌀·고무·솜·커피·사탕수수 따위의 특정 농산물을 대량으로 생산하는 경영 형태를 가리키는 말이에요. 16~17세기, 서구 제국 국가들이 식민지 지역의 농업 개척을 시작하면서 형성된 농업 형태로, 무역품으로서 가치가 높은 농산물이 선별되어 생산됐어요.

　플랜테이션의 가장 큰 문제점은 노동 착취예요. 플랜테이션은 기계를 사용하지 않고 원주민의 노동력에 의존하기 때문에 생산성이 그리 높지 않아요. 그런 만큼 노동력 확보를 위해 다양한 형태의 강제적 수단이 동원됐지요. 이 과정에서 원주민, 특히 노예들에 대한 노동 착취가 심했답니다.

　제2차 세계 대전 이후 식민지들의 독립과 함께 플랜테이션은 원주민이 소규모로 농사를 짓는 형태로 많이 바뀌게 되었어요. 또 단일 농작물 재배에서 벗어나 재배 작물을 다양화하고 있지요. 그러나 부족한 기술과 자본으로 어려움을 겪고 있으며, 이로 인해 원주민들의 식량 부족 현상이 나타나고 있어요.

#플랜테이션　　#농업　　#원주민　　#노동 착취

### 어 휘 · 어 법

**1~3** 　다음 빈칸에 들어갈 알맞은 단어를 〈보기〉에서 찾아 써 보자.

> 보기
>
> 과시　　　밀접　　　부여

1 부상에서 복귀한 선수가 건재함을 (　　　　　　)했다.
2 대통령의 권한과 권위는 헌법에 의하여 (　　　　　　)받은 것이다.
3 사이트가 개편되면서 생활과 (　　　　　　)한 통계 정보를 편리하게 이용할 수 있게 되었다.

**4~6** 　다음 뜻풀이에 해당하는 단어를 〈보기〉에서 찾아 써 보자.

> 보기
>
> 본질　　　속성　　　지위

4 사물의 특징이나 성질. (　　　　　　)
5 개인의 사회적 신분에 따르는 위치나 자리. (　　　　　　)
6 본디부터 가지고 있는 사물 자체의 성질이나 모습. (　　　　　　)

---

**Tip** • 희귀(드물 稀, 귀할 貴) 드물어서 특이하거나 매우 귀함. ☜ 이 책은 희귀 도서이다.
　　 • 희소(드물 稀, 적을 少) 매우 드물고 적음. ☜ 그곳은 인구 희소 지역이다.

# 그네뛰기의 역사

문제 풀이
지문 해제
관련 영상
어휘 퀴즈

　그네뛰기는 가로로 뻗은 나뭇가지 양쪽에 길게 두 줄을 늘여 걸친 판자에 올라서서 앞뒤로 흔들며 노는 놀이이다. 씨름과 더불어 오월 단오◆에 사람들이 많이 즐기는 놀이로, 몸을 날려 앞으로 나아갔다가 뒤로 물러날 때 높아지는 아슬아슬한 긴장감이 커다란 매력이라고 할 수 있다.

　그네뛰기가 우리나라에서 언제부터 시작되었는지는 정확하게 알 수 없지만, 중국과 고려의 옛 기록을 통해 그네뛰기가 오래전부터 존재했음을 ⊙짐작할 수 있다. 먼저 중국의 기록을 보면, 고려 현종 때 중국에 사신◆으로 갔던 관원이 단오에 그네 놀이를 한다고 한 것으로 보아 고려 중엽에 이미 그네뛰기가 있었던 것으로 보인다. 그네뛰기가 최초로 나타난 우리나라 기록은 『고려사』에 수록된 「최충헌전」이다. 여기서 "충헌이 단오에 그네를 매고 고위 관리를 불러 사흘 동안 잔치를 베풀었다."라는 기록을 확인할 수 있다.

　㉮고려 시대에 그네는 궁중◆이나 상류 사회에서뿐만 아니라 민간◆에서도 유행하였다. 특히 왕실과 신하들이 많은 돈을 들여 그네뛰기 행사를 치를 정도였다. 또 당시 그네뛰기는 남녀 모두가 즐기는 놀이였다. 13세기 초 이규보는 『동국이상국집』에서 그네 뛰는 풍경을 기록하고 있는데, 여기서 그네는 젊은 남녀가 즐기는 놀이로 ⓛ암시되어 있다. 또 이규보가 남긴 그네에 관한 여러 편의 시를 통해, 고려 시대에는 민간에서도 단오에 그네뛰기가 ⓒ성행했음을 알 수 있다.

　한편 유교적 사고관을 내세운 ㉯조선 시대 양반층에서는 대체로 그네를 즐기지 않았다. 많은 사람이 보는 가운데 온몸을 공중에 드러내고 안간힘을 쓰는 일이 점잖과 체면을 지켜야 하는 그들의 비위에 거슬렸던 것이다. 그러나 민간에서는 그네뛰기가 단오놀이로 자리를 굳히며 여전히 성행하였다. 특히 여성들이 가장 즐겨 하는 놀이로 자리매김하였다.

　20세기 초부터 그네뛰기는 점차 ⓖ쇠퇴하기 시작했다. 일제 강점기 때에 이르러서는 아예 단절되었다가 해방 뒤 단오에 맞추어 전국 단위에서 부활하였다. 오늘날에는 주로 지역 축제 때 부대 행사의 하나로 거행되고 있으며, 특히 어린아이들이 평상시에 즐기는 놀이의 한 가지로 ⓜ잔존하고 있다.

◆단오 우리나라 명절의 하나. 음력 5월 5일로, 단오떡을 해 먹고 여자는 창포물에 머리를 감고 그네를 뛰며 남자는 씨름을 한다.
**사신** 임금이나 국가의 명령을 받고 외국에 파견되어 가는 신하.
**궁중** 대궐 안.
**민간** 일반 백성들 사이.

## 1

**윗글에서 알 수 있는 내용이 <u>아닌</u> 것은?**

① 이규보는 그네를 소재로 하는 여러 편의 시를 남겼다.

② 일제 강점기 때도 그네뛰기의 전통은 여전히 유지되었다.

③ 그네뛰기에 대한 기록은 중국과 우리나라 문헌에서 모두 발견된다.

④ 그네뛰기는 현재 지역 축제의 부대 행사, 어린아이들의 놀이로 잔존하고 있다.

⑤ 그네뛰기는 가로로 뻗은 나뭇가지 양쪽에 길게 두 줄을 늘여 걸친 판자에 올라서서 타는 놀이이다.

## 2

**㉮의 사람(A)과 ㉯의 사람(B)이 만나 그네뛰기에 대해 이야기를 나눈다고 할 때, 그 내용으로 적절하지 <u>않은</u> 것은?**

① A: 우리는 그네뛰기가 궁중이나 상류 사회에서 매우 인기가 있어요.

② B: 신기하군요. 우리는 양반층에서 그네뛰기를 부정적으로 보거든요.

③ A: 남녀 모두가 즐기고, 왕실에서는 많은 돈을 들여 행사를 치를 정도죠.

④ B: 정말 다르네요. 우리는 민간에서 주로 즐기고, 특히 여성들이 가장 즐겨 하는 놀이로 자리 잡았거든요.

⑤ A: 양반들은 못마땅하게 여기지만 민간에서 그네뛰기를 즐겨 하면서 단오에도 즐기기 시작한 것이로군요.

◆
**부정적** ① 그렇지 아니하다고 단정하거나 옳지 아니하다고 반대하는 것. ② 바람직하지 못한 것.

## 3 어휘

**㉠~㉤의 사전적 의미로 적절하지 <u>않은</u> 것은?**

① ㉠: 사정이나 형편 따위를 어림잡아 헤아림.

② ㉡: 넌지시 알림. 또는 그 내용.

③ ㉢: 매우 성하게 유행함.

④ ㉣: 기세나 상태가 쇠하여 전보다 못하여 감.

⑤ ㉤: 잘 보호하고 간수하여 남김.

**1**

**다음에 제시된 질문의 답을 찾을 수 있는 문단을 찾아 연결해 보자.**

| | |
|---|---|
| 그네뛰기가 최초로 언급된 우리나라 기록은 무엇인가? • | • 1문단 |
| 고려 시대에 민간에서 단오에 그네뛰기가 성행했음을 보여 주는 기록은 무엇인가? • | • 2문단 |
| 조선 시대 양반들이 그네뛰기를 부정적으로 여긴 까닭은 무엇인가? • | • 3문단 |
| 그네뛰기가 지닌 놀이로서의 매력은 무엇인가? • | • 4문단 |
| 오늘날 그네뛰기의 모습은 어떠한가? • | • 5문단 |

**2**

**다음 빈칸을 채워 가며, 그네뛰기의 변천 과정을 정리해 보자.**

**(        ) 시대**
- 상류층과 민간 모두에서 즐김.
- 남녀 모두가 즐김.

**조선 시대**
- (            )에서는 못마땅하게 여겼으나, 민간에서 즐김.
- (            )들이 가장 즐겨 하는 놀이로 자리매김함.

**오늘날**
지역 축제의 부대 행사, (            ) 이 평상시에 즐기는 놀이의 한 가지로 잔존함.

**배경지식**

## 우리 민족에게 그네뛰기는 어떤 놀이였을까?

그네뛰기는 단옷날 여성들이 즐기는 대표적인 놀이예요. 「춘향전」과 같은 고전에서도 이러한 모습이 나타나는데, 여성들은 그네뛰기를 통해 바깥세상을 즐겼던 것으로 보여요. 당시 여성들은 평소에 집 안에만 주로 머물러 있었기에, 그네뛰기는 운동량이 거의 없던 여성들에게 좋은 운동 수단이자, 억압된 욕구를 풀고 적극적인 기운을 드러내는 기회였다고 볼 수 있지요.

우리나라에는 그네에 얽힌 민간의 이야기나 노래, 시조 등이 많아요. 흔히 단오에 그네를 뛰면 한여름에 모기에 물리지 않고, 더위를 타지 않는다는 속설이 있어요. 또 임에 대한 그리움을 노래한 「관등가」에서는 "오월 단옷날에 / 남의 집 소년들은 높고 높게 그네 매고 / 한 번 굴러 앞이 높고 두 번 굴러 뒤가 높아 / 추천하며 노니는데 우리 임은 어디 가고 / 추천할 줄 모르는고." 라는 구절을 찾아볼 수도 있지요.

이처럼 그네뛰기에 관한 이야기나 노래, 시조 등이 많이 있다는 것은 그만큼 그네뛰기가 우리 민족에게 대중적인 놀이였음을 보여 주는 것이라고 할 수 있어요.

#그네뛰기    #단오    #대중적    #놀이

그네 뛰는 모습을 그린 옛 민화
(국립 중앙 박물관)

**어휘·어법**

**1~3**

### 다음 뜻풀이에 해당하는 단어를 〈보기〉에서 찾아 써 보자.

> 보기
>
> 거행    부활    수록

1 책이나 잡지에 실음. (                )
2 의식이나 행사 따위를 치름. (                )
3 쇠퇴하거나 폐지한 것이 다시 성하게 됨. 또는 그렇게 함. (                )

**4~5**

### 다음에 제시된 단어의 사전적 의미를 찾아 바르게 연결해 보자.

4 비위 •          • ㉠ 남을 대하기에 떳떳한 도리나 얼굴.
5 체면 •          • ㉡ 어떤 것을 좋아하거나 싫어하는 성미. 또는 그러한 기분.

**Tip** '-관(觀)' (일부 명사 뒤에 붙어) '관점' 또는 '견해'의 뜻을 더하는 말. ⑩ 가치관 / 세계관 / 인생관 / 사고관

# 묵자의 사상

묵자는 중국이 여러 나라로 나뉘어 서로 다투던 전국 시대 초기에 활동한 인물이다. 그는 전국 시대에 힘이 약한 약소국과 지배층의 다스림을 받던 피지배층의 편에 선 사상가로, 그의 사상은 당시 엄청난 영향력을 행사했다.

묵자는 귀족들의 생활 방식 전체를 철저하게 부정했다. 그는 공자 학교 출신이었으나, 공자가 중시한 예법과 음악을 허례허식과 사치라고 강하게 비판했다. 또한 묵 5 자는 운명론을 반대했다. 당시 사람들이 가장 큰 운명으로 받아들였던 것은 타고난 신분이었기에, 운명론을 반대한다는 것은 곧 신분제를 정면으로 부정한다는 뜻이었다. 이와 같은 묵자의 사상은 피지배층의 열띤 ㉠호응을 얻었다.

묵자 사상의 핵심은 정치적·경제적 평등과 평화주의였다. 묵자는 차별 없이 모든 사람을 평등하게 사랑하자는 '겸애(兼愛)'를 주장했다. 이는 정치적 평등에 대한 요구 10 였다. 그리고 서로 이익을 나누자는 '교리(交利)'를 내세웠다. 이는 경제적 평등에 대한 요구였다. 또 큰 나라가 작은 나라를 공격해서는 안 된다는 '비공(非攻)'을 주장했다. 이는 평화주의를 ㉡실현하고자 한 것이었다. 묵자는 서로 침략하거나 착취하지 않고, 모두가 평등하고 평화롭게 살기를 바라는 것이 하늘의 뜻이라고 강조했다.

㉮묵자를 따르는 묵가는 "머리부터 발끝까지 다 닳아 없어진다 해도 세상에 이로 15 운 일이라면 그렇게 하겠다."라는 신념을 가지고 이를 ㉢실천해 나갔다. 그들은 욕망을 억누르고, ㉣엄격한 규율을 갖춘 집단을 형성했다.

평등과 평화를 내세우며 널리 퍼졌던 묵자의 사상은 전국 시대를 통일한 진나라의 엄격한 정치 체제가 강화되면서 역사의 무대에서 사라졌다. 피지배층을 감싸고 편드는 사상이 지지받기 어려웠던 사회 속에서, 자기를 희생하고 타인의 행복과 이익을 20 ㉤증대시키려는 신념을 많은 사람이 오래도록 따르기가 쉽지 않았기 때문이다. 이에 묵자의 사상은 오랜 세월 동안 역사 속에 묻히게 되었다.

---

**전국 시대** 중국 역사에서, 기원전 403년부터 진나라가 중국을 통일한 기원전 221년까지 약 200년간의 과도기.
**공자** 중국 춘추 시대의 사상가·학자(B.C.551~B.C.479). '인(仁)'을 정치와 윤리의 이상으로 삼아 덕으로 다스리는 정치를 강조하였다.
**예법** 예의로써 지켜야 할 규범.
**허례허식** 형편에 맞지 않게 겉만 번드르르하게 꾸밈. 또는 그런 예절이나 법식.
**진나라** 중국 최초의 통일 왕조.

## 1

**윗글의 내용과 일치하지 <u>않는</u> 것은?**

① 묵자는 귀족들의 생활 방식을 비판했다.

② 묵자는 운명론을 반대하며 신분제를 부정했다.

③ 묵자는 서로 이익을 평등하게 나눌 것을 주장했다.

④ 묵자는 평등과 평화를 강조하며 진나라의 정치 체제 강화에 기여했다.

⑤ 묵자를 따르는 묵가는 욕망을 억누르고, 규율이 엄격한 집단을 형성했다.

**기여** 도움이 되도록 이바지함.

## 2

**㉮의 입장에서 할 수 있는 주장으로 가장 적절한 것은?**

① 백성들에게 예법을 가르치면 스스로 바른길을 갈 것이다.

② 사람은 가까운 이를 먼저 사랑한 후에야 남을 배려할 수 있다.

③ 나라를 다스리는 이는 강한 군대로 나라를 부유하게 만들어야 한다.

④ 행동을 올바르게 하고 인정을 베푼다 해도 권력이 없으면 이름을 날릴 수 없다.

⑤ 사람들로 하여금 더불어 사랑하게 하면 서로 침략하거나 착취하지 않을 것이다.

## 3 어휘

**㉠~㉤의 사전적 의미로 적절하지 <u>않은</u> 것은?**

① ㉠: 부름이나 호소 따위에 대답하거나 응함.

② ㉡: 나타나거나 또는 나타나서 보임.

③ ㉢: 생각한 바를 실제로 행함.

④ ㉣: 말, 태도, 규칙 따위가 매우 엄하고 철저함.

⑤ ㉤: 양이 많아지거나 규모가 커짐. 또는 양을 늘리거나 규모를 크게 함.

**1** 각 문단의 중심 내용을 다음과 같이 정리할 때, 빈칸에 들어갈 내용을 써 보자.

**1문단** 전국 시대에 약소국과 (　　　　　　　)의 편에 서서 큰 영향력을 행사한 묵자

▼

**2문단** (　　　　　　　)의 생활 방식과 운명론을 부정하여 피지배층의 호응을 얻은 묵자

▼

**3문단** 정치적 · 경제적 평등과 (　　　　　　　)를 내세우며 겸애, 교리, 비공을 주장한 묵자

▼

**4문단** (　　　　　　　)를 따르던 묵가의 신념과 행동

▼

**5문단** 진나라의 엄격한 (　　　　　　　) 강화와 철저한 신념 유지의 어려움으로 쇠퇴한 묵자의 사상

**2** 다음 빈칸을 채워 가며, 묵자의 사상을 정리해 보자.

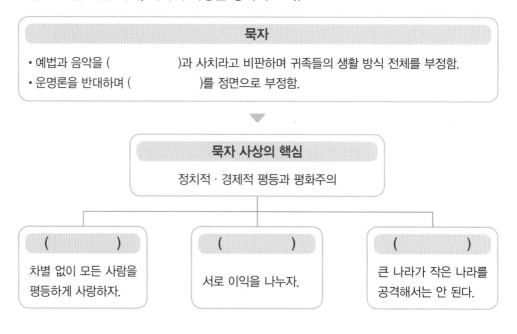

**묵자**
- 예법과 음악을 (　　　　　　　)과 사치라고 비판하며 귀족들의 생활 방식 전체를 부정함.
- 운명론을 반대하며 (　　　　　　　)를 정면으로 부정함.

▼

**묵자 사상의 핵심**
정치적 · 경제적 평등과 평화주의

(　　　　　) 차별 없이 모든 사람을 평등하게 사랑하자.

(　　　　　) 서로 이익을 나누자.

(　　　　　) 큰 나라가 작은 나라를 공격해서는 안 된다.

### 배경지식

## 묵자의 이름은 어떤 의미를 지니고 있을까?

묵자는 기원전 5세기경에 활동한 사상가로, 성은 묵(墨), 이름은 적(翟)이에요. **묵자의 '묵'은 검다는 뜻**인데, 그의 이름에 관해서는 두 가지 설이 있어요. 하나는 **묵자의 피부가 검은 편이었다는 것**, 다른 하나는 **이마에 먹을 새기는 형벌인 묵형을 받았다는 것**이에요. 피부가 검다는 것은 햇볕에 그을린 노동 계급임을 뜻하고, **묵형을 받았다는 것은 하층민이거나 계급이 하층민으로 떨어졌음**을 뜻요. 따라서 묵자가 피지배층의 입장에 선 것은 자신이 그에 속해 경험한 바가 있기 때문으로 추측할 수 있어요.

묵자의 사상이 당시에 엄청난 영향력을 행사할 수 있었던 것은 그때가 혼란과 무질서가 가득한 전국 시대였기 때문이에요. 당시는 언제든지 전쟁이 일어날 수 있는 시대, 큰 나라가 작은 나라를 침략하여 영토를 넓혀 가던 시대, 작은 나라는 정복당하지 않기 위해 강한 군대를 기르려 하던 시대였어요. 이처럼 혼란스럽던 시기, 전쟁을 반대하며 평등한 공동체를 지향한 **묵자의 사상은 사람들이 서로 더불어 사랑함으로써 전쟁을 없애고 천하를 다스리고자 한 것**으로 이해할 수 있어요.

#묵자  #하층민  #전국 시대  #평등  #공동체

### 어휘·어법

**1~2**

## 다음에 제시된 단어와 반대의 의미를 지닌 단어를 써 보자.

1 | 약화 | : 세력이나 힘이 약해짐. 또는 그렇게 되게 함.

   (          ): 세력이나 힘을 더 강하고 튼튼하게 함.

2 | 경시 | : 대수롭지 않게 보거나 업신여김.

   (          ): 가볍게 여길 수 없을 만큼 매우 크고 중요하게 여김.

**3~6**

## 다음 뜻풀이에 해당하는 단어를 〈보기〉에서 찾아 써 보자.

보기

규율     사상     신념     체제

3 굳게 믿는 마음. (        )

4 어떠한 사물에 대하여 가지고 있는 구체적인 사고나 생각. (        )

5 질서나 제도를 유지하기 위하여 정하여 놓은, 행동의 준칙이 되는 본보기. (        )

6 사회를 하나의 유기체로 볼 때에, 그 조직이나 양식, 또는 그 상태를 이르는 말. (        )

---

**Tip** • **오랜** 이미 지난 동안이 긴. 예 오랜 세월. / 오랜 가뭄 끝에 비가 내렸다.
      • **오랜만** '어떤 일이 있은 때로부터 긴 시간이 지난 뒤.'를 뜻하는 '오래간만'의 준말.
        예 오랜만에 친구를 만나 그간 쌓인 회포를 풀었다.

# 최대 다수의 최대 행복

영국의 철학자 제러미 벤담이 처음으로 내세운 공리주의는 한마디로 "행위의 정당성◆ 여부는 행위의 결과가 좋고 나쁨에 따라 평가되어야 한다."라는 주장이다. 여기서 '좋은 결과'란 쾌락이다. 벤담은 "쾌락은 그 자체로 선(善)이며, 고통은 그 자체로 악(惡)"이라고 주장하며 인간의 본능적 충동인 쾌락의 추구와 고통에의 회피를 강조했다.

또한 벤담은 쾌락과 고통을 계산 가능한 것으로 보고, 쾌락 계산법을 생각해 내기도 했다. 즉, 어떤 쾌락이 강도가 강할수록, 지속성이 길수록, 확실성이 높을수록, 가까운 시일 안에 맛볼 수 있을수록, 다른 쾌락으로 연이어질 수 있을수록, 고통이 덜 섞여 있을수록, 그리고 그 쾌락을 느끼는 사람의 수가 많을수록 좋은 것이라는 주장이다. 이처럼 벤담은 쾌락이 클수록 좋은 것이라고 여겼는데, 이것이 바로 "최대 다수의 최대 행복"으로 대표되는 공리주의적 사고이다. 5 10

벤담을 중심으로 한 공리주의파는 산업 혁명◆의 불이 붙던 19세기 초 활발한 활약을 했다. 이들은 과학 지식의 진보를 찬양하고, 사회 개혁을 위해 여론을 불러일으키며 사회 다방면에 큰 영향을 미쳤다.

공리주의는 중산 계급을 보편적 인간으로 삼았고, 인간의 행복을 물질적인 것으로 보았다. 이에 공리주의는 사회적 약자나 힘없는 소수를 보호하지 못하고 이들이 희생되게 한다는 비판을 받았다. 따라서 공리주의가 정당화되기 위해서는 '공리'가 '정의'에 의해 보완되어야 했다. 15

이에 대해 공리주의자들은 "공리의 원칙을 만족시키는 것은 정의의 원칙도 만족시킨다."라고 항변◆했다. 분배가 평등하지 않으면 최대 다수의 행복이 이루어지지 않기 때문에 "최대 다수의 최대 행복"이라는 원칙에 이미 평등의 원리가 들어 있다는 것이다. 그러나 최대 다수의 행복을 위한 선택이 정의롭지 않을 수 있다는 점에서 공리주의에 대한 비판은 여전히 유효하며, 오늘날 우리 주변에서도 ㉠이러한 사례를 흔히 찾아볼 수 있다. 20

◆ **정당성** 사리에 맞아 옳고 정의로운 성질.
**산업 혁명** 18세기 후반부터 약 100년 동안 유럽에서 일어난 생산 기술과 그에 따른 사회 조직의 큰 변화.
**항변** 대항하여 변론함. 또는 그런 변론.

**1**

## 윗글의 내용과 일치하지 <u>않는</u> 것은?

① 공리주의는 19세기에 사회 다방면에 큰 영향을 미쳤다.

② 벤담은 쾌락은 좋은 것이며 고통은 나쁜 것이라고 보았다.

③ 벤담의 쾌락 계산법에 따르면 고통이 덜 섞여 있을수록 좋은 쾌락이다.

④ 벤담은 인간의 행복이 물질적인 것과 정신적인 것의 조화에 있다고 보았다.

⑤ 공리주의자들은 공리주의의 원칙에 이미 평등의 원리가 들어 있다고 여겼다.

**2**

## ㉠에 해당하는 예로 가장 적절한 것은?

① 시청에서 장애인이나 임산부, 노약자 등 사회적 약자를 위해 별도의 배려 창구를 운영하기로 하였다.

② 국회에서 새로운 법안에 대해 깊이 있게 논의한 끝에 일부 내용을 수정 및 보완하여 다시 심의하기로 하였다.

③ 교실 청소 당번은 학급 번호 순서대로 돌아가면서 맡기로 하되, 사정이 있는 학생들의 순서를 조정해 주었다.

④ 지역 주민 센터에서 경제적으로 어려운 사람들을 찾아가 상담을 진행하고, 상황에 맞게 필요한 기관을 연결해 주었다.

⑤ 단체 간식을 정하는 데 별도의 토론 없이 다수결로 진행한 결과 피자가 17표, 샌드위치가 13표가 나와 피자를 먹기로 하였다.

◆
**심의** 심사하고 토의함.

**문단 요약**

## 1

각 문단의 중심 내용을 다음과 같이 정리할 때, 빈칸에 들어갈 내용을 써 보자.

**1문단** 벤담은 (                )은 그 자체로 선(善)이며, (                )은 그 자체로 악(惡)이라고 주장했다.

▼

**2문단** 벤담은 쾌락이 클수록 좋은 것이라고 여겼는데, 이것이 바로 "(                ) 다수의 (                ) 행복"으로 대표되는 공리주의적 사고이다.

▼

**3문단** 공리주의파는 산업 혁명의 불이 붙던 (                ) 초에 활약하며 사회 다방면에 큰 영향을 미쳤다.

▼

**4문단** 공리주의는 사회적 약자나 힘없는 소수를 보호하지 못하고 이들이 희생되게 한다는 비판을 받아 '공리'가 '(                )'에 의해 보완되어야 했다.

▼

**5문단** 공리주의자들은 공리의 원칙에 이미 (                )의 원리가 들어 있다고 항변했으나, 공리주의에 대한 비판은 여전히 유효하다.

**정보 확인**

## 2

다음 빈칸을 채워 가며, 공리주의에 대한 비판과 공리주의자들의 항변을 정리해 보자.

**공리주의에 대한 비판**

공리주의는 중산 계급을 보편적 인간으로 삼고, 인간의 행복을 (                )인 것으로 본다. 그래서 사회적 (                )나 힘없는 (                )를 보호하지 못하고 이들이 희생되게 한다. 따라서 그들이 주장하는 '공리'는 '정의'로 보완되어야 한다.

**공리주의자들의 항변**

(                )가 평등하지 않으면 최대 다수의 행복이 이루어지지 않는다. 따라서 공리의 원칙을 만족시키는 것이 곧 (                )의 원칙도 만족시키는 것이다. 우리가 내세우는 "최대 다수의 최대 행복"이라는 원칙에 이미 평등의 원리가 들어 있다.

## 배경지식

### 벤담의 공리주의는 당시 사회에 어떤 영향을 끼쳤을까?

제러미 벤담(1748~1832)은 영국의 법학자이자 철학자로, **공리주의를 설계한 인물**로 널리 알려져 있어요. 공리주의는 도덕적 행위의 판단 기준을 종교적 명령이나 양심이 아닌, 행위의 결과가 얼마나 많은 쾌락이나 행복을 가져 오는가, 또는 얼마나 적은 고통이나 불행을 가져오는가에 두는 윤리관이에요. 이처럼 벤담은 삶의 목적이 쾌락과 행복 추구에 있다고 보고, 쾌락과 행복을 느끼는 사람이 많을수록 좋다면서 **"최대 다수의 최대 행복"**의 실현을 강조했지요.

벤담의 공리주의는 당시에 매우 혁명적인 사상이었답니다. 특히 벤담은 "모든 사람은 누구나 한 사람으로 계산되어야 한다. 누구도 한 사람 이상으로 계산되지 않는다."라는 말로 보편주의를 내세웠는데, 이는 당시 왕정 사회에서는 혁명적인 주장이었어요. **이 보편주의는 이후 오늘날의 민주주의적 선거, 즉 평등·비밀·직접·보통 선거의 기초를 이루게 됩니다.** 공리주의 사상은 영국뿐 아니라 유럽 전체에서 강력한 영향력을 발휘하였고, 수많은 사회적 개혁가가 등장하는 바탕이 되었어요.

제러미 벤담

#제러미 벤담　#공리주의　#쾌락　#행복　#보편주의

## 어휘·어법

### 1~3 다음 빈칸에 들어갈 알맞은 단어를 〈보기〉에서 찾아 써 보자.

> 보기
> 　　찬양　　추구　　회피

1 그는 불편한 옛 친구와의 만남을 (　　　　)하였다.
2 사람들은 평생 어려운 이웃을 위해 산 그녀의 삶을 (　　　　)하였다.
3 나는 끝까지 포기하지 않고 나만의 음악을 (　　　　)하겠다고 결심했다.

### 4~6 다음 뜻풀이에 해당하는 단어를 〈보기〉에서 찾아 써 보자.

> 보기
> 　　사회적　　보편적　　본능적

4 본능에 따라 움직이려고 하는 것. (　　　　)
5 모든 것에 두루 미치거나 통하는 것. (　　　　)
6 사회에 관계되거나 사회성을 지닌 것. (　　　　)

**Tip** '다(多)-' (일부 명사 앞에 붙어) '여러' 또는 '많은'의 뜻을 더하는 말. ⑩ 다방면 / 다목적 / 다용도

# 역사란 과거와 현재의 끊임없는 대화

문제 풀이
지문 해제
관련 영상
어휘 퀴즈

**가** 영국의 역사학자 에드워드 카는 역사를 '과거와 현재의 끊임없는 대화'라고 정의했다. 그는 사료가 사실을 있는 그대로 보여 줄 수 있다는 주장을 비판하면서 사료에 대한 맹신을 경계했다. 이와 동시에 역사가가 현재 자신의 입장에서 사료를 주관적으로 해석할 수 있다는 주장을 비판하면서 자의적인 해석도 경계했다. 그는 '끊임없는 대화'로 역사를 정의하고, 역사의 객관성과 주관성을 ㉠종합하려고 시도했다. 5

**나** 카는 역사를 세 가지로 구분했다. 첫째, 역사는 과거 사실에 대한 설명이다. 과거의 어떤 사실을 경험한 사람이 기록을 남기면 그 사료에 남아 있는 것은 과거 사실이 아니라 과거 사실에 대한 설명이다. 그런데 우리는 그 설명과 과거 사실을 동일시하여 사료에 있는 기록을 과거 사실로 여긴다. 당연히 과거 사실과 그에 대한 설명은 다르다. 다만 사람들이 그렇게 받아들이는 것일 뿐이다. 10

**다** 둘째, 역사는 역사상의 사실이다. 역사가들은 기록에 남아 있는 수많은 과거 사실에 대한 설명 중 자신들이 역사적으로 중요하다고 생각하는 것을 선택한다. 그리고 선택된 사실을 역사상의 사실이라고 한다. 그런데 개인의 역사에서 중요한 사실이라 하더라도 국가의 역사에서는 중요한 사실이 아닐 수도 있다. 물론 국가의 역사에서 중요한 사실이라고 하더라도 한 개인의 역사에서는 중요하지 않을 수도 있다. 15

**라** 셋째, 역사는 역사적 사실이다. 역사상의 사실이 역사가들이 중요성에 대해 논쟁을 벌이고 있는 사실이라면, 역사적 사실은 역사가들이 논쟁을 끝마치고 그 중요성을 인정하는 사실이다.

**마** 카는 이 세 가지 역사를 오가며 과거를 탐구하는 사람이 역사가라고 했다. 물론 근본적으로 역사가는 과거 사실이 무엇인지 알고자 탐구하는 사람이다. 그러나 과거 20 사실은 누구에게도 발생한 경험 그대로 다가오지 않는다. 그렇기 때문에 카는 역사가는 앞에서 말한 세 가지 역사를 오가며 끊임없는 수정 작업을 거쳐 역사의 진실을 파헤치려고 노력해야 한다고 말했다. 이처럼 카는 과거와 현재의 끊임없는 대화를 통해 진실을 추구하는 것이 역사가의 책임이라고 주장했다.

◆ **사료** 역사 연구에 필요한 문헌이나 유물.
**자의적** 일정한 질서를 무시하고 제멋대로 하는 것.

**1**

**윗글에서 알 수 있는 카의 견해로 적절하지 않은 것은?**

① 사료가 사실을 있는 그대로 보여 줄 수 있다는 믿음을 경계해야 한다.

② 사료에 남아 있는 것은 과거 사실이 아니라 과거 사실에 대한 설명이다.

③ 역사적 사실이란 역사가들이 중요성에 대해 논쟁을 벌이고 있는 사실이다.

④ 역사가는 자신의 입장에서 사료를 자의적으로 해석하는 것을 경계해야 한다.

⑤ 역사가는 과거와 현재의 끊임없는 대화를 통해 역사의 진실을 추구해야 한다.

**2**

**(가)~(마)에 대한 이해로 적절하지 않은 것은?**

① (가)는 글의 처음 부분으로, 역사에 대한 정의를 통해 화제를 제시하고 있다.

② (나)~(라)는 글의 중간 부분으로, 역사를 세 가지로 구분하여 제시하고 있다.

③ (나)는 카와 사람들의 공통된 생각을 근거로 하여 역사의 성격을 규정하고 있다.

④ (라)는 두 대상의 차이점을 대비하여 개념을 명확하게 드러내고 있다.

⑤ (마)는 글의 끝 부분으로, 중간 부분의 내용을 바탕으로 역사가의 책임이 무엇인지 이야기하고 있다.

◆
**규정** 내용이나 성격, 의미 따위를 밝혀 정함. 또는 그 정하여 놓은 것.

**3** 어휘

**문맥상 ㉠과 바꾸어 쓸 수 있는 말로 가장 적절한 것은?**

① 교감             ② 분담             ③ 절충

④ 초월             ⑤ 호환

## 1

각 문단의 중심 내용을 다음과 같이 정리할 때, 빈칸에 들어갈 내용을 써 보자.

**1문단** 카가 정의한 역사
역사란 '( )와 ( )의 끊임없는 대화'이다.

**2문단** 카가 구분한 역사 ①
역사는 과거 사실이 아니라 '과거 사실에 대한 ( )'이다.

**3문단** 카가 구분한 역사 ②
역사는 역사가들이 과거 사실에 대한 설명 중 역사적으로 중요하다고 생각하는 것을 ( )한 '역사상의 사실'이다.

**4문단** 카가 구분한 역사 ③
역사는 역사가들이 논쟁을 끝마치고 그 중요성을 ( )하는 '역사적 사실'이다.

**5문단** 카가 주장한 역사가의 책임
세 가지 역사를 오가며 과거와 현재의 끊임없는 대화를 통해 ( )을 추구하는 것이 역사가의 책임이다.

## 2

다음 빈칸을 채워 가며, 역사에 대한 카의 태도를 이해해 보자.

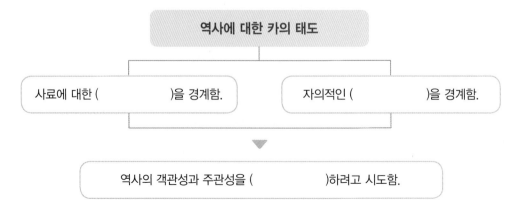

**역사에 대한 카의 태도**

사료에 대한 ( )을 경계함.

자의적인 ( )을 경계함.

역사의 객관성과 주관성을 ( )하려고 시도함.

**인문 07**

**배경지식**

## 역사를 바라보는 카의 관점은 어떠할까?

에드워드 카(1892~1982)는 역사를 '과거와 현재의 끊임없는 대화'라고 정의하며, 역사가의 역할과 책임을 강조했어요. 그가 이렇게 역사가의 역할을 강조한 것은 사료가 오염되어 있다고 판단했기 때문이에요. 사료에는 역사에 대한 기록이 담겨 있지만, 사료에 기록을 남긴 저자는 한정되어 있지요. 또 어떤 사료는 없어지기도 했고, 어떤 사료는 기록자의 주관적인 생각이 객관적인 것처럼 기록되어 있기도 해요. 카는 이러한 까닭에서 과거 사실에 대한 기록이 담긴 사료가 오염되어 있다고 생각한 거예요.

그렇다고 카가 역사를 있는 그대로의 과거 사실만 서술해야 한다고 본 것은 아니에요. 그는 과거 사실을 정확하게 밝히는 것이 역사가의 기본적인 임무이지만, 그것만으로는 역사가의 본질적인 역할을 설명할 수 없다고 생각했어요. **카는 과거 사실을 명확하게 밝히고, 이를 현재의 관점에서 해석하는 과정 자체가 역사라고 본 것이죠.** 이 점에서 카는 **역사의 객관성과 주관성을 종합하려고 시도했다**고 이해할 수 있어요.

#에드워드 카    #역사    #사료    #역사가의 역할

에드워드 카

**어휘·어법**

**1~2** 다음 빈칸에 들어갈 알맞은 단어를 〈보기〉의 글자를 조합하여 써 보자.

> 보기
>
> 논    맹    신    쟁

1 기본 소득제 도입을 둘러싼 (          )이 뜨겁다.
2 전문가라고 하여 그의 주장을 (          )하는 것은 옳지 않다.

**3~6** 다음에 제시된 단어의 사전적 의미를 찾아 바르게 연결해 보자.

3 경계 •    • ㉠ 확실히 그렇다고 여김.
4 시도 •    • ㉡ 진리, 학문 따위를 파고들어 깊이 연구함.
5 인정 •    • ㉢ 어떤 것을 이루어 보려고 계획하거나 행동함.
6 탐구 •    • ㉣ 옳지 않은 일이나 잘못된 일들을 하지 않도록 타일러서 주의하게 함.

Tip '−시(視)' (몇몇 명사 뒤에 붙어) '그렇게 여김' 또는 '그렇게 봄'의 뜻을 더하는 말. 예 동일시 / 등한시 / 적대시

# 많이 만들수록 줄어드는 생산비의 비밀

문제 풀이
지문 해제
관련 영상
어휘 퀴즈

　라면이나 과자, 음료수 등의 신제품이 나오면 기업들은 시장을 차지하기 위해 치열한 판매 촉진 경쟁을 벌인다. 엄청난 물량의 광고 공세는 기본이고, 무료 시식 행사도 자주 연다. 신제품을 개발하느라 많은 돈이 들었을 텐데 왜 또 돈을 쓰는 것일까? 제품을 대량으로 생산하는 경우, 시장을 많이 확보할수록 더 이익이기 때문이다.

　기업이 어떤 제품을 생산하는 데 드는 비용은 크게 두 가지로 나뉜다. 첫째는 기업이 제품을 몇 개 생산하든지 간에 항상 일정하게 지급해야 하는 ㉮고정 비용이다. 근로자들에게 지급하는 임금, 공장과 사무실 임대료 등이 이에 해당한다. 둘째는 제품의 생산량에 비례하여 늘어나는 ㉯변동 비용이다. 제품 생산에 들어가는 원료나 부품 구매비, 기계를 ㉠가동하는 데 드는 전기 요금 등이 이에 해당한다. 그리고 고정 비용과 변동 비용을 합한 것이 총생산 비용이 된다.

　제품을 많이 생산할수록 개당 생산비는 감소한다. 어떤 스파게티 식당에서 식당 주인이 가게 임대료와 인건비로 한 달에 300만 원을 지출한다고 하자. 하루에 10만 원씩 들어가는 셈이다. 이는 고정 비용으로, 하루에 손님이 몇 명이 오는지에 관계없이 나가는 돈이다. 그리고 스파게티를 1인분 만드는 데 재료비와 조리비로 3천 원이 든다고 하자. 이는 변동 비용이다. 만약 하루에 한 명의 손님만 이 식당을 방문한다면 스파게티 1인분을 만드는 데 드는 비용은 3천 원이 아니라 무려 10만 3천 원에 달한다. 두 명의 손님이 방문한다면 스파게티 2인분을 만드는 데 총 10만 6천 원이 들어가므로 1인분 생산비는 5만 3천 원으로 감소한다. 만약 손님이 세 명이라면 전체 생산 비용은 10만 9천 원이고 1인분 생산비는 3만 6천 원가량이 된다.

　이처럼 식당 손님이 증가하면 스파게티 1인분당 생산비는 지속해서 감소한다. 이러한 현상을 '규모의 경제'라고 한다. 생산량이 증가할수록 개당 생산비가 감소하여 경제적이라는 것이다. 따라서 기업은 시장을 많이 확보하여 생산량이 늘어날수록 규모의 경제 효과를 실현할 수 있다. 이처럼 규모의 경제 효과가 실현되면 이익도 더 커지기 마련이다.

5

10

15

20

25

◆ **임대료** 남에게 물건이나 건물 따위를 빌려준 대가로 받는 돈.
**인건비** 사람을 부리는 데에 드는 비용.

## 1

**윗글에 대한 설명으로 가장 적절한 것은?**

① 구체적인 통계를 인용하여 기업의 생산 비용을 분석하고 있다.

② 구체적인 사례를 제시하며 '규모의 경제'에 대해 설명하고 있다.

③ '규모의 경제'가 지닌 문제점을 지적한 뒤 해결 방안을 제시하고 있다.

④ 제품의 변동 비용을 줄이기 위한 기업의 다양한 노력을 소개하고 있다.

⑤ 제품의 성격에 따라 고정 비용과 변동 비용이 달라지는 이유를 밝히고 있다.

**인용** 남의 말이나 글을 자신의 말이나 글 속에 끌어 씀.

## 2

**㉮, ㉯에 대한 이해로 적절하지 않은 것은?**

① 기업이 규모를 확대하기 위해 근로자를 더 고용하면 ㉮가 증가한다.

② 기업이 생산하는 제품의 수량이 늘어날수록 ㉯는 감소하게 된다.

③ 제품 생산에 필요한 원료와 부품 가격이 하락하면 ㉯가 감소한다.

④ 기업의 생산량이 변화하면 ㉮보다 ㉯에 더 많은 변화가 생긴다.

⑤ ㉮와 ㉯의 합은 기업이 어떤 제품을 생산하는 데 드는 총비용을 의미한다.

**수량** 수효와 분량을 아울러 이르는 말.

## 3 어휘

**㉠의 사전적 의미로 적절한 것은?**

① 바뀌어 달라짐.

② 크게 느끼어 마음이 움직임.

③ 움직여 옮김. 또는 움직여 자리를 바꿈.

④ 남을 부추겨 어떤 일이나 행동에 나서도록 함.

⑤ 사람이나 기계 따위가 움직여 일함. 또는 기계 따위를 움직여 일하게 함.

**문단 요약**

**1** 각 문단의 중심 내용을 다음과 같이 정리할 때, 빈칸에 들어갈 내용을 써 보자.

**1문단** 시장을 많이 확보하기 위한 (　　　　　　　)의 전략

▼

**2문단** 기업이 제품을 (　　　　　　　)하는 데 드는 비용 – ① 고정 비용, ② 변동 비용

▼

**3문단** 제품을 많이 (　　　　　　　)할수록 개당 생산비가 감소하는 사례

▼

**4문단** (　　　　　　　)의 경제 효과와 이를 실현하기 위한 조건

**정보 확인**

**2** 다음 빈칸을 채워 가며, 기업의 생산량이 증가할 때 비용이 어떻게 변화하는지 정리해 보자.

**기업의 생산량 증가**

| **고정 비용** | **변동 비용** |
|---|---|
| 근로자의 (　　　　　　　), 공장 및 사무실 임대료 등 | 원료나 부품 구매비, 기계를 가동하는 데 드는 전기 요금 등 |

▼　　　　　　　　　　　　　　　　▼

| | |
|---|---|
| • 고정 비용의 총액은 변화하지 않음.<br>• 제품 생산량이 늘어날수록 제품 1개 생산에 들어가는 평균적인 고정 비용이 (　　　　　　　)함. | 제품 생산량이 늘어날수록 변동 비용도 (　　　　　　　)하여 증가함. |

**배 경 지 식**

## 왜 규모의 경제 원리를 이해해야 할까?

생산량이 증가할수록 개당 생산비가 감소하는 규모의 경제 현상은 현실 경제에서 중요한 의미를 가져요. 일반적으로 큰 기업이 작은 기업보다 경쟁에서 유리한 것이 대표적인 예지요. 동일한 생산 기술을 갖고 있더라도 생산량이 많은 큰 기업은 생산량이 적은 작은 기업보다 더 저렴하게 제품을 생산할 수 있고, 그만큼 낮은 가격에 제품을 공급할 수 있어요.

규모의 경제는 판매자 입장에서만 실현되는 것은 아니에요. 소비자 입장에서도 이를 적용해 볼 수 있어요. 예컨대 어느 장소를 가기 위해 택시를 타는 상황을 떠올려 보세요. 혼자서 택시를 타고 가면 6천 원의 요금이 나온다고 할 때, 둘이서 함께 택시를 타면 1인당 택시비가 절반인 3천 원으로 줄어들게 돼요. 세 명이 타면 2천 원이 되고, 네 명이 타면 1인당 교통비는 1,500원까지 줄어들어요. 일행의 규모가 커질수록 경제적인 셈이지요. 반면 버스는 택시와 달라요. 버스는 한 사람당 정해진 요금을 내야 하므로 전체 교통비는 승객 수에 비례하여 증가해요. **이러한 규모의 경제 원리를 이해하면 일상생활에서도 경제적인 도움을 얻을 수 있어요.**

#생산량   #생산비   #규모의 경제

**어 휘 · 어 법**

**1~3** 다음 뜻풀이에 해당하는 단어를 〈보기〉에서 찾아 써 보자.

> 보기
>
> 구매    생산    지급

1 인간이 생활하는 데 필요한 각종 물건을 만들어 냄. (              )

2 돈이나 물품 따위를 정하여진 몫만큼 내줌. (            )

3 물건 따위를 사들임. (            )

**4~5** 다음 뜻풀이에 해당하는 단어를 제시된 예문과 초성을 참고하여 써 보자.

4 다그쳐 빨리 나아가게 함. (             )

   예 국산 농수산물 소비를 (ㅊㅈ)하는 캠페인이 펼쳐졌다.

5 확실히 보증하거나 가지고 있음. (              )

   예 이 회사는 시장 경쟁력을 (ㅎㅂ)하기 위해 유통 구조를 개선했다.

Tip 마련 「의존 명사」 ('-기/-게 마련이다' 구성으로 쓰여) 당연히 그럴 것임을 나타내는 말.
   예 겨울이 아무리 추워도 봄은 오기 마련이다. / 물건이란 오래 쓰면 닳게 마련이다.

# 점유 이탈물 횡령죄

　　액수가 크든 작든 길에서 돈을 주워 본 경험은 누구에게나 한 번쯤 있을 것이다. 길에서 반짝거리는 동전을 줍는다면, 설령 그것이 단돈 100원이라 할지라도 순간 기쁜 마음을 가졌을 것이다. 하지만 그 액수가 10만 원, 100만 원처럼 점점 커진다면 그 돈을 어떻게 처리해야 할지 고민할 수밖에 없다.

　　우리가 명심해야 할 것은 길에서 주운 돈이라도 엄연히 주인이 있다는 사실이다.　5 따라서 그것을 습득한 후 함부로 사용하면 남의 재산을 함부로 사용한 것과 같은 죄를 짓게 되는데, 이를 '점유 이탈물 횡령죄'라고 한다. 이때 '점유 이탈물'이란 점유자의 의사 없이 점유자의 점유를 떠났지만 아직 누구의 점유에도 속하지 않는 물건을 말한다. 예를 들어 잃어버린 물건, 잘못 배달된 물건, 타인이 실수로 놓고 간 물건 등이 점유 이탈물에 해당한다.　10

　　그렇다면 길에서 돈이나 물건을 습득하면 어떻게 처리해야 할까? 길에서 돈이나 물건을 습득하면 가까운 경찰서나 지구대에 신고해야 한다. 만약 이를 마음대로 사용하면 범죄를 저지르는 것이 된다. 그러나 이렇게 습득한 물건을 신고할 경우 주인이 나타나면 분실물 가치의 5~20% 범위에서 보상금을 받을 수 있다. 또 6개월이 지나도 주인이 나타나지 않으면 그 물건의 소유권을 취득하게 된다.　15

　　비슷한 경우로 한 학생이 학교에서 실내화를 운동화로 갈아 신다가 다른 학생의 운동화를 바꾸어 신게 된 상황을 생각해 보자. 본인의 운동화와 비슷해 순간적으로 착각을 한 것인데, 바꾸어 신은 운동화가 마음에 들어 그냥 계속 신고 다니면 어떻게 될까? 상식적으로 이 학생은 나쁜 행동을 한 것이다. 법의 판단도 마찬가지이다. 실수로 운동화를 바꾸어 신고 알아차리지 못한 경우라면 죄를 물을 수 없지만, 그것을　20 알고도 계속 신고 다니면 점유 이탈물 횡령죄가 성립해 법적 처벌을 받을 수 있다.

　　이러한 사실을 통해 알 수 있는 것은 언뜻 보기에 사소한 일에도 법은 행동의 원칙을 정해 놓았다는 것이다. 이러한 원칙은 복잡하고 어려운 것이 아니라 일반적인 상식을 규칙처럼 정해 놓은 것이며, 그렇기에 법은 꼭 지켜야 하는 원칙이 된다.

**횡령** 공금이나 남의 재물을 불법으로 차지하여 가짐.
**점유자** 어떤 물건을 자기의 지배 아래에 두고 있는 사람.
**지구대** 2003년에 기존의 파출소 2~5개를 통합하여 부여한 명칭.

## 1

**윗글에 대한 설명으로 적절하지 <u>않은</u> 것은?**

① 중요한 용어의 개념을 설명하고 있다.

② 특정 대상의 장점과 단점을 제시하고 있다.

③ 묻고 답하는 방식으로 내용을 전개하고 있다.

④ 구체적인 사례를 제시하여 독자의 이해를 돕고 있다.

⑤ 한 번쯤 겪어 보았을 법한 일을 언급하며 관심을 유발하고 있다.

◆
**유발** 어떤 것이 다른 일을
일어나게 함.

## 2

**윗글을 읽고 〈보기〉에 대해 이해한 내용으로 적절하지 <u>않은</u> 것은?**

> **보기**
>
> A 씨는 강가에서 자전거를 타던 중 누군가가 잃어버린 작은 가방을 발견했다. 가방 안에는 상당한 금액의 현금이 들어 있었는데, 주인이 누구인지를 알 수 있는 어떠한 단서도 남아 있지 않았다. A 씨는 이 돈을 어떻게 처리해야 할지 고민하게 되었다.

① 작은 가방 속의 돈을 마음대로 사용하지 않는 것이 일반적인 상식이다.

② 작은 가방과 그 속에 든 돈은 주인의 점유를 떠나 아직 누구의 점유에도 속하지 않은 점유 이탈물이다.

③ A 씨가 작은 가방 속의 돈을 경찰에 신고하지 않고 개인적으로 사용하면 점유 이탈물 횡령죄를 저지르는 것이 된다.

④ A 씨가 작은 가방 속의 돈을 경찰에 신고했는데, 6개월 동안 주인이 나타나지 않으면 A 씨는 돈의 소유권을 갖게 된다.

⑤ A 씨가 작은 가방 속의 돈을 경찰에 신고했는데, 며칠 후 경찰서에 돈의 주인이 나타났다면 A 씨는 아무런 보상도 받을 수 없다.

**1**

**각 문단의 중심 내용을 다음과 같이 정리할 때, 빈칸에 들어갈 내용을 써 보자.**

> **1문단**  길에서 주운 돈의 처리 방법에 대한 고민

▼

> **2문단**  점유 이탈물과 점유 이탈물 횡령죄의 개념
> – 점유 이탈물: (              )의 의사 없이 점유자의 점유를 떠났지만 아직 누구의 점유에도 속하지 않는 물건
> – 점유 이탈물 횡령죄: (              )을 함부로 사용함으로써 성립하는 범죄

▼

> **3문단**  길에서 습득한 돈이나 물건의 올바른 (              ) 방법

▼

> **4문단**  운동화 바꿔 신기 사례로 살펴본 점유 이탈물 횡령죄의 (              ) 조건

▼

> **5문단**  사소한 일에도 행동의 원칙을 정해 놓고, 일반적인 (              )을 규칙처럼 정해 놓은 법

**2**

**다음 빈칸을 채워 가며, 점유 이탈물의 올바른 처리 방법을 정리해 보자.**

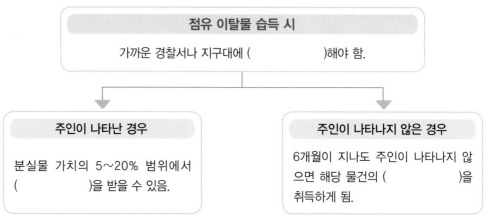

**점유 이탈물 습득 시**

가까운 경찰서나 지구대에 (              )해야 함.

**주인이 나타난 경우**

분실물 가치의 5~20% 범위에서 (              )을 받을 수 있음.

**주인이 나타나지 않은 경우**

6개월이 지나도 주인이 나타나지 않으면 해당 물건의 (              )을 취득하게 됨.

사회
**02**

**배경지식** **점유 이탈물 횡령죄일까? 아니면 절도죄일까?**

점유 이탈물 횡령죄와 헷갈리는 범죄가 있어요. 바로 절도죄예요. **절도죄는 남의 재물을 몰래 훔침으로써 성립하는 범죄**예요. 이 둘을 구분하는 기준은 **점유 여부**예요. 즉, 절도죄는 누군가가 점유하고 있는 재물에 대해 성립하는 반면, 물건이 누구의 점유에도 속하지 않은 경우에는 점유 이탈물 횡령죄가 성립하는 것이지요.

이때 '점유'라는 개념을 정확하게 알아야 해요. 주인이 직접 지니고 있는 물건만 점유에 해당할까요? 아니에요. 점유를 이렇게 이해하면 집에 두고 다니는 물건을 누가 훔쳐 갈 경우, 절도죄가 아닌 점유 이탈물 횡령죄가 성립하게 되겠죠. **물건이 주인에게서 이탈해 있더라도 상식적으로 그 물건을 주인이 점유한 상태로 이해하는 경우에는 점유가 인정돼요.** 따라서 타인의 집에 들어가 물건을 훔치면 절도죄가 성립한답니다.

#점유 이탈물 횡령죄    #절도죄    #점유

**어휘·어법**

**1~2** 다음 빈칸에 공통으로 들어갈 단어를 〈보기〉에서 찾아 써 보자.

> 보기
>
> 언뜻     엄연히

1 ┌ 투기와 투자는 (          ) 다르다.
  └ 작은 조직이라도 (          ) 나름의 체계와 질서를 갖추고 있는 법이다.
2 ┌ 부서진 파도와 햇살이 만나면서 무지개가 (          ) 비치고 있었다.
  └ 학교 축제에서 할 행사와 관련해 (          ) 재미있는 발상이 떠올라 공책에 써 두었다.

**3~5** 다음 뜻풀이에 해당하는 단어를 〈보기〉에서 찾아 써 보자.

> 보기
>
> 성립     이탈     점유

3 물건이나 영역, 지위 따위를 차지함. (          )
4 일이나 관계 따위가 제대로 이루어짐. (          )
5 어떤 범위나 대열 따위에서 떨어져 나오거나 떨어져 나감. (          )

**Tip** **설령(設令)** (뒤에 오는 '-다 하더라도' 따위와 함께 쓰여) 가정해서 말하여. 주로 부정적인 뜻을 가진 문장에 쓴다.
    예 그런 일은 없겠지만 설령 이번 일이 안된다고 하더라도 너무 실망은 하지 마라.

# 정치 광고, 유권자를 설득하다

문제 풀이
지문 해제
관련 영상
어휘 퀴즈

　오늘날 선거에서는 후보들이 다양한 전략에 따라 선거 캠페인을 벌인다. 이 중 정치 광고는 선거 기간에 대중 매체를 통해 유권자에게 직접 메시지를 ㉠제공하는 방법이다. 정당이나 후보들은 정치 광고를 통해 유권자의 정치적 태도나 신념, 행동 등에 영향을 미치려는 의도가 담긴 정치적 메시지를 전달할 수 있다. 이처럼 정치 광고는 선거의 후보자가 유권자와 접촉할 수 있는 커뮤니케이션 수단이다. 　　　5

　정치 광고는 후보자가 자신의 이미지나 공약을 유권자에게 알리기 위해 광고를 제작하고 광고 시간을 구매한다는 점에서 일반 광고와 기본적으로 차이가 없다. 그러나 정치 광고의 경우 금전적으로 ㉡취약한 후보에게 불리하다는 약점이 있다. 그래서 방송사가 특정 시간대와 그 시간대의 비용을 모든 후보자가 동등하게 사용하도록 하는 의무를 지게 함으로써, 시청률이 높은 시간대에 특정 후보자에게만 광고를 ㉢허용 　10 하는 등의 불공정함을 막고자 한다.

[A] 　정치 광고는 크게 '직접적인 정공법'과 '부드러운 포장법', 두 유형으로 나눌 수 있다. 전자는 선거 공약에 초점을 맞추어 중요한 이슈를 유권자에게 제공하며, 후자는 후보자의 이미지를 각인하는 것을 목적으로 후보자의 개인적 속성을 유권자에게 제공한다. 그리고 이 둘 다 후보자 자신의 강점이나 상대방의 약 　15 점을 ㉣부각하기 위해, 또는 유권자에게 강한 인상을 남기기 위해 전략적으로 긍정적이거나 부정적인 캠페인을 이끌어 내는 경우가 많다.

　최근에는 인터넷 홈페이지나 배너를 이용한 인터넷 정치 광고가 많이 사용된다. 이는 비용이 적게 들고, 사용 시간에 제한이 없어 후보자들이 쉽게 사용할 수 있으며, 특정 계층을 목표로 할 수 있다는 장점이 있다. 그러나 정치에 관심이 있는 유권 　20 자에게만 ㉤접근할 수 있으며, 특정 정당이나 후보자에게 무관심하거나 인터넷을 이용하지 못하는 계층을 끌어들이기 어렵다는 한계가 있다.

---

◆ **유권자** 선거할 권리를 가진 사람.
**정당** 정치적인 주의나 주장이 같은 사람들이 정권을 잡고 정치적 이상을 실현하기 위하여 조직한 단체.
**공약** 정부, 정당, 입후보자 등이 어떤 일에 대하여 국민에게 실행할 것을 약속함. 또는 그런 약속.
**정공법** 정면으로 공격하는 방법.
**각인** 머릿속에 새겨 넣듯 깊이 기억됨. 또는 그 기억.

**1**

**'정치 광고'에 대한 이해로 적절하지 <u>않은</u> 것은?**

① 선거의 후보자가 유권자와 접촉할 수 있는 커뮤니케이션 수단이다.

② 광고를 제작하고 광고 시간을 구매한다는 점에서 일반 광고와 다르다.

③ 유권자의 정치적 태도나 신념, 행동 등에 영향을 미치려는 의도가 담겨 있다.

④ 방송사는 모든 후보자가 특정 시간대를 동등하게 사용하게 할 의무를 지닌다.

⑤ 유권자에게 후보자의 이미지를 각인하거나 선거 공약을 제공하려는 목적이 있다.

**2**

**[A]에 사용된 설명 방법으로 가장 적절한 것은?**

① 인용의 방법으로 전문 용어의 뜻을 풀어 설명하고 있다.

② 대상을 분류하고 대상 간의 공통점과 차이점을 설명하고 있다.

③ 구체적인 예를 들어 대상이 의미하는 바를 풀어 설명하고 있다.

④ 시간의 흐름에 따라 대상이 변화하는 과정을 요약하여 설명하고 있다.

⑤ 사회적으로 문제가 되는 현상을 제시하고 그 원인이 무엇인지 설명하고 있다.

◆ **요약** 말이나 글의 요점을 잡아서 간추림.

**3** 어휘

**㉠~㉤의 사전적 의미로 적절하지 <u>않은</u> 것은?**

① ㉠: 무엇을 내주거나 갖다 바침.

② ㉡: 의지가 굳세지 못함.

③ ㉢: 허락하여 너그럽게 받아들임.

④ ㉣: 어떤 사물을 특징지어 두드러지게 함.

⑤ ㉤: 가까이 다가감.

각 문단의 중심 내용을 다음과 같이 정리할 때, 적절한 것은 ○, 적절하지 <u>않은</u> 것은 ×
를 표시해 보자.

| 1문단 | 정치 광고의 개념과 의의 | ( ) |

▼

| 2문단 | 정치 광고와 일반 광고의 제작 과정 | ( ) |

▼

| 3문단 | 정치 광고에 사용되는 다양한 전략과 이에 따른 부작용 | ( ) |

▼

| 4문단 | 인터넷 정치 광고의 장점과 한계 | ( ) |

다음 빈칸을 채워 가며, 정치 광고의 유형과 특징을 정리해 보자.

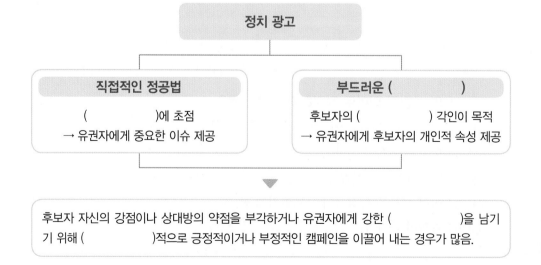

정치 광고

| 직접적인 정공법 | 부드러운 ( ) |
| ( )에 초점 | 후보자의 ( ) 각인이 목적 |
| → 유권자에게 중요한 이슈 제공 | → 유권자에게 후보자의 개인적 속성 제공 |

▼

후보자 자신의 강점이나 상대방의 약점을 부각하거나 유권자에게 강한 ( )을 남기
기 위해 ( )적으로 긍정적이거나 부정적인 캠페인을 이끌어 내는 경우가 많음.

**배 경 지 식**

## 정치 광고를 규제하는 것은 광고 전략에 어떤 영향을 줄까?

정치 광고는 선거에서 정당이나 후보자가 미디어의 시간, 지면 등을 유료로 확보하여 유권자에게 메시지를 전달하는 커뮤니케이션 방법이에요. 후보자가 광고의 내용과 형식을 정할 수 있고, 특정 계층의 유권자에 맞춰 제작할 수 있기 때문에 후보자들이 가장 선호하는 광고 형태라고 할 수 있지요.

미국에서는 정치 광고에 관해 사실상 규제가 없어요. 선거 자금이 넉넉하다면, 후보자가 원하는 만큼 광고를 싣거나 방영할 수 있죠. 반면 우리나라는 신문 광고와 방송 광고의 횟수와 시간 등을 법으로 제한하고 있어요. 이렇게 우리나라에서 법으로 정치 광고를 규제하는 것은 후보자 간의 공평함을 보장하기 위해서예요.

광고 횟수의 제한은 광고 전략에 영향을 미치기도 해요. 예컨대 미국에서는 무제한적으로 광고가 가능하다 보니 상대 후보를 헐뜯거나 상대방 주장을 반박하는 공격적인 광고도 많이 제작돼요. 반면 광고 횟수가 제한된 우리나라에서는 상대 후보를 공격하기보다는 주로 후보자 자신의 긍정적인 이미지를 강조하는 광고가 많이 제작되지요.

#정치 광고    #광고 규제    #광고 횟수    #광고 전략

**어 휘 · 어 법**

**1~3** 다음 뜻풀이에 해당하는 단어를 〈보기〉에서 찾아 써 보자.

> 보기
>
> 의도        인상        초점

1 어떤 대상에 대하여 마음속에 새겨지는 느낌. (                )
2 사람들의 관심이나 주의가 집중되는 사물의 중심 부분. (                )
3 무엇을 하고자 하는 생각이나 계획. 또는 무엇을 하려고 꾀함. (                )

**4~6** 다음에 제시된 단어의 사전적 의미를 찾아 바르게 연결해 보자.

4 동등 •　　　　　• ㉠ 특별히 지정함.
5 제한 •　　　　　• ㉡ 등급이나 정도가 같음. 또는 그런 등급이나 정도.
6 특정 •　　　　　• ㉢ 일정한 한도를 정하거나 그 한도를 넘지 못하게 막음. 또는 그렇게 정한 한계.

**Tip** 시청률(○) / 시청율(×) 한글 맞춤법 제11항의 [붙임 1]에서는 "모음이나 'ㄴ' 받침 뒤에 이어지는 '렬, 률'은 '열, 율'로 적는다."라고 규정하고 있다. '시청률'에서 '률'은 모음이나 'ㄴ' 받침 뒤에 이어지지 않으므로 '시청률'이 올바른 표기이다.

# 철도의 발전과 도시의 흥망성쇠

문제 풀이
지문 해제
관련 영상
어휘 퀴즈

　　조선 후기에 상업이 발달하면서 배가 하천을 따라 내륙 깊숙이 들어올 수 있었던 곳에 상업 도시가 성장했다. 이처럼 한때 번화한 상업의 중심지였던 곳들이 지금은 소도시가 된 까닭은 무엇일까? 이곳들이 대도시로 성장할 수 없었던 것은 다름 아닌 철도의 등장 때문이다.

　　철도가 처음 등장한 것은 산업 혁명 시기이다. 산업 혁명으로 기계를 이용한 대량 　5
생산이 시작되었는데, 공장에 필요한 기계나 원료들은 매우 무거웠기 때문에 기존의 마차로 옮기려다 보니 바퀴가 자꾸 진흙탕에 빠지거나, 바퀴에 흙이 묻어 잘 굴러가지 못하는 경우가 많았다. 그래서 레일을 깔아 그 위로 마차가 달리도록 길을 만들었다. 여기에서 철도가 만들어졌다. 철도의 등장으로 교통이 편리해지면서 더 많은 원료와 제품의 수송이 이루어졌고, 그 결과 산업은 비약적으로 발전했다. 　10

　　우리나라 최초의 철도는 1899년 서울에서 인천 사이에 개통된 경인선이다. 이후 서울에서 부산을 잇는 경부선, 서울에서 목포를 잇는 호남선, 서울에서 신의주를 잇는 경의선, 서울에서 원산을 잇는 경원선이 놓였다.

　　철도는 비용 절감을 위해 직선으로 설치되었다. 그러다 보니 철도가 지나가지 않는 기존의 중심지는 쇠퇴하고, 철도가 지나가는 곳을 중심으로 새로운 도시나 신시 　15
가지가 형성되었다. 대표적인 곳이 대전이다. 대전은 본래 조그마한 마을이었다. 그런데 경부선과 호남선이 이곳을 통과하면서 사람들이 모여들게 되었고, 지금은 인구 100만이 넘는 대도시가 되었다. 또 철도역이 들어서면서 기존의 중심지 대신 새로운 중심지가 된 곳의 지명에는 '신(新)' 자를 넣어 이전의 중심지와 구별하였다. 의주와 신의주가 바로 이런 경우이다. 　20

　　위세를 떨치던 철도는 자동차가 도입되면서 이용이 줄기 시작하여 한때 쇠퇴의 길을 걸었다. 그러나 고속 철도가 도입되면서 자동차를 이용하는 것보다 시간을 절약할 수 있게 되어 철도를 이용하는 사람들이 많아지고 있다. 또한 운송 시 석유나 석탄을 이용하던 과거와 달리 현재는 전기를 이용하면서 철도는 빠르고 안전하며 환경에도 무리가 없는 교통수단으로 다시 주목받고 있다. 도시의 흥망성쇠를 좌우하던 　25
철도의 전성시대가 다시 올 수 있을까?

**하천** 강과 시내를 아울러 이르는 말.
**내륙** 바다에서 멀리 떨어져 있는 육지.
**개통** 길, 다리, 철로, 전화, 전신 따위를 완성하거나 이어 통하게 함.
**고속 철도** 시속 약 200km 이상으로 운행되는 철도. 우리나라의 케이티엑스(KTX), 프랑스의 테제베(TGV), 일본의 신칸센(新幹線) 따위가 있다.
**흥망성쇠** 흥하고 망함과 성하고 쇠함.

## 1

**윗글의 내용과 일치하지 <u>않는</u> 것은?**

① 철도는 자동차의 도입으로 한때 이용이 줄어들었다.

② 우리나라 최초의 철도는 1899년에 개통된 경인선이다.

③ 우리나라 철도는 신시가지 개발을 위해 직선으로 설치되었다.

④ 산업 혁명 시기에 철도가 도입되면서 산업이 비약적으로 발전하였다.

⑤ 철도의 등장으로 조선 후기에 번화했던 상업 도시가 쇠퇴하기도 하였다.

## 2

**윗글과 〈보기〉를 읽고 추론한 내용으로 적절한 것은?**

> **보기**
>
> 도시는 지형이나 기후 등의 자연환경 또는 교통이나 산업 등의 인문 환경의 영향으로 발달한다. 특히 교통이 발달하면 다른 지역으로 사람이나 물자가 빠르게 이동할 수 있기 때문에 산업이 발달하게 되고, 많은 사람이 모이면서 도시가 발달하게 된다.

① 철도가 지나가는 곳을 중심으로 도시가 발전하는 현상은 자연환경과 관련이 있겠군.

② 한때 쇠퇴했던 철도가 최근 다시 주목받게 된 것은 지형과 같은 자연환경이 바뀌었기 때문이로군.

③ 석유나 석탄을 이용하던 과거의 철도보다 전기를 이용하는 고속 철도의 이용 요금이 더 저렴하겠군.

④ 신의주는 철도가 설치되어 교통이 발달하면서 기존의 중심지가 새롭게 단장하면서 붙여진 이름이로군.

⑤ 조선 후기에 배가 하천을 따라 내륙 깊숙이 들어올 수 있었던 곳이 상업 도시로 성장한 것은 당시 주요 교통수단이 배였기 때문이겠군.

**◆ 단장** 건물, 거리 따위를 손질하여 꾸밈.

문단 요약

**1**

**각 문단의 중심 내용을 다음과 같이 정리할 때, 빈칸에 들어갈 내용을 써 보자.**

**1문단**  조선 후기에 번화한 상업의 중심지였던 곳들이 대도시로 성장하지 못하고 소도시가 된 것은 (               )의 등장 때문이다.

▼

**2문단**  철도가 처음 등장한 것은 (               ) 시기로, 철도의 등장으로 (               ) 이 편리해지면서 산업이 비약적으로 발전했다.

▼

**3문단**  우리나라 최초의 철도는 1899년에 개통된 (               )으로, 이후 경부선, 호남선, 경의선, 경원선이 놓였다.

▼

**4문단**  철도가 지나가지 않는 기존의 중심지는 (               )하고, 철도가 지나가는 곳을 중심으로 새로운 도시나 신시가지 등 새 중심지가 생겨났다.

▼

**5문단**  자동차 도입으로 한때 쇠퇴했던 철도는 (               )가 도입되면서 빠르고 안전하며 환경에도 무리가 없는 교통수단으로 다시 주목받고 있다.

정보 확인

**2**

**다음 빈칸을 채워 가며, 철도가 도시의 발달과 쇠퇴에 미치는 영향을 정리해 보자.**

**철도**  비용 절감을 위해 (               ) 으로 설치됨.

- 철도가 지나가지 않는 기존의 중심지는 쇠퇴함.
- 철도가 지나가는 곳을 중심으로 새로운 도시나 신시가지 등 새 중심지가 생겨남.
  - 대전: 경부선과 호남선이 통과하면서 (               ) 이 모여들어 대도시로 발전함.
  - 신의주: (               )이 들어서면서 기존의 중심지 대신 새로운 중심지가 됨.

▼

철도가 도시의 흥망성쇠를 좌우함.

**배경지식**

## 19세기 후반의 철도 산업 발전이 사회에 미친 영향은 무엇일까?

19세기 후반 영국, 철도의 아버지라고 불리는 조지 스티븐슨이 다양한 증기 기관차와 함께 나무 레일 대신 철로 만든 레일을 도입하면서 철도는 급속히 발전했어요. 영국 전역에 철도 열풍이 일어났고, 철도 산업은 신대륙과 유럽으로 퍼져 나갔지요.

철도가 사회에 미친 영향은 매우 컸어요. 먼저 레일과 기관차를 제조해야 함에 따라 제철업과 기계 공업이 발전했어요. 철도를 설치하면서 토목업도 크게 성장했고요. 또 철도를 통해 농산물과 공산품을 빨리 수송하는 것이 가능해지면서 유통 비용이 줄어들고 가격이 큰 폭으로 떨어졌어요. 이로써 농산물과 공산품에 대한 수요가 더욱 늘어났지요. 또한 사람들이 기차를 타고 주변 지역으로 쉽게 갈 수 있게 되면서 여가 생활이 다양해졌고, 지역 간 이동이 많아졌어요. 철도를 통한 운송량이 증가하고 사람들이 여행을 많이 하게 되면서 철도역이 들어선 곳이 새로운 중심지로 떠오르게 되었죠.

이처럼 철도는 사회 전반에 큰 영향을 미쳤어요. 19세기 후반, 철도 산업은 세계에서 가장 앞서 있는 산업으로 떠올랐답니다.

#철도    #19세기 후반    #철도 열풍    #철도 산업

19세기 철도에 사용된 증기 기관 모형

---

**어휘·어법**

**1~3**

### 제시된 의미에 해당하는 단어를 찾아 ○를 표시해 보자.

1 '마을이나 지방, 산천, 지역 따위의 이름.'은 ( 성명 / 지명 )이다.
2 '좋거나 나쁜 일이 생길 기미가 보이는 현상.'은 ( 조짐 / 추세 )이다.
3 '관심을 가지고 주의 깊게 살핌. 또는 그 시선.'은 ( 안목 / 주목 )이다.

**4~6**

### 다음 뜻풀이에 해당하는 단어를 〈보기〉에서 찾아 써 보자.

> 보기
>
> 기존      비약      좌우

4 이미 존재함. (              )
5 어떤 일에 영향을 주어 지배함. (               )
6 지위나 수준이 갑자기 빠른 속도로 높아지거나 향상됨. (               )

**Tip** 놓이다(○) / 놓여지다(×) '놓이다'는 '일정한 곳에 기계나 장치, 구조물 따위가 설치되다.'라는 의미 등을 가진 말로, 주어가 남에 의해 동작을 하게 되는 것을 나타내는 표현이다. '놓여지다'라는 표현을 쓰기도 하는데, 이는 '놓이다'에 또다시 남에 의해 동작을 하게 되는 것을 나타내는 표현인 '-어지다'가 결합된 것이므로 잘못된 표현이다.

# 이동하는 호수, 차드호

산이나 강의 높이와 폭 등 쉽게 변하지 않는 것들도 우리가 알지 못하는 사이에 서서히 변화한다. 이 같은 자연의 변화는 말 그대로 자연스러운 현상이다. 그렇다 하더라도 장소를 바꾸며 이동하는 호수가 있다면 믿을 수 있을까? 바로 차드호[Lake Chad]에 대한 이야기이다.

'넓은 수면'이라는 뜻의 차드호는 1963년에는 아프리카에서 두 번째로 큰 호수였고, 차드 공화국, 니제르, 나이지리아, 카메룬에 걸쳐 넓게 분포해 있었다. 면적은 약 $25,000km^2$, 둘레는 약 700km, 평균 수심은 1.5m로 세계에서 여섯 번째로 큰 호수였던 차드호는 1970년대 이후로 면적이 급격히 줄어들면서 마치 다른 곳으로 점점 이동하는 것처럼 보였다. 현재는 호수의 면적이 10분의 1로 줄어서 차드 공화국에만 호수가 존재하고 있다.

[A] 그렇다면 차드호의 물이 급격히 줄어든 까닭은 무엇일까? 인구 급증과 기후 변화가 가장 큰 원인으로 꼽힌다. 인구가 늘어나면서 생활과 농업 활동에 필요한 물의 수요가 증가했고, 사람들은 개발을 위해 물길을 만들어 물을 뽑아 쓰며 한정된 물 자원을 계속 사용했다. 반면에 심한 가뭄으로 강수량은 오히려 줄어들어 호수의 물이 점차 줄어든 것이다.

본래 차드호는 수많은 동식물의 터전이었다. 하지만 물이 빠지면서 상당수의 물고기가 멸종되거나 멸종 위기에 놓였고, 이들을 먹고 서식하던 새들의 수도 급감했다. 생태계는 파괴되었고, 호수 주변의 나무와 목초지도 줄어들었다. 급기야는 차드호에 생활 기반을 두고 사는 수천만 명의 인근 주민들의 생계도 위협받고 있다.

차드호가 완전히 사라지게 되면 인근 주민들이 생태적 재앙을 입을 수 있다. 그래서 주변 4개국은 공동으로 위원회를 꾸려 현황 조사를 진행하는 등 대책 마련에 나서고 있다. 기후 변화와 사람들의 무분별한 물 사용으로 급격하게 줄어든 차드호. 과연 차드호는 다시 예전의 자리를 되찾을 수 있을까.

문제 풀이
지문 해제
관련 영상
어휘 퀴즈

◆ **공화국** 공화 정치를 하는 나라. 주권이 국민에게 있는 나라를 이른다.
**수심** 강이나 바다, 호수 따위의 물의 깊이.
**터전** 살림의 근거지가 되는 곳.
**목초지** 가축의 사료가 되는 풀이 자라고 있는 곳.

# 1

## 윗글의 내용과 일치하지 <u>않는</u> 것은?

① 차드호는 현재 차드 공화국에만 존재한다.

② 차드호는 현재 본래 면적의 90%가 사라졌다.

③ 차드호가 줄어든 주요 원인은 인구 급증과 기후 변화이다.

④ 차드호가 사라지는 것을 막기 위해 인근 나라들이 대책 마련에 나섰다.

⑤ 차드호가 줄어든 대신 농사를 지을 땅이 생겨 주민들에게 도움이 되었다.

# 2

## [A]와 〈보기〉에 공통으로 사용된 설명 방법으로 적절한 것은?

> **보기**
>
> 　중국의 네이멍구 자치구에 있는 한 호수는 은백색의 아름다운 색을 띠어 몽골어로 '하얀 호수'를 뜻하는 '차칸노르'라고 불린다. 80km²와 30km²의 두 개의 큰 호수로 이루어져 있었는데, 2002년 큰 호수가 말라 버렸다. 중국 정부의 이주˙ 정책으로 이곳의 인구가 늘어 물 수요가 증가한 것이 원인이다. 지하수 개발로 호수로 들어가는 물이 줄었고, 그 결과 차칸노르 호수의 상당 부분이 말라 버린 것이다. 그리고 말라 버린 호수 바닥의 소금기가 날리면서 주변 지역의 농경지와 마을에 피해를 주고 있다.

◆
**이주** 개인이나 종족, 민족 따위의 집단이 본래 살던 지역을 떠나 다른 지역으로 이동하여 정착함.

① 하나의 기준에 따라 대상들을 나누어 설명하고 있다.

② 어떤 결과를 가져온 원인을 구체적으로 설명하고 있다.

③ 여러 대상들을 견주어 차이점을 중심으로 설명하고 있다.

④ 하나의 대상을 구성 요소별로 나누어 그 특성을 설명하고 있다.

⑤ 생소한 개념을 친숙한 대상에 빗대어 알기 쉽게 설명하고 있다.

각 문단의 중심 내용을 다음과 같이 정리할 때, 빈칸에 들어갈 내용을 써 보자.

1문단    (                )하는 호수, 차드호

▼

2문단    예전보다 호수의 면적이 (                )로 줄어든 차드호

▼

3문단    차드호의 물이 급격히 줄어든 까닭 - (                )과 (                )

▼

4문단    차드호의 물이 줄어들며 발생한 여러 가지 문제들

▼

5문단    차드호의 소멸을 막기 위한 인근 (                )들의 노력

다음 빈칸을 채워 가며, 차드호에 일어난 문제 상황의 원인과 결과를 분석해 보자.

인구 급증                          기후 변화

▼                                ▼

(            )에 대한 수요 증가          (            ) 감소

▼

차드호의 물이 줄어듦.

▼

(            ) 파괴, 인근 주민들의 생계 위협

**배경지식**

## 우리는 왜 물 부족 문제를 고민해야 할까?

최근 지구 곳곳에서 **물 부족 문제가 발생**하고 있어요. **환경 오염이나 무분별한 개발**이 그 원인이지요. 물이 부족한 지역의 대표적인 문제는 **사막화**예요. 사막화는 농사를 짓기 위해 과도하게 땅을 갈아엎고 숲을 깎아 내는 등의 행위나 기후 변화로 가뭄이 발생해 토지가 황폐해지는 것을 말해요.

차드호는 이러한 사막화 문제를 보여 주는 대표적인 사례지요. 비슷한 사례는 많아요. 정부의 이주 정책으로 인구가 급증하여 물 수요가 증가하면서 사막화가 일어난 차칸노르 호수도 있고, 농작물이 자라기 좋은 환경을 만들려고 물길을 바꾸면서 강의 물이 90%나 줄어든 아랄해도 있죠. 지구의 인구는 계속 늘어날 텐데, 이렇게 사막화가 진행되어 물 부족 문제가 심각해진다면 앞으로의 인구가 사용할 물은 충분할까요? 지구 곳곳에서 벌어지고 있는 물 부족 문제와 사막화 실태는 앞으로 우리가 어떻게 물을 사용해야 할지에 대해 깊은 고민을 던져 주고 있어요.

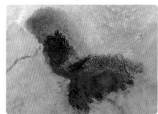

급격하게 줄어든 차드호의 모습

#물 부족 문제    #사막화    #환경 오염    #무분별한 개발

**어휘·어법**

**1~3** 다음 뜻풀이에 해당하는 단어를 제시된 예문과 초성을 참고하여 써 보자.

1 현재의 상황. (              )
　예 그는 공사의 진행 (ㅎㅎ)을 요약하여 보고하라는 지시를 받았다.

2 생물 따위가 일정한 곳에 자리를 잡고 삶. (              )
　예 이 작은 호수에 (ㅅㅅ)하는 물고기의 종류는 백여 종이 넘는다.

3 수량이나 범위 따위를 제한하여 정함. 또는 그런 한도. (              )
　예 전염병을 예방하기 위해서 (ㅎㅈ)된 공간에 모이지 않기로 했다.

**4~6** 다음에 제시된 단어의 사전적 의미를 찾아 바르게 연결해 보자.

4 기반 •　　　• ㉠ 힘으로 으르고 협박함.

5 생태 •　　　• ㉡ 생물이 살아가는 모양이나 상태.

6 위협 •　　　• ㉢ 기초가 되는 바탕. 또는 사물의 토대.

---

**Tip** 강(江), 산(山), 평야(平野), 호(湖) 등은 모두 앞말에 붙여 쓴다.
　예 나일강, 에베레스트산, 데칸고원, 도카치평야, 차드호

# 퍼센트와 퍼센트포인트

문제 풀이
지문 해제
관련 영상
어휘 퀴즈

우리는 길이나 무게를 측정할 때 미터(m)나 킬로그램(kg) 같은 단위를 사용한다. 그러나 주가 지수, 소비자 물가 지수 등과 같은 경제 지수에는 특별한 단위가 없다. 말 그대로 지수, 즉 숫자이다. 예를 들어 주식 시장의 종합 주가 지수는 '2,000'과 같이 숫자로만 표현한다.

이러한 경제 지수가 일정 기간 동안 얼마나 변화했는지를 표현하는 방법에는 두 가지가 있다. 첫째, 퍼센트(%)로 변화율을 나타내는 것이다. 가령 종합 주가 지수가 2,000에서 2,020이 되면 "1퍼센트 상승했다."라고 표현한다. 둘째, 그냥 수치상으로 지수가 어느 정도 변했는지를 나타내는 것이다. 종합 주가 지수가 2,000에서 2,020으로 변했으므로 "20포인트 상승했다."라고 말하는 것이다. 이때 포인트는 지수의 차이를 측정할 때 사용하는 단위로, 줄여서 'p'로 표시한다. 즉, 종합 주가 지수가 2,000에서 '1퍼센트 상승했다'는 것과 '20포인트 상승했다'는 것은 같은 뜻이다.

퍼센트, 즉 비율 간의 차이를 표현할 때도 포인트라는 단위를 사용한다. 예를 들어 저축률이 1년 사이에 20퍼센트에서 23퍼센트로 증가한 경우, 저축률이 3퍼센트포인트(%p) 상승했다고 표현한다. 이를 저축률이 3퍼센트 상승했다고 표현한다면 잘못된 것이다. 가령 여행지로 국내와 해외의 선호도를 조사한 결과, 작년에는 선호도가 국내 32퍼센트, 해외 68퍼센트였는데, 올해는 국내 72퍼센트, 해외 28퍼센트라고 한다면 올해는 작년보다 국내 선호도 비율이 40퍼센트포인트 증가했다고 표현해야 한다.

요컨대 퍼센트는 전체에서 특정 대상이 차지하는 비율을 나타내는 단위이며, 퍼센트포인트는 퍼센트, 즉 비율 간의 차이를 나타내는 단위이다. 그러나 퍼센트와 퍼센트포인트의 차이를 이해하지 못하거나, 정확한 용어 사용에 주의를 기울이지 않아 퍼센트포인트를 사용해야 하는 상황에서 퍼센트를 사용하는 경우가 많다. 그러므로 경제를 비롯해 통계 자료를 취급할 때는 퍼센트와 퍼센트포인트를 정확하게 사용하도록 각별히 유의해야 한다.

◆ **주가 지수** 주식이나 주권의 가격 변동을 나타내는 지수.
**소비자 물가 지수** 소비자 가격 조사에 따라 일정한 시기의 소비자 가격을 기준으로 해서 그 변동을 백분율로 나타낸 수.
**선호도** 좋아하는 정도.

**1**

**윗글을 통해 알 수 있는 내용으로 적절한 것은?**

① 경제 지수에 특별한 단위가 없는 까닭

② 경제 분야에서 통계 자료를 자주 사용하는 까닭

③ 주가 지수 및 소비자 물가 지수가 변화하는 까닭

④ 퍼센트와 퍼센트포인트의 차이와 올바른 표현 방법

⑤ 소비자 물가 지수를 나타내는 데 사용되는 단위의 종류

**2**

**윗글을 읽고 〈보기〉에 대해 이해한 내용으로 적절하지 <u>않은</u> 것은?**

> 보기
>
> 성인들을 대상으로 한 독서 실태 조사 결과, 2017년에는 지난 1년 동안 책을 한 권 이상 읽었다는 응답이 1,000명당 599명이었으나, 2019년에는 1,000명당 521명만이 지난 1년 동안 책을 한 권 이상 읽었다고 응답했다.

① 2017년에 지난 1년간 책을 한 권 이상 읽은 성인의 비율은 59.9%군.

② 2019년에 지난 1년간 책을 한 권 이상 읽은 성인의 비율은 52.1%군.

③ 2017년에 비해 2019년에는 성인들의 독서율이 7.8% 감소하였군.

④ 2017년에 지난 1년간 책을 한 권도 읽지 않은 성인의 비율이 40%가 넘는군.

⑤ 2019년에 지난 1년간 책을 한 권도 읽지 않은 성인의 비율이 조사 대상의 47.9%를 차지하는군.

**1**

각 문단의 중심 내용을 다음과 같이 정리할 때, 빈칸에 들어갈 내용을 써 보자.

**1문단**  특별한 단위 없이 (　　　　　　　)로만 표현하는 경제 지수

▼

**2문단**  경제 지수의 (　　　　　　　)를 표현하는 방법 – ① 퍼센트 활용, ② 포인트 활용

▼

**3문단**  퍼센트의 차이를 표현할 때 사용하는 (　　　　　　)

▼

**4문단**  퍼센트와 퍼센트포인트의 차이와 올바른 사용에 대한 당부

**2**

다음 빈칸을 채워 가며, 경제 지수의 변화를 표현하는 방법을 정리해 보자.

경제 지수가 일정 기간 동안 얼마나 변화했는지 표현하는 방법

지수의 (　　　　　　)을 나타내는 방법
단위로 퍼센트(%)를 사용함.

지수의 수치상 변화량을 나타내는 방법
단위로 (　　　　　)를 사용함.

**3**

다음 빈칸을 채워 가며, 퍼센트와 퍼센트포인트의 차이를 정리해 보자.

**퍼센트(%)**
전체에서 특정 대상이 차지하는
(　　　　　)을 나타냄.

**퍼센트포인트(%p)**
퍼센트, 즉 비율 간의
(　　　　　)를 나타냄.

## 배경지식

### 퍼센트를 이해할 때 어떤 점에 주의해야 할까?

퍼센트는 전체 수량을 100으로 하여 어떤 수량이 이에 대해 가지는 비율이 몇인지를 나타내는 단위예요. 초등학교 수학 시간에 배우는 기본적인 개념이지만, 이 퍼센트를 이해하는 과정에서 착각을 하는 경우가 많아요. 우리는 주로 어떤 착각을 할까요?

첫째, 증가율이 감소한 것을 수치 자체가 마이너스가 된 것으로 이해하면 안 돼요. 예컨대 어떤 기업의 성장률이 작년에는 10%였는데 올해에는 5%라고 해서 올해 성장이 마이너스인 것은 아니에요. 성장하는 폭이 줄었을 뿐, 여전히 플러스인 상태인 것이죠.

둘째, 퍼센트는 비대칭적이에요. 예컨대 이익이 작년에 20% 감소했다가 올해 20% 증가했다고 해서 이익이 원래 수준으로 회복된 것은 아니랍니다. 이익이 100만 원이라고 할 때, 20% 감소하면 80만 원이 돼요. 그리고 여기서 다시 20%가 증가하면 96만 원이 되죠. 이익이 원래 수준인 100만 원이 되려면 25%가 증가해야 해요.

이처럼 퍼센트는 얼핏 보면 쉬운 개념 같지만 실제로 이해하는 과정에서는 주의를 기울여야 해요. 그래야 수치의 변화와 비율을 정확하게 이해할 수 있답니다.

#퍼센트  #비율  #단위

## 어휘·어법

**1~3** 다음 뜻풀이에 해당하는 단어를 〈보기〉에서 찾아 써 보자.

> 보기
>
> 단위    비율    수치

1 계산하여 얻은 값. (              )
2 다른 수나 양에 대한 어떤 수나 양의 비(比). (              )
3 길이, 무게, 수효, 시간 따위의 수량을 수치로 나타낼 때 기초가 되는 일정한 기준. (              )

**4~5** 다음 빈칸에 들어갈 알맞은 단어를 찾아 ○를 표시해 보자.

4 먹고살기가 어려워지자 안정적인 직업을 ( 선호 / 혐오 )하는 경향이 뚜렷해지고 있다.
5 개인 정보를 ( 방치 / 취급 )하려면 빈틈없는 보안 체계를 갖추어야 한다.

Tip 가령(假令) 「부사」 ① 가정하여 말하여. 예 가령 너에게 그 일이 일어난다면 어떻게 하겠느냐?
② 예를 들어. 예 누구나 소망이 있다. 가령 나는 고향으로 돌아가고 싶은 소망이 있다.

# 미성년자의 계약

미성년자는 민법상 만 19세 미만의 사람을 이른다. 미성년자는 인터넷 사이트에 가입하거나 휴대 전화를 살 때와 같이 일정한 계약을 맺을 때 부모의 동의가 있어야 한다. 왜 미성년자에게는 이러한 동의가 필요할까?

우리 민법은 계약을 맺기 위해 갖추어야 할 능력을 두 가지로 보고 있다. 하나는 자신의 의사로 판단하고 결정할 수 있는 의사 능력이다. 태어난 지 얼마 안 된 아기 5 나 술에 잔뜩 취한 사람 등은 의사 능력이 없다고 간주한다. 다른 하나는 단독으로 효력이 있는 법률 행위를 할 수 있는 행위 능력이다. 그런데 우리 민법에서는 "미성년자는 단독으로 유효한 법률 행위를 할 수 없다."라고 규정하고 있다. 즉, 미성년자는 행위 능력이 없기에 만 19세가 되어야 계약을 맺을 자격이 주어진다는 것이다.

우리 민법에서는 원칙적으로 미성년자도 의사 능력이 있으면 법률 행위를 할 수 있 10 다. 다만 그 법률 행위를 할 때 법정 대리인의 동의를 얻도록 하고 있다. 따라서 미성년자가 유효한 계약을 체결하려면 법정 대리인의 동의가 필요하다. 미성년자의 법정 대리인은 일차적으로 친권자인 부모이다. 부모가 부재한 경우에는 후견인이 법정 대리인이 된다. 후견인은 할머니, 삼촌 등 친척이 될 수 있다. 그 외의 사람도 법정 대리인이 될 수 있지만, 반드시 법적으로 신고된 사람이어야 한다. 15

미성년자가 법정 대리인의 동의를 얻지 않고 맺은 계약은 일단 유효하지만, 미성년자 본인 또는 그의 법정 대리인이 계약을 취소할 수 있다. 법정 대리인이 계약 상대방에게 계약을 취소하겠다는 의사 표시를 하면 계약 취소의 효력이 발생한다. 취소의 의사 표시를 했는데도 계약 상대방이 그런 이야기를 들은 적이 없다고 주장하는 경우에는 '내용 증명 우편 제도'를 이용할 수 있다. 내용 증명을 보내면, 취소의 20 의사 표시를 우편을 통해 계약 상대방에게 보냈다는 것을 객관적으로 증명할 수 있어 이후에 법적 다툼의 소지를 줄일 수 있다. 특히 내용 증명으로 발송한 우편물은 우체국에서 3년 동안 보관하기 때문에 취소 의사를 밝혔음을 입증하는 근거로 유용하게 활용될 수 있다.

민법 개인의 권리와 관련된 법규를 통틀어 이르는 말.
친권자 미성년인 자식에 대하여 보호·감독을 내용으로 하는 신분상·재산상의 권리와 의무를 행사할 권한을 가진 사람. 보통 부모가 된다.

**윗글의 내용과 일치하지 <u>않는</u> 것은?**

① 법정 대리인은 미성년자가 맺은 계약을 취소할 수 있다.

② 갓 태어난 아기는 계약을 위해 갖추어야 할 능력이 없다.

③ 민법에서는 미성년자를 행위 능력이 없는 사람으로 간주한다.

④ 미성년자는 법정 대리인의 동의 없이 어떤 계약도 맺을 수 없다.

⑤ 계약 취소의 의사를 밝히는 방법으로 내용 증명 우편 제도를 활용할 수 있다.

**2**

**윗글을 읽고 〈보기〉에 대해 이해한 내용으로 적절하지 <u>않은</u> 것은?**

> 보기
>
> 　어머니는 중학생이 된 은지에게 휴대 전화를 선물하기로 했다. 그래서 함께 대리점을 방문해 휴대 전화를 구매하고, 통신사 가입 서류를 작성했다. 은지는 자신의 휴대 전화이므로 약관을 꼼꼼하게 읽고 통신사에 자기 이름으로 가입을 하고, 어머니가 동의서를 작성하였다.

① 은지가 통신사에 가입하는 계약을 맺은 것은 일종의 법률 행위로 볼 수 있다.

② 중학생인 은지는 미성년자로, 민법상 단독으로 유효한 법률 행위를 할 수 있는 능력이 없다.

③ 어머니가 은지와 함께 대리점을 방문한 것은 은지가 미성년자여서 의사 능력이 없기 때문이다.

④ 은지가 혼자서 대리점을 방문해 통신사 가입 계약을 맺었다면 추후에 어머니가 계약을 취소할 수 있다.

⑤ 어머니가 동의서를 작성한 것은 은지가 통신사에 가입하는 계약에서 어머니가 법정 대리인의 역할을 하고 있기 때문이다.

◆ **약관** 계약의 당사자가 다수의 상대편과 계약을 체결하기 위하여 일정한 형식에 의하여 미리 마련한 계약의 내용.

**1** 각 문단의 중심 내용을 다음과 같이 정리할 때, 빈칸에 들어갈 내용을 써 보자.

> **1문단** 미성년자가 계약을 맺을 때 부모의 (                    )가 필요한 이유에 대한 의문

> ▼

> **2문단** 계약을 맺기 위해 갖추어야 할 두 가지 능력
> ① (                    ) 능력: 자신의 의사로 판단하고 결정할 수 있는 능력
> ② (                    ) 능력: 단독으로 효력이 있는 법률 행위를 할 수 있는 능력

> ▼

> **3문단** 법정 대리인의 (                    )가 필요한 미성년자의 법률 행위

> ▼

> **4문단** 미성년자가 맺은 계약을 (                    )하는 방법

**2** 다음 빈칸을 채워 가며, 미성년자의 법률 행위와 관련한 정보를 정리해 보자.

> **미성년자의 법률 행위**
>
> • 원칙적으로 (                    ) 능력이 있으면 법률 행위를 할 수 있음.
> • (                    )한 계약 체결을 위해 법정 대리인의 동의가 필요함.

> **미성년자의 계약 취소**
>
> • 미성년자 본인 또는 (                    )이 취소할 수 있음.
> • 계약 취소 의사를 밝혔음을 입증하는 근거로 (                    ) 제도를 활용할 수 있음.

> **법정 대리인**
>
> • 친권자: (                    )
> • (                    ): 친권자 부재 시, 친척 및 법적으로 신고된 그 외의 사람

**배 경 지 식**

## 법으로 미성년자의 계약에 제한을 둔 이유는 무엇일까?

우리 민법에서 미성년자가 혼자서 자유롭게 계약을 하지 못하도록 한 것은 미성년자를 보호해야 할 대상, 즉 사회적 약자로 보기 때문이에요. 미성년자는 성인들보다 사회 경험이 적어 불리한 계약을 맺을 가능성이 크다고 보아 미성년자가 손해를 보지 않도록 특별히 보호하는 것이지요.

그래서 미성년자가 한 계약은 법정 대리인이 그에 대한 취소 의사를 표시하면 취소할 수 있어요. 계약이 취소되면 계약은 처음부터 무효인 것이 돼요. 그리고 미성년자는 계약으로 받은 이익이 남아 있을 경우 이를 돌려줄 책임이 있어요. 예를 들어 상품의 경우에는 해당 상품을 반환해야 해요.

그러나 미성년자가 거짓말을 하거나 문서를 위조하여 법정 대리인의 동의가 있는 것처럼 속였을 때는 계약을 취소할 수 없어요. 법은 미성년자를 보호할 뿐만 아니라 미성년자와 거래한 상대방도 보호하기 때문이죠.

#민법   #미성년자의 계약   #법정 대리인

---

**어 휘 · 어 법**

**1~4**

### 다음 뜻풀이에 해당하는 단어를 〈보기〉에서 찾아 써 보자.

> **보기**
>
> 간주      부재      소지      증명

1 그곳에 있지 아니함. (          )
2 상태, 모양, 성질 따위가 그와 같다고 봄. 또는 그렇다고 여김. (          )
3 문제가 되거나 부정적인 일 따위를 생기게 하는 원인. 또는 그렇게 될 가능성. (          )
4 어떤 사항이나 판단 따위에 대하여 그것이 진실인지 아닌지 증거를 들어서 밝힘. (          )

**5~7**

### 다음에 제시된 단어의 사전적 의미를 찾아 바르게 연결해 보자.

5 발송 •          • ㉠ 어떤 증거 따위를 내세워 증명함.
6 입증 •          • ㉡ 계약이나 조약 따위를 공식적으로 맺음.
7 체결 •          • ㉢ 물건, 편지, 서류 따위를 우편이나 운송 수단을 이용하여 보냄.

---

**Tip** • 의사(뜻 意, 생각 思) 무엇을 하고자 하는 생각. ◉ 의사를 전달하다.
   • 의견(뜻 意, 볼 見) 어떤 대상에 대하여 가지는 생각. ◉ 서로 의견을 교환하다.
   • 의향(뜻 意, 향할 向) 마음이 향하는 바. 또는 무엇을 하려는 생각. ◉ 그녀의 의향을 물었다.

# 가장 소중한 원소, 산소

지구에서 '산소'라는 원소가 사라지면 어떤 일이 일어날까? 음식이 없으면 3주, 물이 없으면 3일, 산소가 없으면 3분밖에 못 산다는 이야기가 있다. 산소가 지구 생명체의 생존에 얼마나 중요한 원소인지를 설명할 때 늘 따라오는 이야기이다. 그런데 사실 산소의 중요성은 이렇게 단순하지 않다.

지구에서 산소가 5초만 사라져도 자외선이 그대로 들어와 모든 생명체는 즉시 화상을 입게 되며, 모든 금속 제품은 엉겨 붙게 된다. 또 산소가 없어지면 땅이 붕괴되어 버리며, 압력의 변화로 모든 사람의 고막이 터진다. 이처럼 산소는 지구 생명체 및 지구에 있어 가장 중요한 원소이다.  5

그렇다면 산소가 지금보다 많아진다면 어떤 일이 일어날까? 그때부터 산소는 독이 된다. 인간은 혈압이 올라가고, 어지러움, 메스꺼움, 구토 등의 증상을 보이다 죽게 된다. 이는 '산소 중독' 때문이다. 우리 몸은 호흡할 때 폐에서 산소와 이산화 탄소를 교환하도록 설계되어 있는데, 산소가 너무 많으면 폐가 끝없이 산소를 흡수해 찌그러지고 폐를 구성하는 세포들이 타 버려 호흡이 불가능해진다. 또 산소가 너무 많으면 철을 비롯해 연소 가능성이 있는 모든 물질이 불타오른다. 다시 말해 지구 전체가 용접된다고 보면 된다.  10

지구 대기의 21%가 산소로 이루어져 있는데, 17%로 떨어지면 호흡이 불가능해지고, 25%로 오르면 유기 물질이 불타오른다. ㉠경이롭게도 현재 지구에는 딱 적당한 양의 산소가 존재하고 있다. 덕분에 우리가 아무런 문제 없이 생존할 수 있는 것이다.  15

산소는 산업 및 공업 분야에서도 다양하게 쓰이며 핵심적인 역할을 하고 있다. 산소는 거의 모든 물질과 반응하여, 대부분의 유기 물질 제조와 무기 재료 생산에 두루 쓰인다. 그 외에도 산소는 호흡기 치료, 로켓 연료 개발, 용접 등 수많은 분야에서 이용되고 있다.  20

**원소** 모든 물질을 구성하는 기본적 요소.

**자외선** 파장이 엑스선보다 길고, 가시광선보다 짧은 전자기파. 눈으로 볼 수는 없으나 광화학 반응을 일으키는 따위의 화학 작용이나 생리적 작용이 강하고 살균 작용을 한다.

**고막** 귓구멍 안쪽에 있는 막.

**연소** 물질이 산소와 화합할 때에, 많은 빛과 열을 내는 현상.

**용접** 두 개의 금속·유리·플라스틱 따위를 녹이거나 반쯤 녹인 상태에서 서로 이어 붙이는 일.

**유기 물질** 탄소의 산화물이나 금속의 탄산염 따위를 제외한 모든 탄소 화합물을 통틀어 이르는 말.

# 1

## 윗글에 대한 설명으로 가장 적절한 것은?

① 묻고 답하는 방식으로 내용을 전개하고 있다.

② 특정한 기준으로 대상의 종류를 나누어 제시하고 있다.

③ 대상에 대한 여러 견해를 제시한 후 이를 절충하고 있다.

④ 전문가의 말을 인용하여 대상의 가치와 의의를 평가하고 있다.

⑤ 상반된 속성을 지닌 대상을 열거하고 그 차이점을 설명하고 있다.

◆
**절충** 서로 다른 사물이나 의
견, 관점 따위를 알맞게 조절
하여 서로 잘 어울리게 함.

# 2

## '산소'에 대해 이해한 내용으로 적절하지 <u>않은</u> 것은?

① 지구 대기의 21%를 차지하고 있다.

② 금속 제품이 엉겨 붙지 않게 하는 역할을 한다.

③ 유기 물질 제조와 무기 재료 생산에 사용되고 있다.

④ 지구로 들어오는 자외선의 세기를 강화하는 역할을 한다.

⑤ 지구 대기에서 차지하는 비율이 높아지면 유기 물질이 불타오를 수 있다.

# 3 어휘

## ㉠과 문맥적 의미가 가장 유사한 것은?

① 당연하게도       ② 분명하게도       ③ 신기하게도

④ 이상하게도       ⑤ 한결같게도

**문단 요약**

**1**

각 문단의 중심 내용을 다음과 같이 정리할 때, 빈칸에 들어갈 내용을 써 보자.

> **1문단** ( )가 사라지면 어떤 일이 일어날지에 대한 의문 제기

▼

> **2문단** 산소가 ( ) 때 일어날 수 있는 현상

▼

> **3문단** 산소가 지금보다 ( ) 때 일어날 수 있는 현상

▼

> **4문단** ( ) 대기 속 산소 비율이 변화할 때 일어날 수 있는 현상

▼

> **5문단** 산업 및 공업 분야에서의 산소의 활용

**정보 확인**

**2**

다음 빈칸을 채워 가며, 지구 대기를 구성하는 산소의 비율이 변화하면 어떤 일이 일어날 수 있는지 정리해 보자.

| 산소 구성비 | 일어날 수 있는 현상 |
|---|---|
| 0% | • 자외선이 그대로 들어와 모든 생명체가 즉시 ( )을 입고, 모든 금속 제품이 엉겨 붙음.<br>• 땅이 붕괴되고, ( )의 변화로 모든 사람의 고막이 터짐. |
| 부족 | 호흡이 불가능해짐. |
| 과다 | • 산소 중독으로 ( )이 불가능해짐.<br>• 유기 물질 및 ( ) 가능성이 있는 모든 물질이 불타오름. |

## 배 경 지 식  산소는 지구와 인간에게 얼마나 중요한 물질일까?

산소는 공기의 주성분이자 맛과 빛깔과 냄새가 없는 물질로, 사람의 호흡과 동식물의 생존에 없어서는 안 되는 원소예요. 산소는 1774년, 영국의 화학자 조지프 프리스틀리가 발견한 것으로 알려져 있지요.

산소는 지구의 대기와 지각을 구성하는 주성분이기도 해요. 대기 중에서는 5분의 1 정도를 차지하고 있으며, 지구 지각에서는 절반가량을 차지해요. 그래서 산소가 없어지면 땅이 붕괴하는 것이죠.

또한 산소는 인간을 구성하는 주성분이기도 해요. 생명체를 이루는 단백질, 탄수화물, 지방과 같은 것들이 산소를 포함하며, 뼈 역시 산소를 포함해요. 무엇보다 물(주로 혈액)의 질량 대부분이 산소로 구성되어 있기 때문에 생명체의 질량 대부분이 산소라고 볼 수 있어요. 인간의 경우에도 질량의 3분의 2가 산소랍니다.

이처럼 산소는 지구와 인간을 구성하는 가장 중요한 원소라고 할 수 있어요.

#산소    #공기    #원소    #대기와 지각

조지프 프리스틀리

## 어 휘 · 어 법

**1~2** 다음 빈칸에 들어갈 알맞은 단어를 찾아 ○를 표시해 보자.

1 두 사람은 서로 눈빛을 ( 교환 / 변환 )하며 미소를 지었다.
2 환경 오염이 심해지면서 인간의 ( 생존 / 의존 )이 위협받고 있다.

**3~6** 다음 빈칸에 들어갈 알맞은 단어를 〈보기〉에서 찾아 기호를 써 보자.

> 보기
> ㉠ 세포: 생물체를 이루는 기본 단위.
> ㉡ 혈압: 심장에서 혈액을 밀어 낼 때, 혈관 내에 생기는 압력.
> ㉢ 호흡: ① 숨을 쉼. 또는 그 숨. ② 생물이 외계에서 산소를 흡수하고 이산화 탄소를 몸 밖으로 내보냄. 또는 그런 과정.
> ㉣ 화상: 높은 온도의 기체, 액체, 고체, 화염 따위에 데었을 때에 일어나는 피부의 손상.

3 그는 집에 불이 나 꽤 심한 (              )을/를 입었다.
4 인간은 수없이 많은 (              )(으)로 구성된 유기체이다.
5 해파리에 쏘이면 극심한 통증을 느끼거나 (              )이/가 곤란해질 수 있다.
6 할아버지께서는 (              )이/가 높아서 충격을 받지 않도록 항상 조심하신다.

Tip • 즉시 어떤 일이 행하여지는 바로 그때. ⓔ 소문은 즉시에 온 동네로 퍼졌다.
    • 순간 (주로 관형사 '그'나 동사의 관형사형 어미 '-은', '-는', '-던' 뒤에 쓰여) 어떤 일이 일어난 바로 그때. 또는 두 사건이나 행동이 거의 동시에 이루어지는 바로 그때. ⓔ 그를 보는 순간 말문이 막혔다.

# 밤하늘을 움직이는 천체들

문제 풀이
지문 해제
관련 영상
어휘 퀴즈

여러 날에 걸쳐 밤하늘을 관측하다 보면 재미있는 사실을 발견하게 된다. 우리가 밤하늘을 볼 때에는 별들이 하늘에 꼭 박혀 있는 것처럼 보인다. 별자리들은 어제도 오늘도 한결같이 제자리에서 언제나 같은 모양으로 떠올랐다가 저문다. 별자리의 모양이 비뚤어지는 일도, 위치가 뒤바뀌는 일도 없다.

그런데 몇몇 천체는 이런 규칙성을 깨는 것처럼 보인다. 이들은 자리가 고정된 별자리 사이를 돌아다니며 오늘은 어제와, 내일은 오늘과 다른 위치에서 떠오른다. 이들을 돌아다니는 별이라는 뜻에서 '행성(行星)'이라고 부른다. 이와 달리 항상 제자리에 박혀 있는 별들을 '항성(恒星)'이라고 부른다. 과학이 발달하면서 항성은 태양과 같이 스스로 빛과 열을 내는 천체임이, 행성은 스스로 에너지를 생산하지 못하고 항성 주변을 공전하는 천체임이 밝혀졌다.

우리가 밤하늘에서 맨눈으로 관측할 수 있는 행성은 수성, 금성, 화성, 목성, 토성 다섯 개이다. 사람들은 오랜 옛날부터 이들의 특이한 운행에 관심을 가지고 자세히 관찰하였다. 수성과 금성은 항상 태양 주위에서 동서로 왕복 운행하며, 초저녁과 이른 새벽에만 모습을 드러낸다. 화성, 목성, 토성은 한밤중에도 볼 수 있으며, 평소에는 서에서 동으로 운행하다가 짧은 기간 동안 동에서 서로 역행하는 현상을 보인다.

행성 외에 밤하늘에서 눈길을 끄는 천체가 혜성이다. 혜성은 예측 가능한 행성이나 항성과 달리 예고 없이 갑자기 나타나는 데다, 긴 꼬리가 달린 모양으로 사람들을 놀라게 했다. 이에 옛사람들은 혜성을 전쟁이나 흉년, 전염병과 같은 재앙의 전조로 여겨 두려워했다. 그러나 근대 이후 관측을 통해 혜성의 주기를 계산하고 출현 시점을 예측하게 되면서 혜성도 천체 가운데 하나로 인식되었고, 지금은 밤하늘을 수놓는 특별한 볼거리로 환영받고 있다. 아름다운 꼬리를 드리우며 별자리 사이를 가르는 혜성은 드물게 찾아오는 반가운 손님이다.

**천체** 우주에 존재하는 모든 물체.
**공전** 한 천체가 다른 천체의 둘레를 주기적으로 도는 일.
**운행** 천체가 그 궤도를 따라 운동하는 일.
**역행** 지구에서 볼 때, 지구의 자전 운동 방향과 반대로 천체가 동쪽에서 서쪽으로 움직이는 현상.
**주기** 같은 현상이나 특징이 한 번 나타나고부터 다음번 되풀이되기까지의 기간.

## 1

**윗글에 대한 설명으로 가장 적절한 것은?**

① 각 천체가 사람들에게 어떤 존재로 인식되었는지를 설명하고 있다.

② 밤하늘에서 관측되는 다양한 천체의 개념과 특성을 설명하고 있다.

③ 항성과 행성의 운행이 어떤 점에서 유사한지 비교하여 설명하고 있다.

④ 천체가 운행하는 과학적 원리를 천체 간에 작용하는 힘을 통해 설명하고 있다.

⑤ 인간이 천체의 운행을 어떻게 활용했는지를 시간 순서에 따라 설명하고 있다.

## 2

**〈보기〉는 천체를 나타낸 그림이다. 윗글을 참고하여 〈보기〉를 이해한 내용으로 적절하지 <u>않은</u> 것은?**

① ㉮는 밤하늘에서 언제나 같은 모양으로 떠올랐다가 저물겠군.

② ㉯는 항상 제자리에 박혀서 스스로 빛과 열을 내는 항성이로군.

③ ㉰는 스스로 에너지를 생산하지 못하고 항성 주변을 공전하는 행성이로군.

④ ㉱는 예고 없이 갑자기 나타나는, 출현 시점을 전혀 알 수 없는 천체로군.

⑤ 옛사람들은 긴 꼬리가 달린 모양인 ㉱를 재앙의 전조로 여겨 두려워했겠군.

**문단 요약**

**1**

각 문단의 중심 내용을 다음과 같이 정리할 때, 빈칸에 들어갈 내용을 써 보자.

**1문단** 밤하늘을 ( )할 때, 하늘에 박힌 것처럼 보이는 별들

▼

**2문단** ( )과 항성의 개념 및 특성

▼

**3문단** 맨눈으로 관측할 수 있는 행성과 이들의 ( ) 형태

▼

**4문단** ( )의 특성 및 혜성에 대한 인식 변화

**정보 확인**

**2**

다음 빈칸을 채워 가며, 밤하늘에서 관측되는 천체의 특성을 정리해 보자.

**밤하늘에서 관측되는 천체들**

| 행성 | 항성 | 혜성 |
|---|---|---|
| • 밤하늘에서 위치가 고정되어 있지 않음.<br>• 스스로 ( )를 생산하지 못함.<br>• ( ) 주변을 공전함. | • 밤하늘에서 위치가 항상 제자리에 박혀 있음.<br>• 스스로 ( )과 ( )을 내며 에너지를 생산함. | • 긴 ( )가 달린 모양으로, 옛사람들에게는 ( )의 전조로 여겨짐.<br>• 드물게 나타나지만, 관측을 통해 주기를 계산하여 ( ) 시점을 예측할 수 있음. |

**배경지식**

## 혜성과 유성은 어떻게 다를까?

**혜성**은 가스 상태의 빛나는 긴 꼬리를 끌고 태양을 초점으로 긴 타원이나 포물선에 가까운 궤도를 그리며 운행하는 천체를 말해요. 이 혜성과 흔히 헷갈리는 천체로, 유성이 있어요.

**유성**은 지구 주변의 먼지나, 혜성에서 떨어져 나온 티끌 등이 지구의 중력에 이끌려 지구의 대기권, 즉 지구를 둘러싸고 있는 대기의 범위 안으로 들어오면서 대기와 마찰하여 불타며 떨어지는 것을 말해요.

즉, **혜성은 태양의 주위를 공전하는 천체**이며, **유성은 지구 주변의 먼지나 티끌이 지구로 떨어지면서 만드는 흔적**이라고 볼 수 있어요. 유성은 가끔 다 타지 못하고 지구의 표면에 떨어지는 경우가 있는데, 이것을 운석이라고 해요. 그리고 유성을 다른 말로 별똥별이라고 부르지요.

#혜성  #천체  #유성  #별똥별

혜성의 모습

---

**어휘·어법**

**1~3** 다음 뜻풀이에 해당하는 단어를 〈보기〉에서 찾아 써 보자.

> 보기
>
> 관측    눈길    발견

1 주의나 관심을 비유적으로 이르는 말. (          )
2 미처 찾아내지 못하였거나 아직 알려지지 아니한 사물이나 현상, 사실 따위를 찾아냄.

(          )

3 육안이나 기계로 자연 현상 특히 천체나 기상의 상태, 추이, 변화 따위를 관찰하여 측정하는 일.

(          )

**4~5** 다음에 제시된 단어의 사전적 의미를 찾아 바르게 연결해 보자.

4 예고 •        • ㉠ 미리 알림.
5 전조 •        • ㉡ 어떤 일이 생길 기미.

---

**Tip** '맨-' (일부 명사 앞에 붙어) '다른 것이 없는'의 뜻을 더하는 말. ⑳ 맨눈/맨다리/맨땅

# 동물이 보는 세상은 어떠할까

문제 풀이
지문 해제
관련 영상
어휘 퀴즈

포유류가 바라보는 세상은 어떨까? ㉮개가 보는 세상은 지상에서 50cm 정도로 얼굴을 낮추고, 특수 안경을 끼고 보는 것과 같다. 이 안경을 끼면 색 구별이 잘 되지 않고, 30~60cm 거리는 초점이 잘 맞지 않아 가까운 주변이 거의 흑백으로 뿌옇게 보인다. 또 개는 '빨강-주황-초록'을, 그리고 '파랑-보라'를 같은 색으로 인식한다. 즉, 빨강과 파랑은 구별하지만, 빨강과 초록은 구별하지 못한다. 사실 개가 보는 세계는 시각과 후각이 섞인 세상이다. 개는 냄새로 사람을 구별한다.                                                                    5

㉯고양이는 밤에 사람보다 훨씬 밝은 세상을 본다. 밝은 곳에서 본 고양이의 눈동자는 세로로 길쭉하지만 어두운 곳에서는 활짝 열린다. 그래서 밤이 되면 고양이의 눈은 사람보다 더 많은 빛을 받아들인다. 또 고양이는 망막 뒤에 거울과 같은 막이 있어 미처 흡수하지 못한 빛까지 흡수한다. 이 때문에 밤에 고양이의 눈이 빛나고,                 10
사람보다 훨씬 더 잘 볼 수 있는 것이다.

㉰박쥐는 초음파를 통해 세상을 본다. 사실 이 능력은 시력이라기보다 청력에 가깝지만, 박쥐에게는 시력 이상의 역할을 한다. 놀라운 것은 자신이 만든 초음파를 구별하는 박쥐의 능력이다. 동굴에 사는 수백 수천 마리의 박쥐가 동시에 초음파를 내어 사물을 인식할 때, 박쥐는 그중 자신의 초음파를 정확히 구별해 낸다. 즉, 다른      15
박쥐가 만든 소리를 듣고 착각하는 일이 없다는 것이다.

그렇다면 파충류와 양서류가 보는 세상은 어떨까? 파충류 중에서 ㉱뱀은 아주 특별한 시력을 가지고 있다. 사람은 눈으로 볼 수 있는 빛인 빨강, 주황, 노랑, 초록, 파랑, 남색, 보라를 인식하는데, 뱀은 사람이 볼 수 없는 적외선을 본다. 뱀의 눈 아래 구멍에 특수한 신경 세포가 있어서 이를 통해 적외선을 감지하는 것이다.              20

양서류인 ㉲개구리는 회색으로 뒤덮인 세상을 본다. 개구리는 눈이 움직이지 않아 움직이는 사물만 인식한다. 그래서 개구리는 코앞에 파리가 앉아 있어도 알아채지 못한다. 그러나 파리가 움직이면 회색 세상을 배경으로 움직이는 파리를 보게 된다.

**망막** 눈알의 가장 안쪽에 있는 어두운 적갈색의 얇은 막 안에 시각 신경의 세포가 막 모양으로 층을 이룬 부분.
**초음파** 사람의 귀에 소리로 들리는 한계 주파수 이상이어서 들을 수 없는 음파.
**양서류** 어류와 파충류의 중간으로, 땅 위 또는 물속에서 사는 동물을 일상적으로 통틀어 이르는 말.
**적외선** 파장이 사람의 눈으로 볼 수 있는 빛인 가시광선보다 길며 극초단파보다 짧은 전자기파.

1

**윗글에 대한 설명으로 가장 적절한 것은?**

① 전문가의 말을 인용하여 동물의 시각이 지닌 특징을 소개하고 있다.

② 서로 다른 종으로 분류되는 여러 동물의 시각적 특징을 나열하고 있다.

③ 특정 동물의 시각이 발전하게 된 과정을 시간 순서에 따라 설명하고 있다.

④ 동물이 다른 감각보다 시각이 특히 발달한 원인을 논리적으로 분석하고 있다.

⑤ 동물이 환경과의 상호 작용으로 고유한 시각을 발달시킨 과정을 밝히고 있다.

2

**㉮～㉱가 〈보기〉의 장면을 어떻게 인식할지에 대해 추측한 내용으로 적절하지 않은 것은?**

보기

① ㉮는 두 저금통의 색 차이를 구별하지 못하겠군.

② ㉯는 밤에 사람보다 저금통과 주변 사물을 더 잘 볼 수 있겠군.

③ ㉰는 초음파를 이용하여 앞에 저금통이 있다는 것을 인지하겠군.

④ ㉱는 특수한 신경 세포를 통해 사람과 달리 저금통의 초록색을 정확히 인식하겠군.

⑤ ㉲는 저금통과 주변 사물을 모두 같은 색으로 인식하겠군.

**1** 각 문단의 핵심 내용과 관련된 내용을 찾아 연결해 보자.

| 1문단 | 개는 어떤 감각을 통해 세상을 보는가? | • | • | 초음파 |
| 2문단 | 고양이가 밤에 사람보다 훨씬 더 잘 볼 수 있는 까닭은 무엇인가? | • | • | 특수한 신경 세포 |
| 3문단 | 박쥐는 무엇을 통해 앞에 있는 사물을 인식하는가? | • | • | 시각과 후각 |
| 4문단 | 뱀은 어떻게 사람이 볼 수 없는 적외선을 감지하는가? | • | • | 움직이지 않는 눈 |
| 5문단 | 개구리가 움직이는 사물만 인식하는 까닭은 무엇인가? | • | • | 눈동자 개방, 막을 통한 빛 흡수 |

**2** 다음 빈칸을 채워 가며, 여러 동물의 시각적 특징을 정리해 보자.

| 개의 시각 | • 30~60cm 거리는 (　　　　　　)이 잘 맞지 않아 가까운 주변이 거의 (　　　　　)으로 뿌옇게 보임. <br> • 여러 색을 같은 색으로 인식하여 색을 잘 (　　　　　)하지 못함. |
|---|---|
| 고양이의 시각 | • 어두운 곳에서 눈동자가 활짝 열림. <br> • 망막 뒤에 있는 거울과 같은 (　　　　　)이 빛을 흡수함. <br> • (　　　　　)에 사람보다 훨씬 더 잘 볼 수 있음. |
| 박쥐의 시각 | • 시력보다 (　　　　　)에 가까운 초음파로 세상을 봄. <br> • 자신이 낸 초음파를 (　　　　　)할 수 있음. |
| 뱀의 시각 | • 사람이 볼 수 없는 (　　　　　)을 볼 수 있음. <br> • 눈 아래 구멍에 있는 특수한 신경 세포를 통해 적외선을 감지함. |
| 개구리의 시각 | • (　　　　　)으로 뒤덮인 세상을 봄. <br> • (　　　　　)이 움직이지 않아 움직이는 사물만 인식함. |

**배경지식** ### 사람은 눈으로 세상의 모든 것을 볼 수 있을까?

사람이 얻는 정보 중 눈을 통한 것이 80%라고 해요. 그만큼 사람의 감각 기관 가운데 눈의 역할이 크다는 것이죠. 사람의 눈은 무려 1만 7천여 가지의 색을 구별해 내요. 이 점에서 같은 포유류인 개와 큰 차이가 있죠. 사실 영장류를 제외한 대부분의 포유류는 색을 잘 구별하지 못해요. 또 사람의 눈은 1km 떨어진 거리에서 촛불의 1천 분의 1밖에 안 되는 빛까지도 감지할 수 있어요.

이렇게 대단해 보이는 사람의 눈도 한계는 있어요. 사람은 특정한 크기 이상의 파장으로 만들어지는 빛이 망막에 맺힐 때만 그것을 볼 수 있습니다. 즉, 사람의 눈에 보이는 것이 세상의 극히 일부일 수도 있다는 것이죠.

사람을 비롯한 모든 동물은 자신이 처한 환경에 맞게 세상을 보고 있어요. 그러니 인간의 기준에 억지로 끼워 맞추는 방식으로는 동물이 보는 세상을 이해할 수 없답니다.

#사람의 시각    #색 구별    #빛 감지

---

**어휘·어법**

**1** ⟨보기⟩에 제시된 뜻을 참고하여, 빈칸에 들어갈 알맞은 단어를 써 보자.

> 보기
> (          )
> 「1」 뒤쪽의 경치. 예 아름다운 ☐☐.
> 「2」 사건이나 환경, 인물 따위를 둘러싼 주위의 정경. 예 사건의 ☐☐.
> 「3」 앞에 드러나지 아니한 채 뒤에서 돌보아 주는 힘. 예 그는 ☐☐이 좋은 사람이다.
> 「4」 문학 작품에서, 주제를 뒷받침하는 시대적·사회적 환경이나 장소.
> 「5」 무대 뒤에 그리거나 꾸며 놓은 장치.

**2~4** 다음 빈칸에 들어갈 알맞은 단어를 ⟨보기⟩에서 찾아 써 보자.

> 보기
> 감지     착각     필요

**2** 식물은 광합성을 하며 (          )한 영양소를 스스로 얻는다.

**3** 휴대 전화를 이용하여 지진을 (          )하는 시스템이 개발되었다.

**4** 야생 조류가 바람 빠진 풍선을 먹이로 (          )해 이를 먹고 죽는 일이 발생했다.

---

**Tip** • 구별(구역 區, 다를 別) 성질이나 종류에 따라 차이가 남. 또는 성질이나 종류에 따라 갈라놓음. 예 공과 사를 구별하다.
　　 • 구분(구역 區, 나눌 分) 일정한 기준에 따라 전체를 몇 개로 갈라 나눔. 예 시는 서정시와 서사시로 구분할 수 있다.

# 과학적 업적으로서의 수량화

우리는 자연의 상태를 숫자로 표현하는 것, 즉 측정을 통해 수량화하는 것에 익숙하다. 이는 과학의 대단한 업적 중 하나이다. 과학에서 측정을 통한 수량화가 중요한 까닭은 그것이 세밀한 기준점이 되고, 통계의 바탕이 되기 때문이다. 이러한 측정의 결과들은 모두 데이터로 축적되고, 이를 통해 더 폭넓은 연구가 이루어진다.

오늘날 우리가 당연하게 여기는 온도나 속도 등은 불과 몇 세기 전만 해도 측정의 대상으로 인식조차 되지 않았다. 온도는 차갑거나 뜨겁다고 하는 개념이었지, 수량으로 정의되지 않았다. 사람들이 직접 경험하는 온도는 느낌이지, 숫자가 아니기 때문이다. 그러다가 유럽의 과학자들이 1600년경에 온도계를 발명했고, 오랜 연구 끝에 19세기 후반에 와서야 온도의 개념이 수량적으로 제대로 정리되었다.

중세 유럽의 과학자들은 속도가 수량이냐 아니냐를 두고 논쟁을 벌였다. 어떤 물체가 빠르거나 느리다고 느끼는 것은 질적 개념이지, 양적 개념이 아니기 때문이다. 현대인의 생각으로는 지나간 거리를 지나가는 데 걸린 시간으로 나누면 되는 것이지만, 중세의 과학자들은 거리와 시간은 서로 전혀 다른 성질의 것인데, 그중 하나를 다른 하나로 나누어 속도라는 값을 측정하는 것을 매우 부자연스럽다고 여겼다.

또 다른 예로 강우량을 생각해 보자. 세종의 업적 중 하나로 측우기 발명이 있다. 그런데 측우기는 사실 빗물을 받는 통에 자 하나를 대 놓은 것에 지나지 않는다. 그래서 이게 왜 대단한 발명인가 하고 생각하는 사람도 있을 것이다. 측우기가 ㉠위대한 발명품인 것은 비가 얼마나 왔는가를 측정할 생각을 했다는 것 자체가 획기적이기 때문이다. 또 그 측우기를 표준적으로 만들어 전국에 보내 측정을 통한 통계 자료를 수집했다는 것이 중요하다. '비가 많이 왔다.'라는 생각에서 멈추지 않고, '얼마나 왔는지 그 양을 측정해 보자.'라는 생각을 했다는 것이 과학적 업적인 것이다.

이처럼 수량화는 과학이 여러 세기에 걸쳐 힘겹게 이루어 놓은 일이다. 오늘날 사람들은 수량화의 의미를 모르고 당연시하고 있는데, 그것이 과학적으로 대단한 업적이라는 것을 한 번쯤은 생각해 볼 필요가 있다.

◆ **중세** 역사의 시대 구분의 하나로, 고대에 이어 근대에 선행(先行)하는 시기. 일반적으로 우리나라에서는 고려 건국 초기부터 망하기까지의 시기를, 서양에서는 5세기의 게르만 민족의 대이동에서 15세기 중엽 동로마 제국의 멸망에 이르는 시기를 가리킨다.
**강우량** 일정 기간 동안 일정한 곳에 내린 비의 분량. 단위는 mm.
**측우기** 조선 세종 23년(1441)에 만든 세계 최초의 우량계. 서울뿐만 아니라 각 지방에도 설치하여 강우량을 측정하였다.

## 1

### 윗글의 내용과 일치하지 <u>않는</u> 것은?

① 온도계는 1600년경에 유럽의 과학자들이 발명하였다.

② 온도는 원래 차갑거나 뜨겁다고 하는 양적인 개념이었다.

③ 중세의 과학자들은 속도를 측정하는 것을 부자연스럽게 여겼다.

④ 세종은 측우기를 만들어 비가 얼마나 왔는지 그 양을 측정하였다.

⑤ 우리가 어떤 물체가 빠르거나 느리다고 느끼는 것은 질적인 개념이다.

## 2

### 윗글의 내용 전개 방식에 대한 설명으로 가장 적절한 것은?

① 비유적 표현으로 수량화와 관련된 개념을 알기 쉽게 설명하고 있다.

② 여러 가지 사례를 바탕으로 수량화가 과학적 업적임을 밝히고 있다.

③ 수량화가 지닌 한계점을 지적하고 이를 보완할 방법을 제시하고 있다.

④ 서양 과학과 우리 과학을 비교하며 우리 과학의 우수성을 증명하고 있다.

⑤ 과학사를 살펴보며 과학적 업적이 하나의 일관된 사고에서 이루어졌음을 밝히고 있다.

◆
**일관** 하나의 방법이나 태도로써 처음부터 끝까지 한결같음.

## 3  어휘

### ㉠의 사전적 의미로 가장 적절한 것은?

① 마음이 너그럽고 큰.

② 더할 수 없을 만큼 많거나 큰.

③ 규모나 양이 매우 크거나 많은.

④ 행사의 규모 따위가 풍성하고 큰.

⑤ 도량이나 능력, 업적 따위가 뛰어나고 훌륭한.

**1**

**각 문단의 중심 내용을 다음과 같이 정리할 때, 빈칸에 들어갈 내용을 써 보자.**

**1문단** 자연의 상태를 숫자로 표현하는 것, 즉 (                    )을 통해 수량화하는 것은 과학의 대단한 업적 중 하나이다.

▼

**2문단** 차갑거나 뜨겁다고 하는 개념으로 인식되던 (               )는 19세기 후반에 와서야 수량적으로 정리되었다.

▼

**3문단** 중세의 과학자들은 빠르거나 느리다고 느끼는 (               )를 서로 전혀 다른 성질의 것인 거리와 시간으로 측정하는 것을 매우 부자연스럽다고 여겼다.

▼

**4문단** (               )가 위대한 발명품인 까닭은 비가 얼마나 왔는지 그 양을 측정할 생각을 하고, 측정을 통해 통계 자료를 수집했기 때문이다.

▼

**5문단** (               )는 과학이 여러 세기에 걸쳐 이룬 대단한 업적이다.

**2**

**다음 빈칸을 채워 가며, 과학사에서 수량화가 이루어진 과정을 이해해 보자.**

| 온도 | 속도 | 강우량 |
|---|---|---|
| 차갑거나 (          )는 개념으로 인식함. | 빠르거나 (          )는 개념으로 인식함. | 비가 많이 왔거나 적게 왔다는 개념으로 인식함. |
| ↓ | ↓ | ↓ |
| 1600년경에 (          )가 발명되고, 오랜 연구 끝에 19세기 후반에야 온도의 개념이 (          )으로 제대로 정리됨. | 속도가 (          )이냐 아니냐를 두고 논쟁을 벌인 끝에, 오늘날에는 지나간 거리를 지나가는 데 걸린 시간으로 나누어 값을 측정함. | 측우기를 표준적으로 만들어 전국에 보내 비가 얼마나 왔는지 그 (          )을 측정하여 통계 자료를 수집함. |

**배 경 지 식**

### 과학에서 측정은 얼마나 중요할까?

'수량화'라는 작업은 '측정'을 바탕으로 하므로 과학에서 측정은 무척 중요해요. 어떤 과학자는 과학적 지식을 숫자로 표시할 수 없다면 과학적이지 않은 것이라는 말을 하기도 했어요.

수학적 공식이 적용되지 않는 과학 분야에서도 측정은 중요해요. 예를 들어 어떤 화학 물질에 독성이 있다고 할 때, 어느 정도 양까지가 괜찮고 어느 정도 양부터가 위험한지를 구체적으로 파악하려면 이에 대해 측정한 수치가 필요해요.

현대 과학에서 측정은 기술의 발전에 힘입어 더욱 정교해지고 있어요. 예전에 100분의 1까지 측정했던 것을 오늘날에는 100만분의 1까지 측정할 수 있게 되었어요. 더욱 작은 단위, 새로운 단위가 생겨나고 있는 것이지요. 0.0000001의 차이로도 결과가 달라지는 것이 현대 과학에서는 가능해요. 이로 볼 때 현대 과학은 정밀한 측정을 매우 중요시하고, 어떻게 보면 그것에 매우 집착하고 있다고 볼 수 있어요.

#수량화　#측정　#현대 과학

**어 휘 · 어 법**

**1~3**

다음 뜻풀이에 해당하는 단어를 〈보기〉에서 찾아 써 보자.

> **보기**
>
> 발명　　　수집　　　측정

1 일정한 양을 기준으로 하여 같은 종류의 다른 양의 크기를 잼. (　　　　　)
2 취미나 연구를 위하여 여러 가지 물건이나 재료를 찾아 모음. (　　　　　)
3 아직까지 없던 기술이나 물건을 새로 생각하여 만들어 냄. (　　　　　)

**4~5**

다음 빈칸에 들어갈 알맞은 단어를 〈보기〉에서 찾아 써 보자.

> **보기**
>
> 업적　　　연구

4 효율적인 물 관리 정책 및 기술 개발을 위한 (　　　　　)이/가 시작되었다.
5 그는 독립 운동가들의 생애와 (　　　　　)을/를 널리 알리는 홍보 영상을 만들었다.

**Tip** ・**불과(不過)** 그 수량에 지나지 아니한 상태임을 이르는 말. ⑩ 이 모든 일이 불과 몇 초 사이에 일어났다.
　　・**겨우** 기껏해야 고작. ⑩ 일을 시작한 지 겨우 한 시간밖에 지나지 않았다.

# 양을 세면 잠이 오는 이유

문제 풀이
지문 해제
관련 영상
어휘 퀴즈

사람의 뇌 속에는 일종의 전기 신호인 뇌파가 나온다. 뇌에 있는 수백억 개의 신경 세포는 다른 신경 세포와 상호 작용하며 정보를 전달하는데, 이때 전기가 발생하기 때문이다. 뇌파는 뇌의 활동 정도에 따라 다르게 나타나는데, 뇌가 활발하게 활동할 수록 뇌파의 진동수가 높고, 편안할수록 진동수가 낮다.

뇌파에는 여러 종류가 있다. 30~50Hz로 가장 높은 진동수를 가진 감마파는 극도 로 긴장하거나 매우 복잡한 정신 기능을 수행할 때 나타나는 뇌파이다. 15~30Hz의 진동수를 가진 베타파는 약간의 스트레스를 받으며 일상적인 사고를 할 때 나타나 며, 8~12Hz의 진동수를 가진 알파파는 주로 명상을 할 때 나타난다.

최근에는 베타파와 알파파 사이에 SMR파라는 새로운 뇌파가 발견됐다. SMR파는 베타파만큼의 긴장과 스트레스를 받지 않으면서 일을 간단히 처리할 때 나타난다. 즉, 전혀 생소한 일을 처음 시작할 때는 감마파가, 조금 익숙해지면 베타파가, 완전 히 익숙해지면 SMR파가 나타나는 것이다.

알파파보다 더 진동수가 낮은 뇌파는 수면과 관계가 있다. 4~8Hz의 진동수를 가 진 세타파는 졸음이 쏟아지거나 잠이 막 들려고 할 때와 같은 얕은 수면 상태에서 나 타난다. 깊이 잠이 들면 뇌파는 더욱 느려져 0.5~4Hz의 진동수를 가진 델타파가 나 타난다.

최근에는 뇌파를 이용해 불면증을 치료하기도 한다. 불면증 환자는 베타파의 비율 이 높고, 세타파의 비율이 낮다. 환자에게 자신의 뇌파를 보여 주면서 세타파를 늘리 는 요령을 알려 주고 이를 반복시키면 불면증이 ㉠개선된다. 이때 세타파를 늘리는 요령은 특정 이미지를 반복해서 떠올리는 것이다. 흔히 "잠이 오지 않으면 양을 세 라."라는 말이 있는데, 이것이 적절한 방법인 셈이다. 다만 이때 양의 숫자에 집중하 는 것은 오히려 수면에 방해가 된다. 숫자가 아니라 양의 이미지에 집중해야만 세타 파의 비율이 높아져 잠이 오게 된다.

5

10

15

20

**진동수** 연속적인 주기 현상 에서, 단위 시간에 같은 상 태가 몇 번이나 반복되는가 를 나타내는 양. 파장이나 전기 진동의 경우는 주파수 라고도 한다. 단위는 헤르츠 (Hz).
**불면증** 밤에 잠을 자지 못하 는 증상.

## 1

**윗글을 읽고 이해한 내용으로 적절하지 <u>않은</u> 것은?**

① 인간의 뇌에서는 다양한 진동수의 뇌파가 나타난다.

② 인간의 뇌는 정보 전달 과정에서 전기를 발생시킨다.

③ 특정 이미지를 반복해서 떠올리면 수면에 도움이 된다.

④ 델타파는 뇌에서 발생하는 뇌파 중 진동수가 가장 낮다.

⑤ 일의 숙련도가 높아질수록 뇌의 활동도 점차 활발해진다.

## 2

**윗글을 읽고 〈보기〉에 대해 보인 반응으로 적절하지 <u>않은</u> 것은?**

> 보기
>
> 연우는 내일 있을 토론 수업 때 자기 생각을 잘 전달할 수 있을지 불안해 잠을 잘 이루지 못했다. 겨우 잠이 들었지만, 이른 시간에 일어나고 말았다. 연우는 등교 전에 명상을 하며 마음을 가라앉히고 학교로 향했다. 토론 수업 시간에 연우는 매우 긴장했지만 자기 생각을 잘 전달하고, 질문에도 잘 답하며 성공적으로 토론을 마쳤다. 수학 시간에는 지난 시간에 배워 조금 익숙해진 수학 문제를 몇 문제 풀었다. 점심시간에는 졸음이 쏟아져 잠깐 잠이 들었다.

① 토론 수업 전날 밤 연우의 뇌에는 베타파가 세타파보다 더 많이 발생했겠군.

② 등교 전 연우가 명상을 하자 뇌파의 진동수가 전날 밤보다 낮아졌겠군.

③ 토론 수업 시간에 연우의 뇌에는 가장 높은 진동수의 감마파가 발생했겠군.

④ 수학 시간에 수학 문제를 풀 때 연우의 뇌에는 SMR파가 나타났겠군.

⑤ 점심시간 때 연우의 뇌파는 수업 시간 때에 비해 그 진동수가 더 낮아졌겠군.

## 3 어휘

**㉠을 바꾸어 쓴 말로 가장 적절한 것은?**

① 깊어진다      ② 나아진다      ③ 무뎌진다

④ 심해진다      ⑤ 흩어진다

**1** 각 문단의 중심 내용을 다음과 같이 정리할 때, 빈칸에 들어갈 내용을 써 보자.

1문단 뇌파의 발생 원인 및 뇌의 활동과 뇌파 (          )의 관계

▼

2문단 뇌파의 종류와 특징 ① – (          ), 베타파, 알파파

▼

3문단 뇌파의 종류와 특징 ② – SMR파

▼

4문단 뇌파의 종류와 특징 ③ – 세타파, (          )

▼

5문단 뇌파를 활용한 불면증 치료 방법 – 특정 (          )를 반복해서 떠올리며 세타파를 늘림.

**2** 다음 빈칸을 채워 가며, 뇌파의 종류와 특징을 정리해 보자.

| | 뇌파 | 특징 |
|---|---|---|
| 높음 | 감마파 | 극도로 (          )하거나 매우 복잡한 정신 기능 수행 시 발생 |
| | 베타파 | 약간의 스트레스를 받으며 (          )인 사고를 할 때 발생 |
| 진동수 | (          ) | 긴장과 스트레스를 받지 않으면서 일을 간단히 처리할 때 발생 |
| | 알파파 | 주로 (          )을 할 때 발생 |
| | (          ) | 졸음이 쏟아지거나 잠이 막 들려고 하는 얕은 수면 상태에서 발생 |
| 낮음 | 델타파 | 깊은 (          )이 들었을 때 발생 |

## 배경지식

### 오늘날 뇌파는 어떤 분야에서 활용되고 있을까?

오늘날 뇌 과학이 발달하면서 뇌파는 단순히 그 사람이 어떤 상태인가를 파악하는 것을 넘어 다양한 분야로 확장되어 활용되고 있어요.

미국의 한 회사는 뇌파를 인식하여 게임 속 캐릭터를 움직이는 기술을 개발했어요. 이용자의 뇌에서 나오는 다양한 뇌파를 읽고 이를 게임 속 명령으로 바꾸는 것이었죠. 유럽의 한 신경학자도 뇌파로 즐기는 게임을 개발했어요. 손이나 발을 쓰지 않고 생각만으로 즐기는 게임의 세계를 연 것이죠.

뇌파만으로 무엇인가를 조작할 수 있다는 것은 엄청난 혁신이에요. 특히 몸을 움직일 수 없는 중증 장애인들에게 큰 희망이 될 수 있답니다. 생각만으로 마우스를 움직이거나 자판을 입력하여 의사를 표현하고 감정을 나타낼 수 있기 때문이죠.

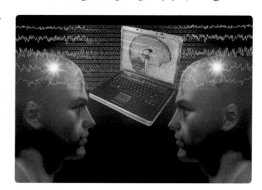

이처럼 뇌파는 오늘날 게임과 같은 콘텐츠 산업 분야를 비롯해 의료 과학 분야, 음악과 미술 등의 예술 분야 등 여러 분야에서 널리 활용되고 있어요.

#뇌 과학     #뇌파     #뇌파 인식 게임

## 어휘·어법

**1~2**  다음 뜻풀이에 해당하는 단어를 제시된 예문과 초성을 참고하여 써 보자.

1 일을 하는 데 꼭 필요한 묘한 이치. (            )

　예 처음엔 어려운 일도 계속하다 보면 ( ㅇㄹ )이 생기기 마련이다.

2 고요히 눈을 감고 깊이 생각함. 또는 그런 생각. (            )

　예 나는 오랜 시간 동안 ( ㅁㅅ )을 한 끝에 큰 깨달음을 얻었다.

**3~5**  다음 뜻풀이에 해당하는 단어를 〈보기〉에서 찾아 써 보자.

> 보기
>
> 　　　　생소하다　　　집중하다　　　활발하다

3 익숙하지 못하고 서투르다. (            )

4 생기 있고 힘차며 시원스럽다. (            )

5 한 가지 일에 모든 힘을 쏟아붓다. (            )

---

**Tip** 일종(한 一, 종류 種) ① 한 종류. 또는 한 가지. 예 안개는 대기 현상의 일종이다.
　　　　　　② (흔히 '일종의' 꼴로 쓰여) 어떤 것을 명시적으로 밝히지 않고 '어떤, 어떤 종류의'의 뜻을 나타내는 말. 예 그는 일종의 확신에 가득 차 있었다.

# 먹지 않고도 사는 바이러스

문제 풀이
지문 해제
관련 영상
어휘 퀴즈

'살아 있다'는 것을 어떻게 정의하느냐에 따라 바이러스는 지구상에서 가장 단순한 생물체가 될 수도 있고, 가장 복잡한 무생물이 될 수도 있다. 바이러스는 생물체의 특징이 나타나기는 하지만, 다른 세포에 기생할 때만 그 특징이 나타나기 때문이다. 바이러스는 혼자서 증식하지 못하지만, 이론적으로 영원히 죽지도 않는다. 왜냐하면 바이러스는 영양분을 섭취할 필요가 전혀 없기 때문이다.                            5

바이러스는 다른 생명체, 즉 숙주의 세포를 감염시키며 번식한다. 바이러스는 숙주 세포에 붙어 세포막에 구멍을 뚫고 자신의 유전 물질을 숙주 세포에 집어넣는다. 숙주 세포에 침투한 바이러스의 유전 물질은 세포의 기능을 장악하고 자신을 복제하도록 명령한다. 결국 숙주 세포는 이렇게 복제된 바이러스가 계속 불어나면서 세포막이 터져 파괴된다. 이러한 유전적 반란이 (   ㉮   )가 번식하는 방법이자, 숙   10
주 세포를 (   ㉯   ) 방법이다.

바이러스는 인간에게 매우 다양한 질병을 일으킨다. 일반적인 감기나 유행성 독감도 바이러스에 의해 ㉠발생한다. 질병의 감염자가 기침이나 재채기를 하면 침 등의 작은 물방울에 바이러스가 섞여 다른 사람의 입이나 코로 들어가면서 바이러스가 ㉡전파된다. 특히 바이러스 중에는 공기 중에 떠다니다가 다른 사람이 공기를 흡입할 때   15
호흡기로 감염되는 것도 있는데, 이 경우 폭발적인 전파가 일어날 수 있다.

항생제는 생명체를 죽이는 약물이므로 바이러스 감염을 막을 수 없다. 바이러스에 맞서 인간이 할 수 있는 최선의 방어책은 백신 접종이다. 하지만 바이러스는 변이가 잘 나타나기 때문에 백신이 ㉢개발되어도 바이러스의 변종이 생겨 기존의 백신이 무력화되기도 한다. 또한 백신의 개발 기간이 길다 보니, 높은 전파력을 가진 바이러스   20
관련 질병은 통제하기가 매우 어렵다. 그러므로 바이러스의 전파와 감염을 ㉣예방하려면 평소에 위생 ㉤수칙을 철저히 지키는 것이 중요하다.

기생 서로 다른 종류의 생물이 함께 생활하며, 한쪽이 이익을 얻고 다른 쪽이 해를 입고 있는 일. 또는 그런 생활 형태.
증식 생물이나 조직 세포 따위가 세포 분열을 하여 그 수를 늘려 감. 또는 그런 현상.
숙주 기생 생물에게 영양을 공급하는 생물.
변이 같은 종에서 성별, 나이와 관계없이 모양과 성질이 다른 개체가 존재하는 현상.
변종 같은 종류의 생물 가운데 변이가 생겨서 성질과 형태가 달라진 종류.

# 1

**윗글을 읽고 이해한 내용으로 적절하지 않은 것은?**

① 바이러스는 숙주 세포가 있어야만 증식할 수 있다.

② 항생제로는 바이러스에 감염되는 것을 막을 수 없다.

③ 바이러스 중에는 공기 중 감염을 통해 전파되는 것도 있다.

④ 바이러스 백신이 개발되면 바이러스의 변이가 나타나지 않는다.

⑤ 바이러스에 감염된 숙주 세포는 바이러스를 복제하는 역할을 한다.

# 2

**㉮, ㉯에 들어갈 말을 바르게 짝지은 것은?**

| | ㉮ | ㉯ |
|---|---|---|
| ① | 생명체 | 복제하는 |
| ② | 생명체 | 파괴하는 |
| ③ | 바이러스 | 지키는 |
| ④ | 바이러스 | 복제하는 |
| ⑤ | 바이러스 | 파괴하는 |

# 3 어휘

**㉠~㉤의 사전적 의미로 적절하지 않은 것은?**

① ㉠: 어떤 일이나 사물이 생겨남.

② ㉡: 전하여 널리 퍼뜨림.

③ ㉢: 슬기나 재능, 사상 따위를 일깨워 줌.

④ ㉣: 질병이나 재해 따위가 일어나기 전에 미리 대처하여 막는 일.

⑤ ㉤: 행동이나 절차에 관하여 지켜야 할 사항을 정한 규칙.

**1** 각 문단의 중심 내용을 다음과 같이 정리할 때, 빈칸에 들어갈 내용을 써 보자.

**1문단**  생물체와 무생물의 특성을 모두 가진 (          )

▼

**2문단**  바이러스의 숙주 세포 (              ) 및 증식 과정

▼

**3문단**  바이러스의 감염 및 (            ) 경로

▼

**4문단**  바이러스의 감염을 예방하는 방법 – ① (              ) 접종, ② 위생 수칙 준수

**2** 다음 빈칸을 채워 가며, 바이러스가 숙주 세포에 침투하여 증식하는 과정을 정리해 보자.

바이러스가 (            )에 붙음.

▼

바이러스가 숙주 세포의 세포막에 (          )을 뚫고
자신의 유전 물질을 집어넣음.

▼

바이러스의 유전 물질이 숙주 세포에 침투해
세포의 기능을 장악하고 자신을 (            )하도록 명령함.

▼

복제된 바이러스가 계속 불어나면서 숙주 세포의 (            )이 터져 파괴됨.

## 배경지식

### 바이러스의 약점과 강점은 무엇일까?

　　바이러스는 수많은 질병을 일으키며 인체에 큰 해를 입혀요. 그런데 이런 바이러스에도 약점은 있어요. **바이러스는 방사성 물질에서 나오는 방사선 중 하나인 감마선에 약해요.** 감마선은 세포를 죽이는 성질이 있어서 소독이나 식품 멸균 처리에 이용되고 암을 치료하는 데에도 널리 쓰여요. 바이러스가 이 감마선에 노출되면 유전 물질이 파괴되는데, 바이러스는 유전 물질에 이상이 한 번 생기면 스스로 치유를 하지 못해요. 그래서 감마선을 이용해 바이러스를 없애려는 시도가 이루어지기도 하지요.

　　그러나 **바이러스는 언제든 변이할 수 있다는 특성이 있어요.** 이렇게 바이러스의 변이가 거듭되다 보면 어떠한 치료제도 듣지 않는 슈퍼 바이러스가 탄생할 수도 있지요. 바이러스의 변이는 복제를 통해 이루어지기 때문에 **바이러스에 의한 질병에 효과적으로 대처하려면, 바이러스가 재생산되는 것 자체를 전면적으로 막는 방식을 활용해야 해요.**

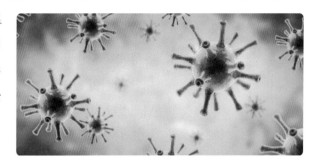

#바이러스　　#감마선　　#변이

## 어휘·어법

**1~4**

**다음에 제시된 단어의 뜻을 참고하여 빈칸에 들어갈 알맞은 말을 써 보자.**

1 □식: 붇고 늘어서 많이 퍼짐. (　　　　)
2 □투: 세균이나 병균 따위가 몸속에 들어옴. (　　　　)
3 □취: 생물체가 양분 따위를 몸속에 빨아들이는 일. (　　　　)
4 □염: 병원체인 미생물이 동물이나 식물의 몸 안에 들어가 증식하는 일. (　　　　)

**5~7**

**다음 빈칸에 들어갈 알맞은 단어를 〈보기〉에서 찾아 써 보자.**

> 보기
>
> 　　　　복제　　　　장악　　　　통제

5 세계의 많은 대학에서 동물을 이용하여 세포를 (　　　　)하는 실험이 계속 진행되고 있다.
6 이 지역은 군사적으로 보안이 필요한 곳이어서 일반인의 출입을 (　　　　)하고 있다.
7 우리가 신기술 개발에 성공한다면 관련 업계의 주도권을 (　　　　)할 수 있다.

**Tip** '-력(力)' (일부 명사 뒤에 붙어) '능력' 또는 '힘'의 뜻을 더하는 말. ◑ 전파력/경제력/군사력/생활력

# 우리나라의 전염병 역사

'역병'은 집단적으로 생기는 전염병을 뜻한다. 수많은 사람이 한꺼번에 동일한 병균에 감염되는 역병이 발생하는 것은 그리 쉬운 일이 아니다. 그러나 중세 유럽 사회를 붕괴시킨 페스트처럼 인간의 역사에는 대규모 전염병이 존재한다. 그렇다면 우리 역사에서 찾아볼 수 있는 역병에는 어떤 것들이 있을까?

고대 사회에서 가장 문제가 된 것은 몸에 발진이 일어나는 '질진(疾疹)'이었다. 그 5
중 천연두로 ㉠추정되는 전염병이 한반도에 들어온 것은 신라 통일 전쟁기이다. 당시 파견된 당나라 대군이 천연두 균을 가지고 온 것이다. 이후 천연두는 주기적으로 유행하여 통일 국가로 발돋움한 신라의 인구를 크게 줄였다. 역병의 유행으로 의학에 대한 관심이 높아지면서 692년 우리나라 최초의 국립 의과 대학인 '의학(醫學)'이 설립되었다. 10

문제 풀이
지문 해제
관련 영상
어휘 퀴즈

고려 시대에는 천연두가 지속적으로 유행하다 익숙해질 무렵 또 다른 역병이 유행하였다. 『고려사』에 기록된 '장역(瘴疫)'은 축축하고 더운 땅에서 생기는 독한 기운으로 인한 역병이라는 뜻으로, 고열과 복통, 설사 등의 증상이 나타났다. 이렇게 전염병이 돌면 나라에서 설립한 동서 대비원에서 가난한 병자를 돌보았다.

조선 시대에 동서 대비원은 활인서(活人署)로 이름을 바꾸었다. 전염병에 대한 의 15
학적 대응책도 발달했다. 그러나 경제 활성화로 시장과 대도시가 발달하여 인구가 밀집하면서 전염병의 발생과 유행이 이전보다 더욱 빈번해졌다. 그중에서도 위세를 떨친 것은 '호열자(콜레라)'였다. 호랑이가 온몸을 뜯어 먹는 것처럼 고통스럽다는 이병은 1807년부터 18년간 100만 명 이상의 사망자를 낳았다.

18세기 후반, 조선이 문호를 개방하면서 역병의 전파 경로가 다양해졌다. 그러나 20
1885년 광혜원(廣惠院)이 설립되면서 민간요법과 한의학적 처치뿐만 아니라 서양 의학적 대응책까지 사용하게 되었고, 의사들이 전염병 퇴치에 앞장서기 시작했다.

제2차 세계 대전 이후 현대에 접어들면서 항생제 사용이 보편화되어 전염병 사망 사례는 급격히 줄어들었다. 그러나 인류는 20세기 후반에 에이즈, 21세기에 들어 에볼라라는 새로운 전염병을 만나게 되었다. 이처럼 전염병의 위협은 여전히 우리 가 25
까이에 있으므로 전염병 퇴치를 위한 노력은 끊임없이 이루어져야 할 것이다.

페스트 페스트균이 일으키는 급성 전염병. 오한, 고열, 두통에 이어 권태, 현기증이 일어나며 의식이 흐려지게 되어 죽는다.
발진 피부 부위에 작은 종기가 광범위하게 돋는 질환. 또는 그런 상태.
문호 외부와 교류하기 위한 통로나 수단을 비유적으로 이르는 말.

**1**

**윗글의 내용과 일치하지 않는 것은?**

① 유럽의 역사에서도 대규모 전염병을 찾아볼 수 있다.

② 천연두는 신라 통일 전쟁기에 당나라 군대에 의해 전파되었다.

③ 동서 대비원은 우리나라 역사상 최초로 설립된 국립 의과 대학이다.

④ 조선 시대에는 경제 활성화에 따른 인구 밀집으로 역병의 발생이 빈번해졌다.

⑤ 현대에는 항생제의 발전으로 전염병 사망 사례가 크게 줄었으나 새로운 전염병이 발생하였다.

**2**

**윗글에 대한 설명으로 적절하지 않은 것은?**

① 역병의 개념을 정의하며 화제를 밝히고 있다.

② 역사에 기록된 역병을 시간 순서에 따라 제시하고 있다.

③ 역병이 유행한 원인과 역병 유행에 따른 결과를 제시하고 있다.

④ 시대별로 유행한 역병과 역병 퇴치를 위한 노력을 함께 제시하고 있다.

⑤ 전통 민간요법과 서양 의학적 대응책의 차이를 비교하여 설명하고 있다.

◆
**전통** 어떤 집단이나 공동체에서, 지난 시대에 이미 이루어져 계통을 이루며 전하여 내려오는 사상·관습·행동 따위의 양식.

**3**  어휘

**㉠의 사전적 의미로 가장 적절한 것은?**

① 높이 받들어 우러러봄.

② 미루어 생각하여 판정함.

③ 목표를 향하여 밀고 나아감.

④ 짐작으로 미루어 셈함. 또는 그런 셈.

⑤ 어떤 조건에 적합한 대상을 책임지고 소개함.

## 1

각 문단의 핵심어를 찾아 바르게 연결해 보자.

**1문단**   '우리 역사에서 찾아볼 수 있는 역병에는 어떤 것들이 있을까?'

| 2문단 | 고대 사회 • | • 호열자 • | • 동서 대비원의 활동 |
|---|---|---|---|
| 3문단 | 고려 시대 • | • 장역 • | • 광혜원 설립 |
| 4문단 | 조선 시대 • | • 천연두 • | • 의학 설립 |
| 5문단 | 18세기 후반 • | • 다양해진 역병의 전파 경로 • | • 지속적인 퇴치 노력 |
| 6문단 | 현대 • | • 에이즈, 에볼라 • | • 활인서의 존재 |

## 2

다음 빈칸을 채워 가며, 우리 역사에서 찾아볼 수 있는 역병과 그 내용을 정리해 보자.

**천연두**
- 신라 통일 전쟁기에 (                    )으로부터 유입됨.
- 통일 국가로 발돋움한 신라의 (                    )를 크게 줄임.

**장역**
- 축축하고 더운 땅에서 생기는 독한 (                    )에 의해 발생함.
- 고열과 복통, 설사 등의 증상이 나타남.

**호열자**
- 시장과 대도시의 발달에 따른 (                    ) 밀집으로 전염병이 빈번해지던 중 발생함.
- 18년간 100만 명 이상의 사망자를 낳음.

**배 경 지 식**

### 21세기에 유행한 전염병에는 무엇이 있을까?

21세기에 들어서도 세계를 덮치는 전염병은 그치지 않고 있어요. 2002년 11월, 중국에서 발생한 **사스**(SARS, 중증 급성 호흡기 증후군)가 홍콩을 거쳐 세계 각지로 확산됐어요. 사스는 전 세계 29개국으로 퍼져 나가면서 수천 명의 감염자와 수백 명의 사망자를 발생시켰고, 2003년 7월까지 유행했어요. 2009년 4월에는 **신종 인플루엔자, 일명 신종 플루**가 미국에서 발생하여 전 세계로 확산되었어요. 신종 플루는 전 세계 214개국에서 유행했고, 이로 인해 1만 9천여 명의 사망자가 발생했어요. 이에 세계 보건 기구[WHO]에서 감염병 경고 단계 중 최고 단계인 '팬데믹(pandemic)'을 선언하기도 했지요. 2015년에는 **메르스**(MERS, 중동 호흡기 증후군)가 유행했어요. 메르스는 치사율이 41%(국내 20.4%)에 달했으며, 이전까지 사람에게서 발견되지 않았던 신종 바이러스였어요. 2019년에는 중국 후베이성 우한시를 중심으로 원인 불명의 폐렴이 발병하며 전 세계로 퍼져 나갔어요. **코로나19**로 명명된 이 전염병은 폭발적인 전염성을 보였고, 이에 세계 보건 기구에서는 팬데믹을 선언했지요.

이처럼 21세기에 들어서도 전염병의 위협은 끊이지 않고 있어요. 그리고 많은 의료진이 전염병에 대처하기 위해 애를 쓰고 있지요. 그런 만큼 질병을 예방하기 위한 개인적·사회적 노력은 지속적으로 필요해요.

#전염병    #사스    #신종 플루    #메르스    #코로나19

**어 휘 · 어 법**

**1~3**

### 다음 뜻풀이에 해당하는 단어를 〈보기〉에서 찾아 써 보자.

> 보기
>
> 개방    밀집    퇴치

1 빈틈없이 빽빽하게 모임. (              )
2 물리쳐서 아주 없애 버림. (            )
3 금하거나 경계하던 것을 풀고 자유롭게 드나들거나 교류하게 함. (              )

**4~5**

### 제시된 뜻풀이에 해당하는 단어를 찾아 ○를 표시해 보자.

4 기관이나 조직체 따위를 만들어 일으키는 것을 '( 설비 / 설립 )'(이)라고 한다.
5 상처나 헌데 따위를 치료하는 것을 '( 비치 / 처치 )'라고 한다.

---

**Tip** 인류[일류](○) / 인류[인뉴](×) '인류'의 올바른 발음은 [일류]이다. 이는 『표준 발음법』 제20항에 따른 것으로, 'ㄴ'은 'ㄹ'의 앞이나 뒤에서 [ㄹ]로 발음한다. 따라서 [인뉴]로 발음하는 것은 잘못된 발음이다.

# 진공청소기의 원리

공기는 압력이 높은 곳에서 압력이 낮은 곳으로 이동한다. 진공청소기는 이러한 공기의 압력차를 이용한 기구이다. 진공청소기는 전기 에너지를 이용해 주변보다 기압이 낮은 상태를 만들어 외부의 공기가 청소기 안으로 빨려 들어오게 한다.

진공청소기는 일반적으로 세 부분으로 구성된다. 진공청소기의 내부는 오물과 먼지가 포함된 외부의 공기가 들어오는 호스 부분, 오물과 먼지를 걸러 내고 깨끗한 공기만 통과시키는 필터 부분, 모터를 회전시켜 약한 수준의 진공 상태를 만들어 내는 송풍 장치 부분으로 나눌 수 있다. 5

모터가 연결된 송풍 장치는 강한 회전을 통해 청소기 내부를 외부보다 기압이 낮은 상태로 만든다. 즉, 모터가 1분에 만 번 이상 강력하게 회전하면서 청소기 내부의 공기를 청소기 외부로 내보내게 된다. 그러면 청소기 내부의 기압이 외부에 비해 낮아지게 되고, 더 기압이 높은 청소기 외부의 공기가 호스를 통해 내부로 빨려 들어오게 되는 것이다. 이때 먼지나 티끌 등도 함께 섞여 들어온다. 10

호스를 따라 들어온, 먼지나 티끌 등 오물이 섞인 외부 공기는 필터 시스템을 거치게 된다. 여기에서 걸러진 먼지와 티끌은 먼지통이나 먼지 봉투에 쌓이게 된다. 이렇게 필터를 통해 미세한 먼지까지 모두 걸러지고, 깨끗한 공기만 청소기 뒤로 빠져나가게 되는 것이다. 15

청소기로 흡입되는 먼지만 본다면 청소가 깨끗이 되는 것처럼 보이지만, 필터 시스템이 좋지 않은 진공청소기는 흡입한 공기 중에 있던 미세 먼지를 완전히 걸러 내지 못하고 다시 배출하여 오히려 집 안 공기를 더럽히기도 한다. 또 필터는 오래 사용하면 필터 사이에 먼지가 끼어 청소기의 흡입력을 떨어뜨릴 수 있다. 그러므로 진공청소기의 강력한 흡입력을 유지하기 위해서는 필터를 자주 청소하고, 제때 교체해 주어야 한다. 20

◆ **진공** 물질이 전혀 존재하지 아니하는 공간. 인위적으로 만들어 낼 수는 없고, 실제로는 극히 압력이 낮은 상태를 이른다.
**기압** 대기의 압력.
**송풍** 기계 따위로 바람을 일으켜 보냄.

윗글의 서술상 특징으로 적절한 것은?

① 묻고 답하는 방식으로 중심 내용을 전달하고 있다.

② 대상의 기술적 특성과 발전 전망을 제시하고 있다.

③ 대상의 변천 과정을 시간 순서에 따라 설명하고 있다.

④ 대상의 구체적인 종류를 밝히고 장단점을 비교하고 있다.

⑤ 대상의 구성 요소를 분석한 후 각각의 기능을 밝히고 있다.

**2**

윗글을 바탕으로 〈보기〉를 이해한 내용으로 적절하지 <u>않은</u> 것은?

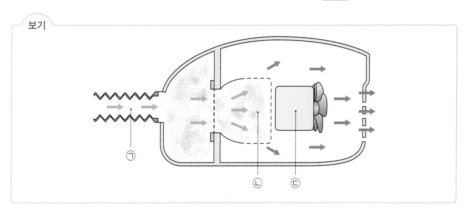

① ㉠을 통해 들어오는 공기에는 오물이 섞여 있겠군.

② ㉡을 거치면서 먼지나 티끌이 걸러지게 되겠군.

③ ㉡에 신경을 써야 강력한 흡입력을 유지할 수 있겠군.

④ ㉢은 모터의 회전을 통해 내부 공기를 밖으로 내보내는군.

⑤ ㉢은 청소기 내부를 외부보다 기압이 높은 상태로 만들겠군.

**1** 각 문단의 중심 내용을 다음과 같이 정리할 때, 빈칸에 들어갈 내용을 써 보자.

**1문단**  공기의 (          )를 이용하는 진공청소기

▼

**2문단**  진공청소기의 구성 요소 – (          ) 부분, 필터 부분, (          ) 부분

▼

**3문단**  진공청소기의 작동 원리 및 과정 ①

▼

**4문단**  진공청소기의 작동 원리 및 과정 ②

▼

**5문단**  진공청소기의 (          ) 청소 및 정기적인 교체의 필요성

**2** 다음 빈칸을 채워 가며, 진공청소기의 작동 원리를 정리해 보자.

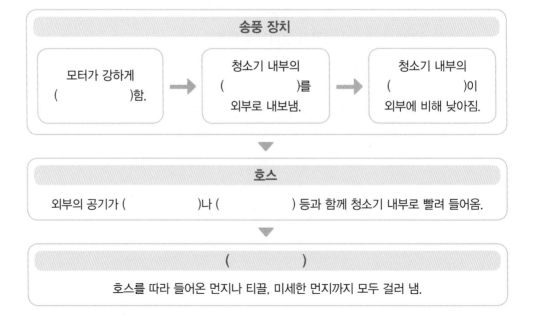

**송풍 장치**

| 모터가 강하게 (          )함. | → | 청소기 내부의 (          )를 외부로 내보냄. | → | 청소기 내부의 (          )이 외부에 비해 낮아짐. |

▼

**호스**

외부의 공기가 (          )나 (          ) 등과 함께 청소기 내부로 빨려 들어옴.

▼

**(          )**

호스를 따라 들어온 먼지나 티끌, 미세한 먼지까지 모두 걸러 냄.

**기술 01**

## 배경지식

### 최초의 진공청소기는 어떻게 발명되었을까?

진공청소기가 없던 시절에는 먼지를 쓸어 날려 보내는 정도로만 청소를 할 수밖에 없었어요. 그래서 청소를 하는 사람과 그 주변에 있던 사람들 모두 날리는 먼지 때문에 기침을 하고 숨이 막혔죠. **영국의 발명가 세실 부스는 이러한 청소의 문제점을 인식하고 진공청소기를 최초로 만들었어요.** 그는 바닥에 먼지를 뿌린 뒤 젖은 손수건을 놓고 입으로 공기를 빨아들이는 실험을 통해 흡입식 진공청소기를 개발했어요. 그러나 그가 발명한 진공청소기는 부피가 큰 모터와 펌프로 이루어져 있어 말이 끌어야 할 만큼 매우 무겁고 거대한 기계였어요. 이후 진공청소기는 점차 크기가 줄어들었고, 사용하기 편하도록 발전을 거듭한 끝에 오늘날과 같은 기능과 형태를 갖추게 되었답니다.

한편 진공청소기의 '진공'이란 어떤 입자도 없이 텅 비어 있는 공간을 뜻해요. 그러나 우리 주변에서 완벽한 진공 상태란 쉽게 볼 수도 없고, 만들어 내기도 어려워요. 우리가 흔히 접하는 '진공 포장', '진공 건조'에서의 '진공' 역시 완벽한 빈 공간을 뜻하지는 않아요. 다만 보통의 기압 상태보다 공기의 입자 수를 크게 줄였다는 의미지요. **진공청소기의 '진공' 역시 공기의 입자 수가 주위보다 아주 적은, 약한 수준의 진공 상태를 의미해요.**

#진공청소기  #세실 부스  #진공

세실 부스가 발명한 진공청소기

## 어휘·어법

**1~2** 다음에 제시된 단어의 사전적 의미를 찾아 바르게 연결해 보자.

1 오물•  •㉠ 지저분하고 더러운 물건.
2 티끌• •㉡ 티와 먼지를 통틀어 이르는 말.

**3~5** 다음 빈칸에 들어갈 알맞은 단어를 〈보기〉에서 찾아 써 보자.

> 보기
>
> 미세  배출  흡입

3 시에서 생활 하수를 올바르게 (          )하는 요령을 홍보하였다.
4 산불로 인근 주민 수십 명이 연기를 (          )해 병원으로 옮겨졌다.
5 그는 (          )한 변화도 금세 눈치챌 만큼 주변 환경에 민감한 사람이었다.

---

**Tip** 깨끗이(○) / 깨끗히(×) 한글 맞춤법 제51항에서는 "부사의 끝음절이 분명히 '이'로만 나는 것은 '-이'로 적고, '히'로만 나거나 '이'나 '히'로 나는 것은 '-히'로 적는다."라고 규정하고 있다. 따라서 '깨끗이'가 올바른 표기이다.

# 가상 현실과 증강 현실

문제 풀이
지문 해제
관련 영상
어휘 퀴즈

최근 전시관이나 박물관, 테마파크 등에서 가상◆ 현실이나 증강◆ 현실을 체험할 수 있는 기회가 많아지고 있다. ㉠가상 현실 기술과 ㉡증강 현실 기술은 제4차 산업 혁명을 이끌 핵심 기술 중 하나로 떠오르는 것으로, 최근 많은 관심을 받으며 그 발전 가능성에 대한 기대감이 높아지고 있다.

가상 현실 기술과 증강 현실 기술은 공간적·시간적·물리적 제약으로 현실 세계 5
에서 직접 경험하거나 얻지 못하는 정보를 가상 공간 또는 증강 현실 공간 내에서 접할 수 있게 하는 콘텐츠 운용 기술이다. 이러한 기술들은 실제로 경험하기 어렵거나 반복적 훈련이 필요한 상황, 상상에 의존할 수밖에 없는 상황 등 사람이 생각할 수 있는 모든 상황을 재현할 수 있다.

그렇다면 가상 현실 기술과 증강 현실 기술은 어떤 차이가 있을까? 가상 현실 기술 10
은 가상의 환경 내에서 사용자의 오감◆ 정보를 확장하고 공유함으로써 현실 세계에서 경험하지 못하는 상황을 실감 나게 체험할 수 있게 한다. 반면 증강 현실 기술은 현실 공간이나 사물에 가상의 디지털 콘텐츠가 겹쳐지게 함으로써 사용자에게 더 많은 정보와 체험의 기회를 제공한다.

쉽게 말해 가상 현실 기술은 증강 현실 기술과 달리 배경, 환경, 객체 모두가 현실 15
이 아닌 가상의 이미지로 구현된 기술을 말한다. 즉, 가상 현실 기술에서 구현된 모든 이미지는 가상인 것이다. 반면 현실에 가상의 정보를 덧입혀 실제와 가상이 혼합된 이미지로 구현된 기술이 바로 증강 현실 기술이다. 결국 증강 현실은 부분적인 가상 현실이라고 할 수 있다.

오늘날 가상 현실 기술과 증강 현실 기술은 게임, 스포츠, 교육, 산업, 국방 등 다 20
양한 분야에서 활용되면서 나날이 발전이 가속화되고 있다. 특히 가상 현실 기술은 게임과 같은 몰입형 콘텐츠로 발전할 것으로, 증강 현실 기술은 기존 산업의 응용 분야와 융합하여 더 큰 시장을 형성할 것으로 전망된다. 오감 체험형 콘텐츠로 진화하는 가상 현실 기술과 증강 현실 기술이 앞으로 얼마나 더 발전할지 기대가 된다.

◆ **가상** 사실이 아니거나 사실 여부가 분명하지 않은 것을 사실이라고 가정하여 생각함.
**증강** 수나 양을 늘리어 더 강하게 함.
**오감** 시각, 청각, 후각, 미각, 촉각의 다섯 가지 감각.

# 1

## ㉠과 ㉡에 대한 설명으로 적절하지 않은 것은?

① ㉠은 ㉡과 달리 구현되는 모든 이미지가 가상의 이미지이다.
② ㉠은 ㉡에 비해 상상 속의 허구적 상황을 구현하는 데 더 적합하다.
③ ㉡은 ㉠과 달리 실제 현실과 가상의 정보가 혼합된 이미지를 구현한다.
④ ㉡은 ㉠과 달리 게임과 같은 몰입형 콘텐츠로 발전할 것으로 전망된다.
⑤ ㉠과 ㉡은 모두 제4차 산업 혁명을 이끌 핵심 기술로 주목받고 있다.

# 2

## 윗글을 읽고 〈보기〉에 대해 보인 반응으로 적절하지 않은 것은?

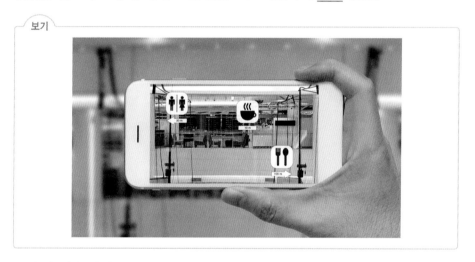

보기

① 휴대 전화 화면에 나타난 장소 아이콘들은 가상의 디지털 콘텐츠로군.
② 휴대 전화 화면에 비친 공간은 사용자가 바라보고 있는 현실 공간이로군.
③ 휴대 전화 화면을 통해 사용자는 오감 정보를 확장하고 공유할 수 있겠군.
④ 휴대 전화 화면을 통해 사용자는 공간과 관련된 정보를 제공받을 수 있겠군.
⑤ 휴대 전화 화면에 디지털 콘텐츠를 추가해 더 많은 정보를 제공할 수 있겠군.

**1** 다음에 제시된 질문의 답을 찾을 수 있는 문단을 찾아 연결해 보자.

가상 현실 기술과 증강 현실 기술의 공통점은 무엇인가? •

가상 현실 기술과 증강 현실 기술의 차이점은 무엇인가? •

가상 현실 기술과 증강 현실 기술의 활용 분야와 발전 전망은 어떠한가? •

최근 가상 현실이나 증강 현실을 체험할 수 있는 장소에는 어떤 곳이 있는가? •

• 1문단

• 2문단

• 3문단

• 4문단

• 5문단

**2** 다음 빈칸을 채워 가며, 가상 현실 기술과 증강 현실 기술의 공통점과 차이점을 정리해 보자.

| | 가상 현실 기술 | 증강 현실 기술 |
|---|---|---|
| 공통점 | 공간적 · 시간적 · 물리적 제약으로 현실 세계에서 직접 경험하거나 얻지 못하는 정보를 접할 수 있게 하는 (          ) 운용 기술임. | |
| 차이점 | • (          )의 환경 내에서 사용자의 오감 정보를 확장하고 공유함으로써, 현실 세계에서 경험하지 못하는 상황을 실감 나게 재현함.<br>• 배경, 환경, 객체 모두가 현실이 아닌 (          )의 이미지로 구현됨. | • (          ) 공간이나 사물에 가상의 디지털 콘텐츠가 겹쳐지게 함으로써, 사용자에게 더 많은 정보와 체험의 기회를 제공함.<br>• 현실에 가상의 정보를 덧입혀 실제와 가상이 (          )된 이미지로 구현됨. |

## 배경지식 | 혼합 현실이란 무엇일까?

최근 가상 현실, 증강 현실 외에 **혼합 현실**이라는 말이 등장했어요. 이는 **미국의 공학자 폴 밀그램**이 '**현실 – 가상의 연속성**'을 설명하며 **개념화한 용어**예요. 밀그램은 자연적인 현실 환경과 컴퓨터로 구현한 가상 환경 외에, 현실 환경에 가상의 대상을 증강시키는 증강 현실, 그리고 가상의 환경에 현실의 대상을 증강시키는 증강 가상을 제시했어요.

개념만 보면 명확히 구분되는 것 같지만, 실제로는 현실과 가상이 어우러질 때 어디까지가 증강 현실이고, 어디까지가 증강 가상인지를 정확히 구분하기 어려워요. 그래서 밀그램은 이를 연속성을 지닌 스펙트럼으로 표현하고, 혼합 현실이라는 용어로 한데 묶은 것이죠.

최근에는 혼합 현실과 가상 현실이라는 말이 뒤섞여 사용되기도 해요. 개념적으로 보자면, **어떠한 형태로든 현실이 뒤섞여 있는 것은 혼합 현실, 현실이 완전히 제외된 것이 가상 현실**이에요.

#가상 현실　　#증강 현실　　#혼합 현실　　#폴 밀그램

## 어휘·어법

**1~3** 다음에 제시된 단어의 사전적 의미를 찾아 바르게 연결해 보자.

1 진화 •　　　　• ㉠ 범위, 규모, 세력 따위를 늘려서 넓힘.

2 향상 •　　　　• ㉡ 일이나 사물 따위가 점점 발달하여 감.

3 확장 •　　　　• ㉢ 실력, 수준, 기술 따위가 나아짐. 또는 나아지게 함.

**4~6** 다음 뜻풀이에 해당하는 단어를 〈보기〉에서 찾아 써 보자.

| 보기 | | |
|---|---|---|
| 운용 | 재현 | 전망 |

4 다시 나타남. 또는 다시 나타냄. (　　　　　)

5 무엇을 움직이게 하거나 부리어 씀. (　　　　　)

6 앞날을 헤아려 내다봄. 또는 내다보이는 장래의 상황. (　　　　　)

**Tip** 나날이(○) / 날날이(×) 한글 맞춤법 제28항에서는 "끝소리가 'ㄹ'인 말과 딴 말이 어울릴 적에 'ㄹ' 소리가 나지 아니하는 것은 아니 나는 대로 적는다."라고 규정하고 있다. 따라서 '매일매일'을 뜻하는 '나날이'도 '날날이'라고 표기하지 않고, '나날이'로 표기해야 한다.

# 생체 모방 기술

　자연을 모방하는 기술을 ㉠생체 모방 기술이라고 한다. 생체 모방[biomimetics]은 생명을 뜻하는 'bios'와 모방을 뜻하는 'mimesis', 이 두 개의 그리스어에서 따온 말로, 자연이나 생명체가 가지는 특성이나 형태를 적용하여 인간의 문제를 해결하는 것을 의미한다.

　생체 모방 기술의 예로 전신 수영복을 들 수 있다. 최첨단 기술이 적용된 전신 수영복은 가볍고 방수성이 우수한 소재로 만들며, 상어의 비늘 모양을 본뜬 삼각형 형태의 작은 돌기인 리블렛을 활용한다. 리블렛은 수영복 표면에서 물이 쉽게 흐를 수 있게 하여 표면 저항을 줄여 준다. 즉, 수영을 할 때 발생하는 물의 소용돌이가 리블렛에 의해 최소한의 면적에만 영향을 미쳐 저항이 줄어드는 것이다. 이러한 장점 때문에 한때 많은 수영 선수가 전신 수영복을 착용하였다. 그러나 신기록이 속출하는 등의 문제가 발생하면서 수영 경기에서의 전신 수영복 착용은 곧 제한되었다.

　또 다른 예로 건축 분야에서 벌집의 육각기둥을 활용한 사례를 들 수 있다. 꿀벌이 사는 벌집은 정육각형으로 이루어져 있다. 이는 공간의 효율성과 안정성 때문이다. 원형으로 벌집을 만들 경우, 원과 원이 만나는 지점마다 빈 공간이 생기기 때문에 비효율적이다. 삼각형으로 만들 경우에는 공간이 좁고 많은 재료가 필요하며, 사각형으로 만들 경우에는 외부에서 가해지는 힘에 약할 수 있다. 육각형 구조는 외부에서 힘이 가해졌을 때, 이 힘을 분산시켜 강한 힘에도 잘 견딜 수 있다. 이러한 벌집 구조를 활용한 사례로 서울에 세워진 어반 하이브가 있다. 높이가 70m에 달하는 이 건물은 내부에 기둥이 하나도 없고, 구멍 뚫린 콘크리트만으로 지어졌다. 이것이 가능한 것은 철근을 정밀하게 엮어 육각형으로 만든 벌집 구조를 활용했기 때문이다. 이 구조는 하중을 효과적으로 분산시켜 주고, 건물을 안정성 있게 유지해 준다.

　이처럼 자연을 모방한 생체 모방 기술은 제조, 건축, 의료 등 다양한 분야에서 활용되고 있다. 자연을 유심히 관찰하다 보면 우리 삶을 더 유익하게 만드는 기술들을 찾아내어 발전시켜 나갈 수 있을 것이다.

문제 풀이
지문 해제
관련 영상
어휘 퀴즈

◆**방수성** 물이 스며들거나 배어들지 못하게 하는 성질.
**돌기** 뾰족하게 내밀거나 도드라짐. 또는 그런 부분.
**하중** ① 어떤 물체 따위의 무게. ② 물체에 작용하는 외부의 힘 또는 무게.

## 1

**윗글의 내용과 일치하는 것은?**

① 생체 모방 기술은 제한된 분야에서 극소수로 활용되고 있다.

② 어반 하이브는 육각형 모양으로 된 기둥을 설치한 건축물이다.

③ 리블렛은 작은 돌기 모양으로, 물이 닿을 때 표면 저항을 줄여 준다.

④ 전신 수영복은 무게는 많이 나가지만 방수성이 우수하다는 장점이 있다.

⑤ 벌집 구조를 활용한 건축물은 공간의 효율성은 높지만, 안정성에 문제가 있다.

## 2

**〈보기〉는 ㉠이 적용된 또 다른 사례이다. 빈칸에 들어갈 내용으로 가장 적절한 것은?**

> **보기**
>
> 비가 내린 후 연꽃의 잎, 즉 연잎을 자세히 살펴보면 물방울이 퍼지지 않고 동그랗게 맺혀 있는 모습을 볼 수 있다. 연잎을 전자 현미경으로 자세히 관찰하면 선인장 모양의 작은 돌기들을 볼 수 있는데, 이를 나노 돌기라고 한다. 나노 돌기는 물방울이 잎의 표면에 닿는 부분을 최소화한다. 즉, 나노 돌기에 의해 물방울이 퍼지지 않고 동그랗게 맺히게 되는 것이다. 이를 '연잎 효과'라고 하는데, 연잎 효과를 이용하면 (                    ) 개발이 가능하다.

① 방수가 되는 옷

② 접착력◆이 매우 우수한 테이프

③ 자동으로 열리고 닫히는 컵 뚜껑

④ 두 가지 이상의 색이 섞인 페인트

⑤ 충격을 완화하는 고속 열차의 앞부분

◆
**접착력** 두 물체가 서로 달라붙는 힘.

**1** 각 문단의 중심 내용을 다음과 같이 정리할 때, 빈칸에 들어갈 내용을 써 보자.

> **1문단** (　　　　　　　　)을 모방하는 기술인 생체 모방 기술
>
> ▼
>
> **2문단** 생체 모방 기술의 예 ① – 상어의 (　　　　　　　　) 모양을 본뜬 삼각형 형태의 작은 돌기인 (　　　　　　)을 활용한 전신 수영복
>
> ▼
>
> **3문단** 생체 모방 기술의 예 ② – (　　　　　　　　)으로 이루어진 벌집의 구조를 활용한 건축물
>
> ▼
>
> **4문단** 다양한 분야에서 활용되며 우리 삶을 더 (　　　　　　　)하게 만들 생체 모방 기술

**2** **1**의 내용을 바탕으로 글 전체의 구조를 정리해 보자.

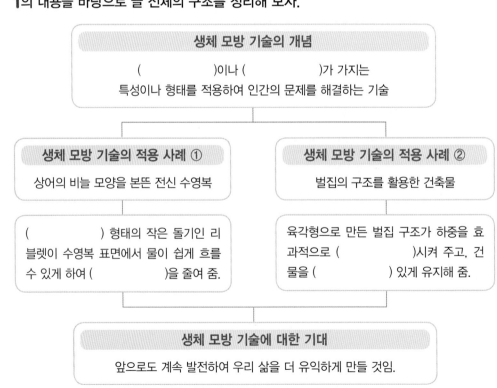

> **생체 모방 기술의 개념**
> (　　　　　)이나 (　　　　　)가 가지는
> 특성이나 형태를 적용하여 인간의 문제를 해결하는 기술
>
> **생체 모방 기술의 적용 사례 ①**
> 상어의 비늘 모양을 본뜬 전신 수영복
>
> (　　　　　) 형태의 작은 돌기인 리블렛이 수영복 표면에서 물이 쉽게 흐를 수 있게 하여 (　　　　　)을 줄여 줌.
>
> **생체 모방 기술의 적용 사례 ②**
> 벌집의 구조를 활용한 건축물
>
> 육각형으로 만든 벌집 구조가 하중을 효과적으로 (　　　　　)시켜 주고, 건물을 (　　　　　) 있게 유지해 줌.
>
> **생체 모방 기술에 대한 기대**
> 앞으로도 계속 발전하여 우리 삶을 더 유익하게 만들 것임.

**배 경 지 식**  **상어의 특성을 활용한 생체 모방 기술에는 또 무엇이 있을까?**

상어는 생체 모방 기술과 관련하여 다양한 분야에서 많이 응용된 생명체 중 하나예요. 상어 비늘의 돌기 구조를 모방한 **전신 수영복**은 100미터 기록을 0.2초 정도 단축할 수 있다고 해요. 이는 0.01초를 다투는 수영 종목에서 엄청난 시간 단축을 가져온 것이라고 할 수 있죠.

또 상어 피부의 비늘은 박테리아나 미생물이 달라붙어 서식하지 못하는 특성이 있어요. 이에 미국의 한 기업에서는 이러한 특성을 활용한 **플라스틱 필름**을 선보였어요. 이 필름을 항공 모함이나 어선 등의 선체에 붙이면 각종 해양 생물이 달라붙는 것을 막을 수 있다고 해요. 이를 통해 추가로 소모되는 연료비를 아끼고, 선박을 매년 한두 번씩 물 밖으로 끌어내 청소하는 비용도 아낄 수 있지요. 또한 이 필름은 박테리아가 달라붙어 번식하는 의료 기기, 주방용품, 각종 손잡이 등에도 활용될 수 있을 것으로 기대돼요.

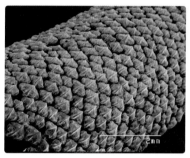

상어의 피부를 확대한 모습

#생체 모방 기술    #상어 비늘    #전신 수영복    #플라스틱 필름

---

**어 휘 · 어 법**

**1~2**   **다음 뜻풀이에 해당하는 단어를 제시된 예문과 초성을 참고하여 써 보자.**

1 잇따라 나옴. (             )
   예 우승 후보들이 연이어 탈락하는 이변이 ( ㅅㅊ )하고 있다.
2 다른 것을 본뜨거나 본받음. (             )
   예 식물의 광합성을 ( ㅁㅂ )한 인공 광합성 기술이 발전하고 있다.

**3~5**   **다음 빈칸에 들어갈 알맞은 단어를 〈보기〉에서 찾아 써 보자.**

> 보기
>
> 분산    유지    착용

3 건강한 몸 상태를 (             )하기 위해서는 규칙적인 식사와 운동이 필수다.
4 비행기가 이륙하거나 착륙할 때에는 좌석 안전벨트를 꼭 (             )해야 한다.
5 정부는 수많은 서울 인구를 (             )하기 위해 인근 지역에 신도시를 건설했다.

---

Tip  • 활용(살 活, 쓸 用) 충분히 잘 이용함. 예 컴퓨터의 등장으로 타자기의 활용 가치가 떨어졌다.
   • 이용(이로울 利, 쓸 用) 대상을 필요에 따라 이롭게 씀. 예 자원을 효율적으로 이용해야 한다.
   • 사용(부릴 使, 쓸 用) 일정한 목적이나 기능에 맞게 씀. 예 키보드보다 마우스를 사용하는 것이 편하다.

# 우주 물체, 어떻게 감시할까

지구 주변에는 천체 외에도 로켓, 인공위성 등 다양한 물체가 존재한다. 이 중 지구에 추락하거나 서로 충돌할 위험이 있는 자연·인공 물체를 '우주 물체'라고 한다. 우주 물체 중 큰 것이 지구에 추락하거나 지구와 충돌할 경우 심각한 피해가 발생할 수 있기 때문에 세계 각국은 우주 물체에 대한 감시 시스템을 갖추고 있다.

[A] 우주 물체의 감시 과정은 보통 '탐지 – 위치 추적 – 식별 – 목록화'의 단계를 거친다. 탐지 단계는 어떤 우주 물체가 있는지를 파악하는 단계이며, 추적 단계는 우주 물체가 어떤 경로로 움직이는지, 앞으로 어떻게 움직일지를 파악하는 단계이다. 식별 단계는 우주 물체의 종류와 크기, 성분, 표면 재질 등의 특성을 파악하는 단계이며, 목록화 단계는 우주 물체의 충돌이나 추락 확률, 예상 피해 범위 등을 분석하기 위해 정보를 축적하는 단계이다.

우주 물체를 감시하는 방법으로는 ㉠광학 감시 방법과 ㉡레이더 감시 방법이 있다. 광학 감시 방법은 태양에 반사되어 빛을 내는 우주 물체를 영상으로 찍어 밝기와 위치, 방향 등을 확인하는 방법이다. 이 방법은 우주 물체에서 반사되는 빛을 활용하기 때문에 낮은 궤도뿐만 아니라 높은 궤도에 있는 우주 물체에 대한 감시와 추적이 가능하고, 비용이 상대적으로 저렴하다. 하지만 날씨와 관측 시간의 영향을 받기 때문에 비가 오는 날이나 낮에는 관측이 어렵다.

레이더 감시 방법은 지상에서 쏜 전자파가 우주 물체에 반사되어 되돌아오는 전파 신호를 통해 우주 물체의 속도와 위치, 크기, 형태 등을 파악하는 방법이다. 이 방법은 우주 물체가 움직이는 방향 및 관측자로부터의 거리를 파악할 수 있고, 기상 상황과 시간에 관계없이 관측이 가능하여 정확성이 높다. 하지만 전자파를 먼 거리까지 쏴야 하므로 고가의 장비가 필요하다.

관측 장비가 많을수록 우주 물체에 대한 더 정확한 감시가 가능하지만, 비용 문제로 그 수를 늘리는 데는 한계가 있다. 이에 국제 협력을 통해 우주 물체에 대한 공동 대응 체계를 구축하려는 노력이 강화되고 있다. 그러나 우주 물체와 관련한 정보가 각국의 군사 안보와 밀접하게 관련되어 있어 국가 간 정보 공유에 제약이 많은 관계로 각국에서는 독자적인 감시 및 대응 체계를 병행하여 구축하고 있다.

문제 풀이
지문 해제
관련 영상
어휘 퀴즈

◆ **광학** 물리학의 한 분야. 빛의 성질과 현상을 연구하는 학문이다.
**레이더** 전파를 이용하여 물체를 탐지하고 거리를 측정하는 장치.
**궤도** 행성, 혜성, 인공위성 따위가 중력의 영향을 받아 다른 천체의 둘레를 돌면서 그리는 곡선의 길.

**1**

## 윗글의 내용과 일치하지 <u>않는</u> 것은?

① 큰 우주 물체가 지구에 추락하면 큰 피해가 발생할 수 있다.

② 관측 장비가 많을수록 우주 물체에 대한 정확한 감시가 가능하다.

③ 지구에 추락할 수 있는 우주 물체에는 자연적인 것과 인공적인 것이 있다.

④ 우주 물체를 관측하는 장비는 부피가 커서 그 수를 늘리는 데 제약이 있다.

⑤ 우주 물체에 대응하기 위해 국제적 협력과 각 나라의 독자적 노력이 병행되고 있다.

**2**

## [A]를 참고하여 〈보기〉의 우주 물체 감시 과정을 순서대로 바르게 배열한 것은?

> **보기**
>
> a. 고도 500km 상공에서 소행성으로 보이는 우주 물체 X를 발견하였다.
> b. 우주 물체 X가 10일 후 고도 250km 상공까지 접근할 것으로 추정된다.
> c. 우주 물체 X가 지름 50m의 둥근 물체이며, 탄소로 이루어졌음을 확인하였다.
> d. 우주 물체 X와 지구의 충돌 확률이 5% 미만이며, 충돌 시 남태평양에 떨어져 해일◆을 일으킬 수 있다고 분석하고 이를 기록하였다.

① a − b − c − d        ② a − c − b − d        ③ a − c − d − b
④ b − a − c − d        ⑤ b − a − d − c

◆
**해일** 해저의 지각 변동이나 해상의 기상 변화에 의하여 갑자기 바닷물이 크게 일어서 육지로 넘쳐 들어오는 것. 또는 그런 현상.

**3**

## ㉠과 ㉡에 대한 설명으로 적절하지 <u>않는</u> 것은?

① ㉠은 ㉡에 비해 비용이 상대적으로 저렴하다.

② ㉠은 ㉡과 달리 낮 동안 우주 물체를 관측하기 어렵다.

③ ㉡은 ㉠과 달리 우주 물체 관측을 위해 빛을 활용한다.

④ ㉡은 ㉠에 비해 관측 시 기상 상황의 영향을 거의 받지 않는다.

⑤ ㉠과 ㉡은 모두 우주 물체를 감시하고 그 위치를 추적하는 데 활용된다.

**1** 각 문단의 중심 내용을 다음과 같이 정리할 때, 빈칸에 들어갈 내용을 써 보자.

**1문단** 우주 물체의 개념과 우주 물체 (            ) 시스템의 필요성

▼

**2문단** 우주 물체의 감시 과정: 탐지 – (         ) – 식별 – 목록화

▼

**3문단** 우주 물체를 감시하는 방법 ① – (         ) 감시 방법

▼

**4문단** 우주 물체를 감시하는 방법 ② – (         ) 감시 방법

▼

**5문단** 우주 물체 감시 및 대응을 위한 (        ) 협력과 나라별 독자적 체계 구축

**2** 다음 빈칸을 채워 가며, 우주 물체의 감시 방법을 정리해 보자.

| | 광학 감시 방법 | 레이더 감시 방법 |
|---|---|---|
| 원리 | (       )에 반사되어 빛을 내는 우주 물체를 영상으로 찍어 밝기와 위치, 방향 등을 확인함. | 지상에서 쏜 전자파가 우주 물체에 (     )되어 되돌아오는 전파 신호를 통해 우주 물체의 속도와 위치, 크기, 형태 등을 파악함. |
| 장점 | • 낮은 궤도뿐만 아니라 높은 궤도에 있는 우주 물체에 대한 감시와 추적이 가능함.<br>• (       )이 상대적으로 저렴함. | • 우주 물체의 이동 (      ) 및 관측자로부터의 거리를 파악할 수 있음.<br>• 기상 상황과 시간에 관계없이 관측이 가능하여 (      )이 높음. |
| 단점 | (      )와 관측 시간의 영향을 받기 때문에 비가 오는 날이나 낮에는 관측이 어려움. | 전자파를 먼 거리까지 쏴야 하므로 (      )의 장비가 필요함. |

**기술 04**

**배경지식**

## 우주 물체는 왜 위험할까?

우주 물체는 지구에 추락하거나 서로 충돌할 위험이 있는 자연·인공 물체를 통틀어 이르는 말이에요. 먼저 **자연 우주 물체**는 소행성이나 혜성, 유성체와 같은 지구 주변의 천체를 말해요. 그리고 **인공 우주 물체**는 우주 공간에서 사용할 목적으로 인류가 개발한 물체와 그 잔해물을 뜻해요. 특히 고장 나거나 수명이 다한 인공위성, 로켓에서 떨어져 나온 파편 등의 우주 잔해물은 최근에 큰 문제가 되고 있지요.

**우주 물체가 지닌 위협**은 크게 두 가지가 있어요. 첫째, **우주 물체가 지구로 추락하는 것**이에요. 이 경우, 지상 낙하나 폭발로 피해가 발생할 수 있어요. 둘째, **우주 물체가 서로 충돌하는 것**이에요. 대표적으로 인공위성끼리 충돌하는 것을 들 수 있는데, 이 경우 해당 국가의 위성 서비스가 중단되는 것은 물론 다른 국가와의 외교 문제도 발생할 수 있어요. 이에 세계 여러 나라의 과학자들과 국제기구는 우주 물체의 위협을 최소화하고, 이를 방지할 방법을 모색하고 있어요.

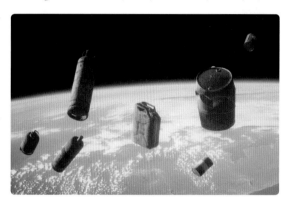

#우주 물체    #지구 추락    #상호 충돌

**어휘·어법**

**1~3**

다음 뜻풀이에 해당하는 단어를 괄호 안의 초성을 참고하여 써 보자.

1 둘 이상의 일을 한꺼번에 행함. ( ㅂㅎ ➡                )
2 체제, 체계 따위의 기초를 닦아 세움. ( ㄱㅊ ➡                )
3 남에게 기대지 아니하고 혼자서 하는 것. ( ㄷㅈㅈ ➡                )

**4~6**

다음 뜻풀이에 해당하는 단어를 〈보기〉에서 찾아 써 보자.

보기
식별        축적        탐지

4 분별하여 알아봄. (                )
5 드러나지 않은 사실이나 물건 따위를 더듬어 찾아 알아냄. (                )
6 지식, 경험, 자금 따위를 모아서 쌓음. 또는 모아서 쌓은 것. (                )

**Tip** '경로'는 "받침 'ㅁ, ㅇ' 뒤에 연결되는 'ㄹ'은 [ㄴ]으로 발음한다."라는 표준 발음법 제19항에 따라 [경노]로 발음한다. 같은 원리로 '심리'는 [심니], '강릉'은 [강능]으로 발음한다.

# 자율 주행 자동차는 어떻게 움직일까

문제 풀이
지문 해제
관련 영상
어휘 퀴즈

운전자가 운전하지 않아도 스스로 움직이는 자동차를 '자율 주행 자동차'라고 한다. 아직은 기능성과 안정성을 시험하는 단계이지만, 최근 자동차 기업은 물론, IT 기업에서도 자율 주행 자동차 개발에 뛰어들면서 머지않은 미래에 자율 주행 자동차가 ( ㉮ )되리라는 기대감이 크다.

그렇다면 자동차가 스스로 움직이게 하는 기술은 무엇일까? 자율 주행 자동차의 5 첫 번째 핵심 기술은 자율 주행 자동차용 운영 체제이다. 이 운영 체제는 자율 주행 자동차를 움직이는 여러 장치 및 프로그램이 제대로 작동하도록 하는 시스템으로, 자동차의 속도를 높이거나 줄일 때 쓰는 장치인 가속기와 감속기, 그리고 자동차의 진행 방향을 바꾸는 조향 장치 등을 무인화 운행 체제에 맞게 작동시킨다.

두 번째 핵심 기술은 시각 정보 처리 기술이다. 이 기술은 CCD 카메라와 첨단 센 10 서를 활용하여 주변 환경을 인식하고 장애물을 감지한다. CCD 카메라는 마치 사람 눈의 망막처럼 영상이 맺히고 이를 기억하게 하는 장치이며, 첨단 센서는 초음파나 레이저를 이용한 장치이다. 이 두 장치를 통해 사람이 눈으로 보는 것뿐만 아니라, 눈으로 보지 못하는 주변 상황 등 주행에 필요한 시각 정보를 취합하고 분석한다.

세 번째 핵심 기술은 인공 지능 제어 장치이다. 이 장치는 인공 지능 기술을 도입 15 한 것으로, 숙련된 운전자의 운전 방식을 학습한 인공 지능이 실시간으로 제어 명령을 내릴 수 있게 한다. 즉, 인공 지능이 운전자가 페달을 조작하지 않아도 스스로 조절하여 앞차 또는 장애물과 일정한 거리를 유지하게 한다.

자율 주행 자동차는 우리 삶을 어떻게 바꿀까? 사람들은 운전을 하는 대신 늘어난 자유 시간을 활용할 수 있을 것이다. 또 운전자의 실수에 따른 사고의 위험도 줄어들 20 것이다. 그러나 아직은 갖춰야 할 것이 많다. 자율 주행 자동차 이용에 필요한 법적, 사회적 제도가 뒷받침되지 않으면 기술의 혜택을 누릴 수 없다. 머지않은 자율 주행 자동차 시대, ㉠이 새로운 기술을 더 안전하고 쾌적하게 즐기기 위해 우리는 무엇을 준비하고 고민해야 할까.

◆ **가속기** 속도를 더 빠르게 하는 장치. 여기서는 '액셀'을 뜻한다.
**감속기** 속도를 줄이는 기구. 여기서는 '브레이크'를 뜻한다.
**제어** 기계나 설비 또는 화학 반응 따위가 목적에 알맞은 작용을 하도록 조절함.
**페달** 발로 밟거나 눌러서 기계류를 작동시키는 부품.

**1**

## '자율 주행 자동차'에 대한 설명으로 적절하지 <u>않은</u> 것은?

① 운전자가 운전하지 않아도 스스로 움직이는 자동차이다.

② 이용에 관한 법적 · 사회적 제도가 뒷받침될 필요가 있다.

③ 첨단 센서를 이용하여 주변 환경이나 장애물을 감지한다.

④ 무인화 운행 체제를 통해 가속기와 감속기, 조향 장치를 작동시킨다.

⑤ 인공 지능 제어 장치를 통해 운전자가 운전 방법을 학습하도록 돕는다.

**2**

## ㉠에 대한 답으로 적절하지 <u>않은</u> 것은?

① 자동차 기업뿐 아니라 IT 기업도 기술 개발에 참여할 수 있게 해야 한다.

② 자동차 인공 지능에도 운전면허를 발급하도록 관련 법안을 만들어야 한다.

③ 센서의 인식 오류에 의한 돌발 상황에 안전하게 대응할 수 있는 시스템을 갖
추어야 한다.

④ 자율 주행 자동차의 운영 체제가 해킹 등으로 사고가 발생하지 않도록 보안
시스템을 강화해야 한다.

⑤ 자율 주행 자동차 주행 중 사고 발생 시, 그 책임을 운전자가 져야 할지 기계
가 져야 할지 합의해야 한다.

◆
**돌발** 뜻밖의 일이 갑자기 일
어남.

**3** 어휘

## 문맥상 ㉮에 들어갈 말로 가장 적절한 것은?

① 간소화          ② 단일화          ③ 상용화

④ 양극화          ⑤ 토착화

**1** 각 문단의 중심 내용을 다음과 같이 정리할 때, 빈칸에 들어갈 내용을 써 보자.

**1문단** 운전자가 운전하지 않아도 스스로 움직이는 (　　　　　　)에 대한 기대감

▼

**2문단** 자율 주행 자동차의 핵심 기술 ① – 자율 주행 자동차용 (　　　　)

▼

**3문단** 자율 주행 자동차의 핵심 기술 ② – (　　　　　)를 활용한 시각 정보 처리 기술

▼

**4문단** 자율 주행 자동차의 핵심 기술 ③ – (　　　　　) 기술을 도입한 제어 장치

▼

**5문단** 자율 주행 자동차를 (　　　　)하고 쾌적하게 즐기기 위한 준비와 고민의 필요성

**2** 다음 빈칸을 채워 가며, 자율 주행 자동차를 움직이는 핵심 기술을 정리해 보자.

| 자율 주행 자동차의 핵심 기술 | | |
| --- | --- | --- |
| **자율 주행 자동차용 운영 체제** | **시각 정보 처리 기술** | **인공 지능 제어 장치** |
| 자율 주행 자동차를 움직이는 여러 장치 및 프로그램이 제대로 (　　　　) 하게 함. | 주변 환경을 (　　　　) 하고 장애물을 감지함. | 숙련된 운전자의 운전 방식을 학습한 인공 지능이 실시간으로 (　　　　) 명령을 내림. |
| ▼ | ▼ | ▼ |
| 가속기, 감속기, 조향 장치 등을 (　　　　) 운행 체제에 맞게 작동시킴. | (　　　　)에 필요한 시각 정보를 취합하고 분석함. | 인공 지능이 스스로 조절하여 앞차 또는 장애물과 일정한 (　　　　)를 유지하게 함. |

## 배경지식

### 자율 주행 기술에도 레벨이 있다고?

자율 주행 자동차란 운전자가 직접 운전하지 않아도 자동차 스스로 주변 환경을 인식하고 판단하여 주어진 목적지까지 자율적으로 주행하는 자동차를 말해요. 국제 자동차 기술 협회는 자율 주행 기술의 단계를 레벨 0에서 레벨 5까지 총 6단계로 나누어 구분하고 있어요. 레벨 0에서 레벨 2까지는 시스템이 운전자를 도와주는 역할을 하고, **레벨 3부터 본격적인 자율 주행의 역할**을 한다고 볼 수 있답니다.

| | 레벨 0 | 비자동화 | 운전자가 차량 제어를 직접 수행 |
|---|---|---|---|
| 시스템이 일부 주행 수행 | 레벨 1 | 운전자 보조 | 운전자가 직접 운전하고, 특정 주행 모드에서 시스템이 조향 또는 감속 · 가속 중 하나만 수행 |
| | 레벨 2 | 부분 자동화 | 운전자가 직접 운전하고, 특정 주행 모드에서 시스템이 조향 및 감속 · 가속 모두 수행 |
| 시스템이 전체 주행 수행 | 레벨 3 | 조건부 자동화 | 특정 주행 상황에서 시스템이 차량 제어를 모두 수행하며, 운전자는 시스템 개입 요청 시에만 대체 수행 |
| | 레벨 4 | 고등 자동화 | 특정 주행 상황에서 시스템이 차량 제어를 모두 수행하며, 운전자는 해당 모드에서 개입 불필요 |
| | 레벨 5 | 완전 자동화 | 모든 주행 상황에서 시스템이 차량 제어를 모두 수행 |

#자율 주행 자동차    #자율 주행 기술 레벨    #국제 자동차 기술 협회

## 어휘·어법

**1~2** 다음 뜻풀이에 해당하는 단어를 괄호 안의 초성을 참고하여 써 보자.

1 기술, 방법, 물자 따위를 끌어 들임. ( ㄷ ㅇ ➡            )
2 어떤 일이 원하는 대로 이루어지기를 바라면서 기다림. ( ㄱ ㄷ ➡            )

**3~5** 다음에 제시된 단어의 사전적 의미를 찾아 바르게 연결해 보자.

3 숙련 •　　　• ㉠ 모아서 합침.
4 일정 •　　　• ㉡ 연습을 많이 하여 능숙하게 익힘.
5 취합 •　　　• ㉢ 어떤 것의 크기, 모양, 범위, 시간 따위가 하나로 정하여져 있음.

**Tip** 머지않다 / 멀지 않다 '머지않다'는 '시간적으로 멀지 않다.'라는 뜻으로 주로 시간을 나타낼 때 쓰며, 붙여 쓴다. 반면 '멀지 않다'는 보통 거리를 나타낼 때 쓰며, 띄어 쓴다. '멀다'에 '시간적으로 사이가 길거나 오래다.'라는 뜻이 있기는 하지만, 그 쓰임으로 볼 때 '머지않다'와는 의미에 차이가 있다.
　예 머지않아 사실이 밝혀질 것이다. / 여기에서 학교까지는 멀지 않다.

# 어떤 컴퓨터가 더 좋은 걸까

문제 풀이
지문 해제
관련 영상
어휘 퀴즈

　현대 과학 기술의 집약체라고 불리는 컴퓨터는 매우 다양한 부품으로 구성된다. 그중에서 컴퓨터의 성능에 큰 영향을 미치는 부품에는 연산을 수행하는 중앙 처리 장치, 정보를 저장하는 주기억 장치와 보조 기억 장치가 있다.

　중앙 처리 장치[Central Processing Unit, CPU]의 성능에 영향을 미치는 것으로 클럭과 코어, 캐시가 있다. 클럭은 컴퓨터 내부의 다양한 장치를 관리하는 신호로, 　5 컴퓨터의 지휘자라고 할 수 있다. 지휘자가 빠르게 지휘할수록 곡이 빨리 끝나듯이 클럭의 주파수가 클수록 작업 속도가 빨라진다. 코어는 CPU의 핵심 요소로, 코어 수가 4라는 것은 CPU가 네 개라는 뜻이다. 같은 작업도 나눠서 하면 훨씬 빨리 끝낼 수 있듯이 코어 수가 많으면 처리 속도가 빨라진다. 캐시는 일종의 정보 저장소이다. 따라서 캐시의 용량이 클수록 더 많은 정보를 빠르게 처리할 수 있다. 　10

　주기억 장치[Random Access Memory, RAM]는 작업 수행에 필요한 프로그램과 정보 등을 기억하는 장치이다. RAM은 캐시보다 느리지만 용량이 크고, 보조 기억 장치보다는 훨씬 빠르게 정보를 제공한다. RAM은 전원이 꺼지면 정보가 소멸된다. 그래서 컴퓨터 프로그램은 모두 보조 기억 장치에 저장되어 있고, 컴퓨터가 실행될 때만 RAM에 복사되어 처리된다. 그런데 프로그램이 너무 크거나 여러 프로그램을 　15 동시에 실행하면 RAM의 용량보다 프로그램의 용량이 더 커진다. 그러면 어쩔 수 없이 속도가 느린 보조 기억 장치를 사용하게 되므로 컴퓨터가 느려진다.

　보조 기억 장치[Hard Disk Drive, HDD/Solid State Drive, SSD]는 주기억 장치의 부족한 용량을 보완하기 위해 쓰는 장치이다. 일반적으로 저장 장치라고 하면 HDD, SSD를 떠올리는데, 사실 이 장치들은 모두 보조 기억 장치이다. 보조 기억 장 　20 치는 캐시나 RAM에 비해 속도가 느리지만 압도적인 용량을 자랑한다. HDD는 SSD에 비해 속도가 느리지만, 같은 가격에 더 큰 용량을 얻을 수 있다. 그래서 SSD가 매우 비싸던 시기에는 작은 용량의 SSD와 큰 용량의 HDD를 함께 장착하기도 했다. 최근에는 SSD의 가격이 낮아지면서 큰 용량의 SSD 하나만 장착하기도 한다.

　지금까지 살펴본 것이 컴퓨터의 성능을 전부 좌우하는 것은 아니다. 정보를 모니 　25 터에 출력하는 그래픽 카드의 성능이나 시스템 구성 방식, 프로그램 활용 방법 등에 따라 성능이 크게 차이 날 수 있다. 그렇더라도 앞서 살펴본 요소들을 잘 알아 둔다면 컴퓨터의 성능을 판단하는 데 어느 정도 도움이 될 것이다.

◆
**연산** 식이 나타낸 일정한 규칙에 따라 계산함.
**출력** 컴퓨터 따위의 기기(機器)나 장치가 입력을 받아 일을 하고 외부로 결과를 내는 일. 또는 그 결과.
**그래픽 카드** 컴퓨터에서 만들어진 영상 신호를 모니터로 전송해 주는 하드웨어.

# 1

컴퓨터 구성 요소의 정보 처리 속도에 대한 이해로 적절한 것은?

① 'SSD – HDD – 캐시'의 순서대로 정보 처리 속도가 빠르다.

② '캐시 – SSD – RAM'의 순서대로 정보 처리 속도가 빠르다.

③ 'RAM – 캐시 – SSD'의 순서대로 정보 처리 속도가 빠르다.

④ '캐시 – RAM – HDD'의 순서대로 정보 처리 속도가 빠르다.

⑤ 'RAM – HDD – SSD'의 순서대로 정보 처리 속도가 빠르다.

# 2

윗글을 읽고 〈보기〉에 대해 보인 반응으로 적절하지 <u>않은</u> 것은?

보기

㉮
- CPU: 4코어, 캐시 8MB
  (클럭 주파수 2.4GHz)
- RAM: 8GB
- SSD: 256GB

㉯
- CPU: 8코어, 캐시 8MB
  (클럭 주파수 3.6GHz)
- RAM: 16GB
- HDD: 1TB(1024GB)

① ㉮의 CPU는 코어 수, 클럭 주파수를 고려할 때 ㉯보다 성능이 떨어지는군.

② ㉮는 ㉯보다 RAM의 용량이 작으므로 프로그램 실행 시 더 부담이 되겠군.

③ ㉯는 ㉮에 비해 CPU의 개수가 두 배이므로 정보 처리 속도가 더 빠르겠군.

④ ㉯는 ㉮에 비해 속도는 느리지만 용량이 큰 보조 기억 장치가 장착되어 있군.

⑤ ㉮와 ㉯는 CPU의 캐시 용량이 같으므로 CPU의 정보 처리 속도도 같겠군.

**1** 각 문단의 중심 내용을 다음과 같이 정리할 때, 빈칸에 들어갈 내용을 써 보자.

1문단 : 컴퓨터의 (                    )에 큰 영향을 미치는 부품에는 중앙 처리 장치와 저장 장치가 있다.

▼

2문단 : 중앙 처리 장치[CPU]는 클럭의 (                )가 클수록, 코어 수가 많을수록, (                )의 용량이 클수록 정보를 빠르게 처리할 수 있다.

▼

3문단 : 주기억 장치[RAM]는 (                )보다 느리지만 용량이 크고, 보조 기억 장치보다는 훨씬 빠르게 정보를 제공한다.

▼

4문단 : 보조 기억 장치는 캐시나 RAM에 비해 속도가 느리지만 압도적인 용량을 자랑하며, (                )가 (                )에 비해 속도는 느리지만 같은 가격에 더 큰 용량을 얻을 수 있다.

▼

5문단 : 컴퓨터의 성능은 중앙 처리 장치와 저장 장치 외에 (                )의 성능, 시스템 구성 방식, 프로그램 활용 방법 등에 따라서도 크게 차이 날 수 있다.

**2** 1의 내용을 바탕으로 다음에 제시된 컴퓨터 구성 요소의 정보 처리 속도와 저장 용량을 배열해 보자.

|  | 캐시 | RAM | HDD | SSD |
|---|---|---|---|---|

| 정보 처리 속도 | ( ) > ( ) > ( ) > ( ) |
|---|---|

| 저장 용량 | ( ) > ( ) > ( ) > ( ) |
|---|---|

**배경지식**

### 그래픽 카드의 성능을 좌우하는 요소는 무엇일까?

기술
06

컴퓨터의 '동작'이라는 것은 입력 장치로 저장 장치에 정보를 넣은 후 적절한 연산을 통해 가공된 정보를 다시 저장하고, 출력 장치로 출력하는 과정이라고 할 수 있어요. 여기서 연산을 수행하는 것이 중앙 처리 장치[CPU], 정보를 저장하는 것이 주기억 장치[RAM]와 보조 기억 장치[HDD/SSD]지요. 그리고 정보를 모니터로 출력하는 것이 바로 '그래픽 카드'예요.

그래픽 카드는 크게 GPU(Graphics Processing Unit)와 VRAM(Video RAM)으로 구성돼요. GPU는 그래픽 작업을 위한 프로세스를 말해요. GPU에서 눈여겨보아야 할 수치는 코어 수와 클럭 주파수인데, CPU와 마찬가지로 두 수치 모두 클수록 좋아요. VRAM은 효율적인 작업을 위해 GPU가 사용하는 RAM이에요. 따라서 RAM과 마찬가지로 메모리 전송 속도와 용량이 클수록 좋지요. 특히 고화질의 그래픽 작업에서는 VRAM의 용량이 성능을 좌우하는 중요한 요소이므로 그래픽 카드를 볼 때 주의 깊게 살펴야 해요.

#컴퓨터    #그래픽 카드    #GPU    #VRAM

**어휘·어법**

**1~3**

### 다음 뜻풀이에 해당하는 단어를 〈보기〉에서 찾아 써 보자.

> 보기
>
> 소멸        용량        집약

1 사라져 없어짐. (               )
2 한데 모아서 요약함. (               )
3 저장할 수 있는 정보의 양. (               )

**4~5**

### 다음 빈칸에 들어갈 알맞은 단어를 찾아 ○를 표시해 보자.

4 실종자를 찾기 위해 GPS를 ( 장착 / 정착 )한 탐지견이 동원되었다.
5 감독은 선수들의 작전 ( 동행 / 수행 ) 능력이 좋았다며 선수단을 칭찬했다.

---

**Tip** ・보안(지킬 保, 편안할 安) ① 안전을 유지함. ② 사회의 안녕과 질서를 유지함. ⓔ 비밀 정보의 보안
・보완(기울 補, 완전할 完) 모자라거나 부족한 것을 보충하여 완전하게 함. ⓔ 단점 보완

# 07

# 해시계 앙부일구

문제 풀이
지문 해제
관련 영상
어휘 퀴즈

[A] '앙부일구(仰釜日晷)'는 조선 시대에 사용하던 해시계로, '솥 안쪽을 닮은 해시계'라는 뜻이다. 가마솥 모양으로 움푹 파인 형태를 띠고 있는데, 이는 둥근 하늘의 모습을 표현한 것이다. 앙부일구는 그림자를 만드는 막대인 '영침'과 그 그림자를 받는 '시반'으로 이루어져 있다.

앙부일구를 구석구석 살펴보자. 먼저 시반은 '시각이 표시된 쟁반'이라는 뜻으로, 앙부일구의 안쪽을 말한다. 시반에는 시각을 나타내는 세로 선이 그려져 있는데, 모두 일곱 줄이다. 이는 그림자가 있는 낮 시간, 즉 오전 다섯 시부터 오후 일곱 시까지의 시각을 두 시간 단위로 나타낸 것으로, 각각의 선에는 해당하는 시각이 십이지(十二支)로 적혀 있다.

시반에는 세로 선과 함께 가로 선도 그려져 있다. 이는 계절의 변화를 알리는 절기를 나타낸다. 그림자는 지구의 자전에 따라 그 위치가 바뀌기도 하지만, 지구의 공전에 따라 계절마다 그 길이가 달라지기도 한다. 앙부일구는 이를 이용해 시간뿐만 아니라 계절의 변화까지 알아내려 한 것이다. 당시에는 1년을 24절기로 나누었는데, 가로 선은 열세 개만 그려져 있다. 이는 1년의 절반인 동지에서 하지, 그리고 하지에서 동지까지의 길이를 같다고 가정하여 동지와 하지를 제외한 22개 절기를 그 절반인 열한 개의 선으로 그리고, 동지와 하지를 나타내는 선을 각각 그렸기 때문이다.

영침은 앙부일구의 안쪽 아래 가운데에 놓인 뾰족한 막대로, '그림자 바늘'이라는 뜻이다. 앙부일구는 영침의 그림자로 시각을 잰다. 영침은 정확하게 남쪽에 꽂히고, 바늘 끝은 솥의 정중앙에 머물러 북쪽을 바라보게 설치하여 시간과 절기에 대한 정확한 값을 얻었다. 그뿐만 아니라 영침의 각도를 밑바닥으로부터 서울의 위도만큼 기울어지게 하여 우리나라의 시간을 재는 해시계임을 분명히 하였다.

해시계는 세계 어느 고대 문명사회에서나 다양하게 만들어졌다. 그렇지만 평면 해시계의 경우, 시간 간격이 일정하지 않다는 단점이 있었다. 하지만 앙부일구는 그 모양을 오목하게 만들어 각 시간 간격을 일정하게 하여 오차를 없앴다. 이처럼 앙부일구는 우리 고유의 정밀한 시계 발명품이자 독창적 과학 기술이 담긴 유물이다.

**십이지** 육십갑자의 아래 단위를 이루는 요소. 자(子), 축(丑), 인(寅), 묘(卯), 진(辰), 사(巳), 오(午), 미(未), 신(申), 유(酉), 술(戌), 해(亥)이다.
**절기** 한 해를 스물넷으로 나눈. 계절의 표준이 되는 것.
**자전** 천체가 스스로 고정된 축을 중심으로 회전함. 또는 그런 운동.
**동지** 이십사절기의 하나. 북반구에서는 일 년 중 낮이 가장 짧고 밤이 가장 길다.
**하지** 이십사절기의 하나. 북반구에서는 낮이 가장 길고 밤이 가장 짧다.
**위도** 지구 위의 위치를 나타내는 좌표축 중에서 가로로 된 것. 적도를 중심으로 하여 남북으로 평행하게 그은 선이다.

## 1

[A]에 사용된 설명 방법으로 적절한 것은?

① 대조를 통해 앙부일구의 가치를 설명하고 있다.

② 비유적 표현을 통해 앙부일구의 뜻을 밝히고 있다.

③ 인과의 방법으로 앙부일구가 만들어진 배경을 설명하고 있다.

④ 분석의 방법으로 앙부일구를 구성하고 있는 요소를 설명하고 있다.

⑤ 문답 형식을 통해 앙부일구로 시간과 계절을 읽는 방법을 설명하고 있다.

## 2

윗글을 바탕으로 〈보기〉를 이해한 내용으로 적절하지 않은 것은?

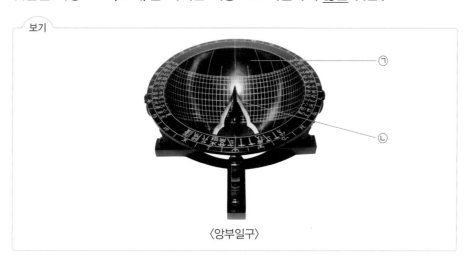

〈앙부일구〉

① ㉠의 안에 그려진 세로 선은 낮 시간만 나타낸 것이다.

② ㉠의 안에 그려진 가로 선에는 절기를 나타내는 십이지가 적혀 있다.

③ ㉡의 각도는 밑바닥으로부터 서울의 위도만큼 기울어져 있다.

④ ㉡의 그림자의 위치와 길이로 시간뿐만 아니라 절기도 알 수 있다.

⑤ ㉡의 바늘 끝이 북쪽을 바라보게 설치해야 정확한 값을 얻을 수 있다.

**1** 각 문단의 중심 내용을 다음과 같이 정리할 때, 빈칸에 들어갈 내용을 써 보자.

**1문단** 앙부일구는 조선 시대에 사용하던 (　　　　　　)로, 영침과 시반으로 이루어져 있다.

▼

**2문단** 앙부일구의 안쪽인 시반에는 (　　　　　)을 나타내는 세로 선이 그려져 있다.

▼

**3문단** 앙부일구의 안쪽인 시반에는 (　　　　　)의 변화를 알리는 절기를 나타내는 가로 선이 그려져 있다.

▼

**4문단** 앙부일구는 안쪽 아래 가운데에 놓인 영침의 (　　　　　)로 시간과 절기에 대한 값을 얻는다.

▼

**5문단** 앙부일구는 우리 고유의 정밀한 시계 발명품이자 독창적 과학 기술이 담긴 유물이다.

**2** 다음 빈칸을 채워 가며, 앙부일구의 구조를 정리해 보자.

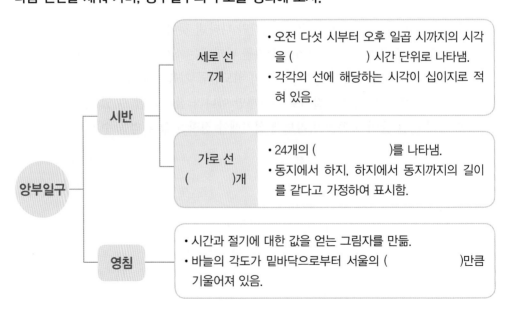

**배 경 지 식**

## 조선 시대에는 시간을 어떻게 나타냈을까?

조선 시대에는 오늘날과 달리 시간을 12시진으로 나누었어요. 1시진은 지금의 두 시간에 해당해요. 그리고 이를 십이 지로 나타냈어요. 십이지는 쥐띠, 소띠, 호랑이띠 등 태어난 해를 열두 마리 동물들의 이름으로 이르는 '띠'로 잘 알려 져 있지요. 즉, 조선 시대에는 자(子)·축(丑)·인(寅)·묘(卯)·진(辰)·사(巳)·오(午)·미(未)·신(申)·유(酉)·술(戌)·해 (亥), 이 십이지로 시간을 나타냈어요.

| 자시 | 오후 11시 ~ 오전 1시 | 오시 | 오전 11시 ~ 오후 1시 |
| --- | --- | --- | --- |
| 축시 | 오전 1시 ~ 오전 3시 | 미시 | 오후 1시 ~ 오후 3시 |
| 인시 | 오전 3시 ~ 오전 5시 | 신시 | 오후 3시 ~ 오후 5시 |
| 묘시 | 오전 5시 ~ 오전 7시 | 유시 | 오후 5시 ~ 오후 7시 |
| 진시 | 오전 7시 ~ 오전 9시 | 술시 | 오후 7시 ~ 오후 9시 |
| 사시 | 오전 9시 ~ 오전 11시 | 해시 | 오후 9시 ~ 오후 11시 |

오늘날의 시간 표현에도 이 흔적이 남아 있어요. 낮 12시를 '정오(正午)'라고 하는데, 이는 '오(午)시의 정(正)중앙' 이라는 뜻이에요. 또 밤 12시를 '자정(子正)'이라고 하는데, 이는 '자(子)시의 정(正)중앙'이라는 뜻이지요.

#조선 시대    #시간 표현    #12시진    #십이지

---

**어 휘 · 어 법**

**1~2** 다음 빈칸에 들어갈 알맞은 단어를 찾아 ○를 표시해 보자.

1 두 후보 간의 지지율 격차가 ( 오점 / 오차 ) 범위를 벗어났다.

2 그는 내가 심사 위원이라고 ( 가정 / 긍정 )하고 답할 것을 요구했다.

**3~5** 다음 뜻풀이에 해당하는 단어를 〈보기〉에서 찾아 써 보자.

> 보기
>
> 고유     독창     정밀

3 본래부터 가지고 있는 특유한 것. (        )

4 아주 정교하고 치밀하여 빈틈이 없고 자세함. (        )

5 다른 것을 모방함이 없이 새로운 것을 처음으로 만들어 내거나 생각해 냄. (        )

---

**Tip** • 변화(바뀔 變, 될 化) 사물의 성질, 모양, 상태 따위가 바뀌어 달라짐. 예 달의 모양에 변화가 생기다.
      • 변형(바뀔 變, 모양 形) 모양이나 형태가 달라지거나 달라지게 함. 또는 그 달라진 형태. 예 이 의자는 변형이 가능하다.
      • 변천(바뀔 變, 옮길 遷) 세월의 흐름에 따라 바뀌고 변함. 예 도시의 변천 과정을 살펴보다.

# 조선 시대의 도자기

문제 풀이
지문 해제
관련 영상
어휘 퀴즈

조선 시대의 도자기는 크게 분청사기와 백자로 나눌 수 있다. 분청사기는 청자에 백토, 즉 흰 빛깔의 흙을 바른 뒤 유약을 입혀 구워 낸 도자기이다. 분청사기는 청자 유약을 발랐다는 점에서 고려청자의 전통을 ㉠계승했다고 볼 수 있다. 그러나 백토를 발라 장식했다는 점, 도장, 솔 등의 도구로 눌러 찍거나 긁어 무늬를 냈다는 점 등에서 분청사기만의 참신한 미의 세계를 개척했다고 할 수 있다. 분청사기는 소박하고 간결하며 서민적인 정취를 물씬 풍기는 한편, 최소한의 인공으로 최대한의 미적 효과를 거두었다고 평가받는다. 5

백자는 조선 시대의 도자기를 대표한다. 담백한 흰색과 균형 잡힌 형태, 그리고 부드러운 곡선을 특징으로 하는 백자는 깔끔하고 소박한 느낌을 주고, 흰 것을 ㉡숭상하던 조선 시대 선조들의 미의식을 잘 보여 준다. 조선 시대의 백자는 고려 시대의 10
백자와 원·명으로부터 들어온 중국 백자의 영향을 수용하여 분청사기와 쌍벽을 이루며 발전하기 시작했고, 조선 시대 도자기의 ㉢주류를 이루게 되었다.

조선 시대의 백자는 아무 장식 없이 순수한 흰색의 아름다움을 보여 주는 순백자, 회청으로 문양을 그려 넣은 청화 백자 등으로 구분된다. 이 중에서도 백자의 주류를 이루는 것은 순백자이다. 순백자는 초기에는 눈처럼 흰 백색을 특징으로 했으나, 점 15
차 푸른 빛이 감도는 경향을 띠다가 불투명한 백색으로 변하게 되었다.

청화 백자는 회청을 써서 흰색의 그릇 표면에 소나무, 대나무, 매화, 용, 풀, 산과 물 등의 문양을 그려 넣은 백자이다. 흰색의 바탕과 요란하지 않은 푸른색의 문양이 조화를 이루어 차분한 느낌을 자아내는 것이 특징이다. 조선 후기에 이르면서는 회청의 문양이 ㉣투박해지고 검푸른 빛을 띠는 경우가 많아졌다. 조선 시대에 쓰이던 20
항아리나 병, 사발 등의 일상적인 용기는 물론이고 선비들의 문방구 다수가 청화 백자로 만들어졌다.

이와 같은 조선 시대의 도자기에는 보편적인 한국적 미의식이 담겨 있다. 당시 도자기를 주로 사용한 계층은 왕족이나 사대부였으므로 도자기에는 상층 문화가 반영되어 있으며, 제작은 신분이 낮은 도공들이 맡았기 때문에 서민들의 소박한 미감도 25
㉤은연중에 함께 드러난다. 또한 조선 시대의 도자기는 일상생활에 두루 쓰인 용기로 한국적인 미의식이 더욱 직접적으로 드러난다고 할 수 있다.

**유약** 도자기의 몸에 덧씌우는 약. 도자기에 액체나 기체가 스며들지 못하게 하며 겉면에 광택이 나게 한다.
**인공** 사람이 하는 일.
**회청** 도자기에 푸른 채색을 올리는 안료(색깔을 내게 하는 미세한 분말)의 하나.
**미감** 아름다움에 대한 느낌. 또는 아름다운 느낌.

**1**

**윗글의 내용과 일치하는 것은?**

① 순백자는 청화 백자와 다르게 차분한 느낌을 준다.

② 조선 시대 도자기의 주류를 이루는 것은 순백자이다.

③ 청화 백자는 아무 무늬가 없어 순수한 아름다움을 보여 준다.

④ 조선 시대의 분청사기는 고려청자와 달리 청자 유약을 사용하지 않았다.

⑤ 조선 시대의 백자는 중국 백자의 영향에서 벗어났다는 점에서 의미가 있다.

**2**

**〈보기〉를 바탕으로 윗글을 이해한 내용으로 가장 적절한 것은?**

> 보기
>
> 판소리는 한 명의 소리꾼이 고수의 북 장단에 맞추어 소리(창), 아니리(말), 발림(몸짓)을 섞어 가며 구연하는 우리 고유의 민속악을 말한다. 판소리에는 평민들이 일상생활에서 사용하는 언어나 비속어가 나타나기도 하고, 양반들이 사용하던 어려운 한자어나 한시 등이 나타나기도 하는데 이를 '언어의 이중성'이라고 한다. 판소리에 이러한 특징이 나타난 것은 판소리를 생산하고 즐겼던 계층과 밀접한 관계가 있다.

◆
**비속어** 격이 낮고 속된 말.

① 조선 시대의 도자기와 달리 판소리는 주로 서민 계층이 생산을 했겠군.

② 조선 시대의 도자기와 달리 판소리는 주로 왕족이나 사대부 계층이 즐겼겠군.

③ 판소리와 조선 시대의 도자기 모두 다양한 계층의 문화가 반영되어 있다고 할 수 있군.

④ 판소리에 비해 조선 시대의 도자기에는 상층 문화가 더 많이 반영되어 있다고 할 수 있군.

⑤ 판소리에 비해 조선 시대의 도자기에는 서민 문화가 더 많이 반영되어 있다고 할 수 있군.

**3** 어휘

**문맥상 ㉠~㉤과 바꿔 쓰기에 적절하지 않은 것은?**

① ㉠: 이어 나갔다고　　　② ㉡: 높여 소중히 여기던

③ ㉢: 주된 경향을　　　④ ㉣: 생김새가 볼품없이 둔해지고

⑤ ㉤: 조심스럽게

**문단 요약**

**1**

각 문단의 중심 내용을 다음과 같이 정리할 때, 빈칸에 들어갈 내용을 써 보자.

**1문단** 청자에 (            )를 바른 뒤 유약을 입혀 구워 낸 도자기인 분청사기는 고려청자의 전통을 계승하면서도 분청사기만의 참신한 미의 세계를 개척했다.

▼

**2문단** 담백한 흰색과 균형 잡힌 형태, 부드러운 곡선을 특징으로 하는 (            )가 조선 시대 도자기의 주류를 이루었다.

▼

**3문단** 아무 장식 없이 순수한 흰색의 아름다움을 보여 주는 (            )가 조선 시대 백자의 주류를 이루었다.

▼

**4문단** 흰색의 그릇 표면에 (            )을 써서 문양을 그려 넣은 청화 백자는 차분한 느낌을 자아내며, 일상적 용기와 문방구로 만들어져 쓰였다.

▼

**5문단** 조선 시대의 도자기에는 보편적인 한국적 (            )이 담겨 있으며 다양한 계층의 문화가 반영되어 있다.

**정보 확인**

**2**

다음 빈칸을 채워 가며, 조선 시대 도자기의 종류를 정리해 보자.

**조선 시대의 도자기**

**분청사기**
• 청자에 백토를 바른 뒤 유약을 입혀 구워 낸 도자기
• (            )의 전통을 계승하면서도 새로운 미를 창조함.

**백자**
• 조선 시대의 도자기를 대표함.
• 담백한 흰색, 균형 잡힌 형태, 부드러운 (            )이 특징임.
• 고려 시대의 백자와 중국 백자의 영향을 수용하며 발전함.

**순백자**
아무 (            ) 없이 흰색의 아름다움을 보여 주는 백자

**(            )**
흰색의 그릇 표면에 회청으로 다양한 문양을 그려 넣은 백자

**배 경 지 식**

## 조선 시대의 백자는 어떤 아름다움을 지니고 있을까?

　　조선은 유교 사회로 그 무엇보다도 '예(禮)'를 중시하는 사회였어요. 특히 조선 시대의 선비들은 예를 실천하기 위해 사사로운 욕심 없이 절제하면서 살고자 했어요. 백자의 소박하고 깔끔한 형태에는 당시 선비들이 추구하던 절제된 아름다움이 담겨 있지요.

　　아무 장식 없이 깔끔한 순백자나, 회청을 사용하여 다양한 그림을 그려 넣은 청화 백자 모두 바탕은 흰색이에요. 하지만 그 흰색은 백자마다 미묘하게 달라요. 눈처럼 아주 하얀 빛깔도 있고, 우유와 같은 흰 빛깔도 있으며, 은은하게 회색빛이나 푸른 빛을 띠는 흰색도 있지요. 백자의 그 오묘한 흰색 표면은 보는 이로 하여금 저마다 다른 흥취를 느끼게 해요. 이것이 조선 시대 백자만의 독특한 아름다움이라고 할 수 있답니다.

조선 시대의 순백자와 청화 백자(국립 중앙 박물관)

#조선 시대　　#백자　　#순백자　　#청화 백자

**어 휘 · 어 법**

**1~3**

## 다음 뜻풀이에 해당하는 단어를 〈보기〉에서 찾아 써 보자.

> 보기
>
> 　　소박하다　　　차분하다　　　참신하다

1 새롭고 산뜻하다. (　　　　　)
2 마음이 가라앉아 조용하다. (　　　　　)
3 꾸밈이나 거짓이 없고 수수하다. (　　　　　)

**4~6**

## 다음 뜻풀이에 해당하는 단어를 제시된 예문과 초성을 참고하여 써 보자.

4 깊은 정서를 자아내는 흥취. (　　　　　)
　　예 거리에 가득한 단풍을 보면서 가을의 (ㅈㅊ)를 흠뻑 느꼈다.
5 사물의 가장 바깥쪽. 또는 가장 윗부분. (　　　　　)
　　예 이 항아리의 (ㅍㅁ)에 꾸며져 있는 장식이 매우 아름다웠다.
6 새로운 영역, 운명, 진로 따위를 처음으로 열어 나감. (　　　　　)
　　예 그녀는 한국 무용의 새로운 영역을 (ㄱㅊ)하기 위해 노력해 왔다.

Tip '-감(感)' (일부 명사 뒤에 붙어) '느낌'의 뜻을 더하는 말. 예 미감/생동감/우월감

# 이집트 미술, 정면과 측면을 혼합하다

문제 풀이
지문 해제
관련 영상
어휘 퀴즈

이집트의 회화와 조각을 살펴보면 재미있는 공통점을 발견할 수 있다. 인물들의 얼굴이 다 비슷하게 생겼고, 눈과 어깨, 가슴은 정면을, 얼굴과 허리 아래는 측면을 향하고 있다는 점이다. 고대 이집트 사람들은 이러한 자세가 '완전한 인간'의 모습이라고 생각했다. 이들은 이렇게 인물을 완전히 표현해야 그 인물이 영원할 수 있다고 여겼다. 그래서 (          ㉮          ) 표현한 것이다. 5

「헤지레의 초상」을 살펴보면, 얼굴 윤곽은 옆에서 볼 때 가장 잘 나타나기 때문에 측면을 하고 있다. 하지만 눈은 정면으로 그려져 있다. 눈은 영혼의 창이라는 말이 있듯이, 고대 이집트 사람들은 똑바로 앞을 바라보는 눈을 통해서만 한 인간을 완전하게 알 수 있다고 생각한 것이다.

이러한 특징을 잘 보여 주는 작품으로 이집트 무덤 벽화인 「새 사냥」이 있다. 그림 10 의 주인공으로 한가운데 그려진 남자는 왼손으로는 뱀을 들고, 오른손으로는 새의 다리를 잡고 있다. 여기서 인물의 자세를 보면 앞에서 설명한 것처럼 눈과 어깨, 가슴은 정면을 향하고 있고, 얼굴과 허리 아래는 측면을 향하고 있다.

이 벽화를 통해 이집트 미술의 또 다른 특징을 파악할 수 있다. 남자는 그림 한가 15 운데에 제일 크게 그려져 있고, 남자의 다리 뒤로 보이는 앉아 있는 여자 시종은 아주 작게 표현되어 있다. 이는 인물의 크기로 계급을 나타낸 것이다.

이렇듯 이집트 미술에서는 인물의 자세와 크기 등으로 고대 이집트 사람들이 생각하는 완전한 인간의 모습을 ㉠구현하였다. 20 이를 통해 현실의 사건과 인물이 영원히 지속되기를 바랐던 것이다.

「새 사냥」

회화 여러 가지 선이나 색채로 평면상에 형상을 그려 내는 조형 미술.
벽화 건물이나 동굴, 무덤 따위의 벽에 그린 그림.

**1**

### 윗글의 내용과 일치하지 <u>않는</u> 것은?

① 이집트 미술에서는 인물의 계급이 높을수록 화려하게 표현했다.

② 이집트 미술에서 인물의 눈은 정면을, 얼굴은 측면을 향하고 있다.

③ 고대 이집트 사람들은 계급에 따라 인물의 크기를 다르게 표현했다.

④ 고대 이집트 사람들은 인물을 완전히 표현해야 그 인물이 영원할 수 있다고 생각했다.

⑤ 고대 이집트 사람들은 똑바로 앞을 바라보는 눈을 통해서만 한 인간을 완전하게 알 수 있다고 생각했다.

**2**

### ㉮에 들어갈 내용으로 가장 적절한 것은?

① 현실 속 인물의 모습과 똑같게

② 영원히 살아가는 신의 모습과 동일하게

③ 마치 그 인물이 살아 있는 것처럼 생생하게

④ 인물이 지닌 고유의 개성이 잘 드러나도록 묘사하여

⑤ 인체 각 부분의 특징을 잘 보여 주는 각도에서 본 모습들을 혼합하여

**3** 어휘

### 문맥상 ㉠과 바꾸어 쓸 수 있는 말로 가장 적절한 것은?

① 가려내었다        ② 나타내었다        ③ 살펴보았다

④ 알아보았다        ⑤ 따져 보았다

문단 요약

**1**

각 문단의 중심 내용을 다음과 같이 정리할 때, 빈칸에 들어갈 내용을 써 보자.

1문단  고대 이집트 사람들은 인물을 완전히 표현해야 그 인물이 (          )할 수 있다고 여겨 정면과 측면의 모습을 혼합하여 표현하였다.

▼

2문단  「헤지레의 초상」에서 (          )은 측면으로, (          )은 정면으로 그려져 있다.

▼

3문단  「새 사냥」에서 인물의 눈과 어깨, 가슴은 (          )을, 얼굴과 허리 아래는 (          )을 향하고 있다.

▼

4문단  이집트 미술에서는 인물의 크기로 (          )을 나타내었다.

▼

5문단  이집트 미술에서는 인물의 자세와 크기로 (          )의 모습을 구현하여 현실의 사건과 인물이 영원히 지속되기를 바랐다.

정보 확인

**2**

다음 빈칸을 채워 가며, 이집트 미술의 특징을 이해해 보자.

**고대 이집트 사람들의 생각**

인물을 (          ) 표현해야 그 인물이 영원할 수 있음.

▼

**이집트 미술에서의 표현**

• 인체 각 부분의 특징을 가장 잘 보여 주는 각도에서 본 모습들을 혼합하여 표현함.
  – (          )은 정면으로, (          )는 측면으로 그림.
• 계급이 높을수록 인물을 (          ) 그림.

▼

**이집트 미술의 특징**

인물의 (          )와 크기로 완전한 인간의 모습을 구현하고자 함.

**배 경 지 식** **이집트 미술에는 고대 이집트 사람들의 어떤 세계관이 담겨 있을까?**

고대 이집트의 조각이나 벽화를 보면, 눈에 보이는 대로 그린 것이 아니라 일부는 정면에서 본 모습으로, 일부는 측면에서 본 모습으로 혼합하여 그렸다는 점을 알 수 있어요. 사실 이는 그리 자연스러운 모습은 아니에요. 그런데도 이렇게 표현한 것은, **대상을 보이는 대로가 아니라 완전하게 표현하기 위해서**예요.

오른쪽에 제시된 「헤지레의 초상」을 살펴볼까요? 만약 눈에 보이는 대로 그린다면 헤지레의 한쪽 팔은 몸통에 가려져 보이지 않게 돼요. 하지만 고대 이집트 사람들에게 이는 받아들일 수 없는 일이었죠. 왜냐하면 이렇게 그릴 경우, 그들은 헤지레가 한 팔 없이 사후 세계를 영원히 살아가야 한다고 믿었기 때문이에요.

그래서 **고대 이집트 사람들은 인체의 모든 부분이 드러나도록 정면과 측면을 혼합하는 방식으로 인물을 표현**했어요. 그렇다고 모든 인물을 이렇게 표현한 것은 아니에요. **신분이 낮은 인물은 눈에 보이는 대로 표현**했어요.

이집트 미술에서 발견되는 이러한 표현상의 특징은 고대 이집트 사람들의 고유한 세계관이 담긴 것으로 이해할 수 있답니다.

#이집트 미술    #정면과 측면의 혼합    #헤지레의 초상

「헤지레의 초상」

**어 휘 · 어 법**

**1~3** **다음 뜻풀이에 해당하는 단어를 〈보기〉에서 찾아 써 보자.**

> 보기
>
> 영원    완전    지속

**1** 필요한 것이 모두 갖추어져 모자람이나 흠이 없음. (         )

**2** 어떤 상태가 오래 계속됨. 또는 어떤 상태를 오래 계속함. (         )

**3** 어떤 상태가 끝없이 이어짐. 또는 시간을 초월하여 변하지 아니함. (         )

**4~5** **다음 뜻풀이에 해당하는 단어를 찾아 바르게 연결해 보자.**

**4** 사진, 그림 따위에 나타낸 사람의 얼굴이나 모습. •          • ㉠ 윤곽

**5** 사물의 테두리나 대강의 모습. •          • ㉡ 초상

**Tip** • 완전(완전할 完, 온전할 全)하다 필요한 것이 모두 갖추어져 모자람이나 흠이 없음. ⑩ 세상에 완전한 사람이 있을까?
• 온전(평온할 穩, 온전할 全)하다 ① 본바탕 그대로 고스란하다. ② 잘못된 것이 없이 바르거나 옳다. ⑩ 기습적인 폭우에도 집은 온전하게 남아 있었다. / 그는 사고 이후에 걸음이 온전하지 못하다.

# 영화 매체의 특징

문제 풀이
지문 해제
관련 영상
어휘 퀴즈

　　1895년 탄생 초기의 영화는 과학 기술의 발달에 따른 발명품에 지나지 않았다. 당시에는 영화를 통해 움직임을 재현하고 기록할 수 있다는 것만으로도 매우 흥미로웠기에, 그때의 영화는 지금의 우리가 생각하는 영화와는 전혀 다른 모습이었다. 그러나 오늘날, 영화는 21세기 가장 주목받는 대중문화로 자리매김했다.

　　영화는 실제로 존재하는 것 같은 허구의 이야기를 통해 기쁨, 슬픔, 환희, 분노 등 　5
의 정서적 반응을 불러일으키고, 현실에서 얻지 못한 충족감을 느끼게 하며, 영화적 환상을 갖게 만든다. 이러한 점이 누구나 영화에 친근하게 다가갈 수 있게 한다. 이렇듯 상업 영화라고도 일컫는 대중 영화는 더 많은 대중에게 다가가기 위해 다수의 보편적 정서에 강하게 호소하는 경향이 있다. 이런 의미에서 영화 매체가 갖는 가장 큰 특징은 대중성이라고 할 수 있다. 　10

　　대중성을 지향하는 상업 영화에서는 무겁고 진지한 이야기 대신 쉽고 친근하며, 관객의 스트레스를 해소시켜 줄 수 있는 것을 지향한다. 따라서 불특정 다수의 관객의 욕구와 관심사를 충족해 줄 수 있는 소재를 즐겨 다루게 된다. 그렇기 때문에 영화는 즐겁고 재미있는 것, 즉 오락성을 추구할 수밖에 없다.

　　영화는 제작 과정에 거대한 자본이 투자된다. 이 점에서 영화는 무엇보다 이윤 추 　15
구를 가장 큰 목적으로 하는 사업이기도 하다. 영화가 대중성과 오락성을 띠는 것도 근본적으로는 많은 관객을 동원하기 위해서이다. 따라서 영화는 상업성을 가질 수밖에 없다.

　　그렇지만 영화가 단순히 재미있고 오락적인 이야기를 들려주는 통로로만 작용하는 것은 아니다. 관객은 카메라의 시선을 자신의 시선과 동일시하며 따라가고, 영화 속 　20
인물에 감정 이입하면서 영화가 전달하는 세계를 경험한다. 이렇게 영화는 영화가 전달하는 메시지를 관객이 무의식중에 자연스럽게 받아들이도록 한다. 즉, 영화는 은연중에 영화에 담긴 사상이나 가치 체계 등을 관객이 동의하도록 설득하고 교육한다. 이러한 까닭에서 영화의 내용이나 메시지, 관점 등을 둘러싼 논란이 일어나는 경우가 종종 있다. 영화는 사회적 파급력이 큰 대중 매체이기 때문이다. 　25

◆ **충족감** 아쉽거나 모자람이 없는 느낌.
**감정 이입** 자연의 풍경이나 예술 작품 따위에 자신의 감정이나 정신을 불어넣거나, 대상으로부터 느낌을 직접 받아들여 대상과 자기가 서로 통한다고 느끼는 일.

**1**

**윗글의 내용과 일치하지 <u>않는</u> 것은?**

① 초창기 영화는 오늘날의 영화와 전혀 다른 모습이었다.

② 대중 영화는 관객이 현실에서 얻지 못한 충족감을 느끼게 한다.

③ 대중 영화는 관객에게 친근하게 다가갈 수 있는 것을 지향한다.

④ 대중 영화는 이윤 추구가 중요한 목적이므로 관객 동원을 필요로 한다.

⑤ 대중 영화는 이념이나 사상 등은 배제하고, 대중성과 오락성에 중점을 둔다.

**배제** 받아들이지 아니하고 물리쳐 제외함.

**2**

**윗글을 바탕으로 〈보기〉를 이해한 내용으로 가장 적절한 것은?**

> 보기
>
> 1895년, 뤼미에르 형제가 「공장에서 퇴근하는 노동자」를 유료로 상영하면서 공식적인 영화의 탄생을 알렸다. 이 영화는 필름 길이가 불과 17m밖에 되지 않는 1분가량의 기록 영화로, 카메라의 움직임이 없는 단일한 화면의 작품이었다. 그러나 이 작품은 대중을 상대로 영화를 유료로 상영했다는 점에서 큰 의미가 있다.

① 뤼미에르 형제는 화려한 촬영 기법으로 오락성을 높이고자 했군.

② 뤼미에르 형제는 관객의 감정 이입을 위해 긴 호흡의 이야기를 만들었군.

③ 「공장에서 퇴근하는 노동자」의 내용을 둘러싸고 큰 논란이 일어났겠군.

④ 「공장에서 퇴근하는 노동자」는 당시 대중에게 별다른 흥미를 끌지 못했겠군.

⑤ 「공장에서 퇴근하는 노동자」는 영화의 상업성 측면에서 중요한 의미를 갖는군.

각 문단의 중심 내용을 다음과 같이 정리할 때, 빈칸에 들어갈 내용을 써 보자.

1문단 | 오늘날 영화의 위상 | 오늘날 영화는 21세기 가장 주목받는 (                )로 자리매김함.

2문단 | 영화의 특징 ① | 영화는 더 많은 대중에게 다가가기 위해 다수의 (                ) 정서에 강하게 호소하는 등 (                )을 지님.

3문단 | 영화의 특징 ② | 영화는 불특정 다수의 관객의 욕구와 관심사를 충족하기 위해 즐겁고 재미있는 것, 즉 (                )을 추구함.

4문단 | 영화의 특징 ③ | 영화는 제작 과정에 거대한 자본이 투자되기 때문에 이윤 추구를 가장 큰 목적으로 하며, (                )을 가짐.

5문단 | 영화의 특징 ④ | 영화는 은연중에 영화에 담긴 사상이나 가치 체계 등을 관객이 (                )하도록 설득하고 교육함.

다음 빈칸을 채워 가며, 관객이 영화의 메시지를 자연스럽게 받아들이는 까닭을 이해해 보자.

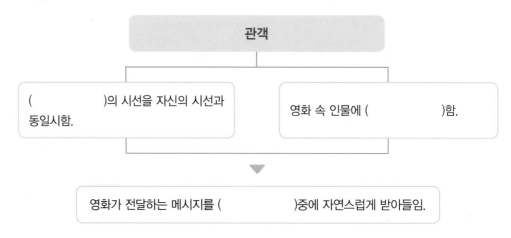

관객

(                )의 시선을 자신의 시선과 동일시함.

영화 속 인물에 (                )함.

영화가 전달하는 메시지를 (                )중에 자연스럽게 받아들임.

## 배 경 지 식    최초의 영화는 어떤 모습이었을까?

1895년 12월 28일, 프랑스 파리에 위치한 지하의 한 카페에 사람들이 모였어요. 이 카페의 입장료는 1프랑. 곧이어 카페 벽에서 영상이 나오기 시작했어요. 처음에는 사진인 줄 알았는데, 사람이 움직이는 모습에 사람들이 웅성거렸어요. 그러고는 또 다른 영상이 이어졌어요. 모두 1분 남짓한 짧은 영상이었죠. 이 중에는 열차가 역에 도착하는 장면이 나오는 것도 있었는데, 열차가 점점 다가오자 사람들이 소리를 지르며 뛰쳐나갔다는 이야기도 있어요. 처음으로 관객에게 돈을 받고, 여러 사람 앞에서 영화가 상영된 순간이에요.

이 영화들은 현실 속 상황을 있는 그대로 찍은 것이었어요. 허구의 이야기가 담긴 오늘날의 영화와는 조금 다르지요. 이 영화들은 실제로 있었던 일을 사실적으로 담은 기록물, 즉 다큐멘터리에 가까웠어요. 그럼에도 이 최초의 영화가 사람들에게 준 충격은 엄청났지요. 이를 계기로 영화는 세계 각지로 퍼져 나갔고, 이는 곧 영화의 역사가 시작되었음을 알리는 신호가 되었답니다.

#최초의 영화    #사실적 기록물    #영화의 역사

「공장에서 퇴근하는 노동자」의 한 장면

## 어 휘 · 어 법

### 1~3    다음 뜻풀이에 해당하는 단어를 〈보기〉에서 찾아 써 보자.

> 보기
>
> 동일시    불특정    자리매김

1 특별히 정하지 아니함. (              )
2 둘 이상의 것을 똑같은 것으로 봄. (              )
3 사회나 사람들의 인식 따위에 어느 정도의 고정된 위치를 차지함. 또는 그런 일. (              )

### 4~5    다음 뜻풀이에 해당하는 단어를 제시된 예문과 초성을 참고하여 써 보자.

4 어려운 일이나 문제가 되는 상태를 해결하여 없애 버림. (              )
　예 오미자는 여름철 갈증을 ( ㅎㅅ )하는 데 도움을 준다.
5 어떤 목적을 달성하고자 사람을 모으거나 물건, 수단, 방법 따위를 집중함. (              )
　예 이 연극은 작품성뿐만 아니라 흥행성도 높아 관객 ( ㄷㅇ )에도 성공적이었다.

Tip  '-받다' (몇몇 명사 뒤에 붙어) '피동(주체가 다른 힘에 의하여 움직이는 동사의 성질)'의 뜻을 더하고 동사를 만드는 말.
　예 주목받다/강요받다/미움받다

# 예술 04

# 음악당 천장은 왜 구불구불할까

문제 풀이
지문 해제
관련 영상
어휘 퀴즈

음악당과 같이 음악이 연주되는 공간은 일반적인 건축 공간과는 상당히 다른 모양을 하고 있다. 음악당의 높은 천장과 벽은 멋있고 특이하게 보이는데 그렇게 만든 데는 이유가 있다. 음악이 연주되는 공간은 ⑦몇 가지 까다로운 조건을 갖추어 설계되어야 한다. 그중에서도 가장 중요한 것은 음악이 관객에게 잘 전달되어야 한다는 것이다.

무대에서 가수가 부르는 노래나 악기 연주 소리를 '음원'이라고 한다. 음악당은 기본적으로 음원이 음악당 전체로 골고루 퍼져 나가도록 설계된다. 그래서 무대 주변이나 무대와 가까운 측면 벽은 소리가 잘 반사되어 멀리 뒤까지 퍼져 나갈 수 있도록 설계된다. 관객석 앞쪽의 벽이나 무대의 측면 벽을 보면 올록볼록한 보조물이 있는데, 이것이 바로 소리를 멀리 퍼뜨리기 위한 반사판이다.

이와 달리 관객석 뒤쪽까지 전달된 음은 다시 앞으로 반사되어 나올 필요가 없다. 반사되면 오히려 음이 지저분해질 수 있다. 따라서 관객석 뒤쪽 벽면은 음이 완전히 흡수되는 재료로 구성해야 한다. 특히 2층에 관객석이 있는 경우에는 발코니 하부의 천장과 1층 바닥 사이가 평행이 되지 않게 설계해야 한다. 평행이 되면 벽과 벽 사이에서 생긴 울림이 사라지지 않고 반복되는 현상이 생길 수 있다. 이를 방지하려면 2층 발코니 하부의 천장을 약간 경사지게 설계하여 소리가 흩어지게 하고, 1층 바닥에는 카펫을 깔아 음이 흡수되게 해야 한다.

천장의 재료는 주로 반사재로 이루어져 있으며, 형태 면에서는 아래쪽으로 볼록한 형태로 되어 있다. 그래야 볼록한 면에 부딪힌 소리가 넓게 확산될 수 있기 때문이다. 오목한 형태라면 이 면에 부딪힌 소리는 중심부에 소리가 집중되어 어느 한 곳에서는 아주 잘 들리는 반면, 다른 곳에서는 잘 들리지 않게 된다.

이렇듯 음악당의 천장과 벽의 형태는 중요한 음향적 특징을 나타낸다. 주변에 음향 관련 시설이 있다면 천장과 벽을 둘러보라. 관객을 얼마나 배려한 공간인지 느낄 수 있을 것이다.

5

10

15

20

◆ **음악당** 음악을 연주하고 청중이 그것을 감상할 수 있도록 특별히 지은 건물. 또는 공연을 하는 장소.
**발코니** 극장의 위층에 바깥쪽으로 튀어나오게 만든, 특별한 자리.

**1**

## 윗글을 통해 알 수 있는 내용으로 적절하지 <u>않은</u> 것은?

① 음악당의 설계는 소리의 전달과 관계가 있다.

② 음악당의 천장과 벽의 형태는 시각적 배려를 위한 것이다.

③ 가수가 부르는 노래나 악기 연주 소리를 '음원'이라고 한다.

④ 음악당의 설계는 음의 반사와 흡수를 중심으로 이루어진다.

⑤ 음악당은 일반적인 건축 공간과는 상당히 다른 모양을 하고 있다.

**2**

## ㉠에 대해 이해한 내용으로 적절한 것은?

① 천장은 아래쪽으로 볼록하게 하여 중심부에 소리가 집중되어 잘 들리게 설계해야 하는군.

② 관객석 앞쪽의 벽, 무대에 가까운 측면 벽은 반사판을 설치하여 소리가 멀리 퍼지게 설계해야 하는군.

③ 관객석 뒤쪽의 벽은 반사재를 사용하여 반사된 음이 음악당 전체에 골고루 퍼지도록 설계해야 하는군.

④ 천장은 음을 흡수하는 재료를 사용하여 벽과 벽 사이에서 생긴 울림이 사라지지 않고 반복되도록 설계해야 하는군.

⑤ 2층 발코니 하부 천장과 1층 바닥 사이는 평행하게 설계하여 1층과 2층에 소리가 똑같이 전달되도록 설계해야 하는군.

**문단 요약**

**1** 다음에 제시된 질문의 답을 찾을 수 있는 문단을 찾아 연결해 보자.

| 음악당 천장에 주로 쓰이는 재료는 무엇인가? | • | • 1문단 |
| 음악당에서 1층 바닥에 카펫을 까는 이유는 무엇인가? | • | • 2문단 |
| 음악당에서 일반 건축 공간과 다른 모양을 하고 있는 것은 무엇인가? | • | • 3문단 |
| 음향 관련 시설에서 천장과 벽을 둘러보며 느낄 수 있는 점은 무엇인가? | • | • 4문단 |
| 관객석 앞쪽의 벽이나 무대의 측면 벽에 있는 올록볼록한 보조물은 무엇인가? | • | • 5문단 |

**정보 확인**

**2** 다음 빈칸을 채워 가며, 음악당의 설계 방식을 정리해 보자.

| 음악당의 설계 방식 | |
|---|---|
| 기본 설계 | (　　　　　　　)이 음악당 전체로 골고루 퍼져 나가도록 설계함. |
| 무대 주변, 무대 인근 측면, 관객석 앞쪽의 벽 | • 소리가 잘 (　　　　　　)되어 멀리 뒤까지 퍼져 나갈 수 있게 함.<br>• 올록볼록한 보조물인 반사판을 이용하여 소리를 멀리 퍼뜨림. |
| 관객석 뒤쪽 벽면 | 음이 완전히 (　　　　　　)되는 재료로 구성하여 소리가 반사되지 않게 함. |
| 1층 바닥과 2층 발코니 사이 | • 2층 발코니 하부의 천장을 약간 (　　　　　　)지게 설계하여 소리가 흩어지게 함.<br>• 1층 바닥에는 (　　　　　)을 깔아 음이 흡수되게 함. |
| (　　　　　) | • 주로 (　　　　　)로 이루어진 재료를 사용함.<br>• 아래쪽으로 볼록한 형태로 구성하여 볼록한 면에 부딪힌 소리가 넓게 확산되게 함. |

## 배경지식 음악당의 천장은 무엇을 고려하여 설계돼야 할까?

음악당 천장은 아래로 볼록한 형태로 되어 있어요. 이때 무대 앞쪽과 뒤쪽의 경사진 각도가 달라야 해요. 무대 앞쪽에 있는 천장은 뒤쪽까지 음을 반사해야 하므로 각도가 커야 하지만, 뒤로 갈수록 각도가 차츰 완만해져야 하지요.

천장의 높이도 적절해야 해요. 소리가 반사되어 전달되어야 하기 때문이죠. 천장이 너무 높으면 반사판을 추가로 설치해서 적절하게 반사 거리를 줄여야 해요. 이처럼 음악당 공간은 시각적·청각적 한계를 고려하여 적절한 크기와 형태로 건축된답니다.

때로는 더 큰 공간에서 음악 연주를 하기 위해 체육관이나 야외 경기장을 활용하는 경우가 있어요. 이 경우에는 대규모 행사를 성대하게 치를 수 있지만, 내부가 오목하게 되어 있는 경기장 특성상 울림이 많고, 소리가 그친 후에도 소리가 남아서 들리는 잔향 시간이 길어 음악 전달 효과는 기대에 미치지 못하는 경우가 많아요.

#음악당 천장　#무대 앞뒤의 각도　#천장의 높이

음악당의 모습

## 어휘·어법

### 1~2 다음 뜻풀이에 해당하는 단어를 〈보기〉의 글자를 조합하여 써 보자.

> 보기
>
> 산　수　확　흡

1 흩어져 널리 퍼짐. (　　　　)
2 빨아서 거두어들임. (　　　　)

### 3~5 다음에 제시된 단어의 사전적 의미를 찾아 바르게 연결해 보자.

3 볼록 •　　　• ㉠ 나란히 감.

4 오목 •　　　• ㉡ 물체의 거죽이 조금 도드라지거나 쏙 내밀린 모양.

5 평행 •　　　• ㉢ 가운데가 동그스름하게 폭 패거나 들어가 있는 모양.

Tip　• 방지(막을 防, 그칠 止) 어떤 일이나 현상이 일어나지 못하게 막음. ❸ 사고 방지 대책을 수립하다.
　　　• 방비(막을 防, 갖출 備) 적의 침입이나 피해를 막기 위하여 미리 지키고 대비함. 또는 그런 설비. ❸ 물샐틈없는 방비 태세를 갖추다.

# 투박함 속에서 발견한 민족의 아름다움

문제 풀이
지문 해제
관련 영상
어휘 퀴즈

　박수근은 우리나라 현대 미술사에서 가장 대중적인 인기를 얻은 작가 중 한 명이다. 그의 작품에는 우리 민족이 겪은 현대사의 아픔과 고향에 대한 추억이 담겨 있는데, 많은 사람이 이에 깊이 공감하며 감동을 느끼고 있다.

　그는 어려운 형편 속에서 힘겹게 살아가며 평생을 경제적 궁핍함에 시달려야 했는데, 이러한 박수근의 일상은 그의 예술 세계의 근간을 형성했다. 그의 작품의 주요 소재가 된 1950~1960년대의 경제적 궁핍함은 박수근의 일상이었을 뿐만 아니라 그 시대의 보편적인 풍경이기도 했다. 그의 작품에 등장하는 일하는 아낙, 할 일 없이 앉아 있는 노인과 아이들, 도시 변두리의 풍경, 앙상하게 마른 나무들이 서 있는 자연 등은 이 시대를 대표하는 모습들이다. 그리고 이것은 그의 작품이 많은 사람에게 커다란 공감대를 얻는 중요한 요소였다. 궁핍하고 어려웠던 사회상을 그대로 담고 있는 박수근의 작품은 한국인의 근원적인 정서를 파고드는 힘을 가지고 있다.

　박수근 작품에 등장하는 친밀한 소재들은 그의 특유한 표현 기법으로 더욱 강한 인상을 남긴다. 두꺼운 화면의 질감, 회색 조의 색감, 직선을 주로 하는 단순한 묘사 방식 등이 그만의 독특한 표현 기법이다. 특히 두꺼운 화면의 질감은 우리나라에서 가장 흔한 암석 가운데 하나인 화강암의 표면과 비슷하다는 이야기를 많이 듣는다.

　실제로 박수근은 화강암의 투박하고 거친 질감을 화면에 연출하기 위해 많은 실험을 거듭했다고 한다. 그는 작품을 제작할 때 먼저 십(十) 자 모양으로 물감을 칠하고 긁어내는 과정을 수없이 반복해서 우둘투둘한 바위의 질감을 만들었다. 이렇게 바탕 처리가 끝나면 선으로 소재를 형상화하고, 그 위에 다시 십 자 모양의 붓질을 더해 투박하고 거친 화강암 질감 속에 형상들을 자연스럽게 융화시켰다.

　이처럼 박수근은 많은 노력 끝에 작품을 완성하였다. 그는 우리 민족이 지닌 아픔과 추억을 특유의 기법으로 표현함으로써 우리 민족의 아름다움을 현대적으로 구현해 낸 작가로 평가받고 있다.

5

10

15

20

◆ **현대사** 일반적으로 제2차 세계 대전 이후의 역사를 이르는 말.
**궁핍** 몹시 가난함.
**아낙** 남의 집 부녀자를 통속적으로 이르는 말.
**우둘투둘** 거죽이나 바닥이 고르지 아니하게 군데군데 두드러져 있는 모양.

**1**

예술
05

## 윗글을 읽고 답할 수 있는 질문이 <u>아닌</u> 것은?

① 박수근 작품의 주된 소재는 무엇인가?

② 박수근 작품의 주요 소재가 된 시대상은 어떠한가?

③ 박수근은 화강암을 작품의 어떤 부분에 사용했는가?

④ 박수근 작품에 드러나는 독특한 표현 기법은 무엇인가?

⑤ 박수근의 작품에 많은 사람이 공감하는 까닭은 무엇인가?

**2**

## 윗글을 바탕으로 〈보기〉의 그림을 감상한 내용으로 적절하지 <u>않은</u> 것은?

보기

– 박수근, 「나무와 두 여인」

① 가지만 앙상하게 남은 나무는 박수근 작품의 주요 소재 중 하나로군.

② 앙상하게 마르고 꺾인 나뭇가지와 여인의 모습이 직선적으로 묘사되었군.

③ 물감을 칠하고 긁어내는 과정을 수없이 반복하여 바위의 질감을 만들었군.

④ 회색 조의 색감을 통해 많은 사람의 공감을 이끌어 내어 대중성을 얻고 있군.

⑤ 1950~1960년대의 보편적인 풍경을 통해 한국인의 근원적인 정서를 파고드는군.

**1** 각 문단의 중심 내용을 다음과 같이 정리할 때, 빈칸에 들어갈 내용을 써 보자.

1문단 박수근의 작품에는 우리 (                    )이 겪은 현대사의 아픔과 고향에 대한 (                    )이 담겨 있어 많은 사람의 공감과 감동을 이끌어 낸다.

▼

2문단 박수근의 작품은 경제적으로 궁핍했던 1950~1960년대의 (                    )인 풍경을 소재로 하여 한국인의 근원적인 정서를 파고든다.

▼

3문단 박수근은 그만의 독특한 표현 기법을 사용하였는데, 특히 두꺼운 화면의 질감은 (                    )의 표면과 비슷하다.

▼

4문단 박수근은 많은 (                    )을 거듭한 끝에 화강암의 투박하고 거친 질감을 표현하고 그 속에 형상들을 자연스럽게 융화시켰다.

▼

5문단 박수근은 우리 민족의 아름다움을 현대적으로 구현해 낸 작가로 평가받고 있다.

**2** 다음 빈칸을 채워 가며, 박수근의 작품 세계를 정리해 보자.

박수근의 작품 세계

| 중심 소재 | 표현 기법 |
|---|---|
| 일하는 아낙, 할 일 없이 앉아 있는 노인과 아이들, 도시 변두리의 풍경, 앙상하게 마른 (          )들이 서 있는 자연 등 | 화강암의 표면과 비슷한 두꺼운 화면의 (          ), 회색 조의 색감, 직선을 주로 하는 단순한 묘사 방식 등 |

▼

우리 민족이 지닌 아픔과 추억을 특유의 기법으로 표현하여 우리 (                    )의 아름다움을 현대적으로 구현해 냄.

**예술 05**

**배 경 지 식**  **박수근의 삶은 그의 작품 세계에 어떤 영향을 미쳤을까?**

가난하고 소박한 서민들의 일상을 독창적 표현 기법으로 작품에 담아낸 화가 박수근(1914~1965). 그는 당시 많은 서양화가들이 일본에서 공부를 한 유학파였던 것과 달리 지금의 초등학교에 해당하는 보통학교만 나와 혼자서 미술을 공부한 인물이에요.

박수근은 열두 살 무렵에 프랑스의 화가 밀레가 그린 「만종」을 우연히 보게 된 후 밀레와 같은 화가가 되겠다고 결심했다고 해요. 그러나 그는 어려워진 집안 환경으로 중학교에 진학하지 못하고 생계를 위해 일을 해야 했죠. 이렇게 힘든 생활 속에서도 꿈을 포기하지 않고 혼자서 미술 공부를 하던 박수근은 18세 때 조선 미술 전람회에 입선하게 돼요. 그러나 어려운 살림을 이끌어 나가느라 그림에 집중하지 못하여 이후 낙선을 거듭했고, 한국 전쟁 때는 미군 부대에서 초상화를 그리며 생계를 이어 나갔답니다.

이러한 박수근의 삶은 그의 작품에 큰 영향을 미쳤어요. 그가 제도권 밖에서 미술 공부를 한 것은 그로 하여금 기존의 예술 방식에서 벗어나 자유로운 창작을 할 수 있게 하였으며, 그가 겪었던 가난한 일상은 작품의 소재가 되어 그의 예술 세계의 근간을 형성했지요.

#박수근　　#미술 독학　　#가난한 일상

박수근

---

**어 휘 · 어 법**

**1~2** **다음 빈칸에 들어갈 알맞은 단어를 찾아 ○를 표시해 보자.**

**1** 선거 조작은 민주주의의 ( 근간 / 화근 )을 훼손하는 행위이다.

**2** 환경 문제가 중요하다는 것에 모두가 ( 공감 / 예감 )을 표하였다.

**3~5** **다음 뜻풀이에 해당하는 단어를 찾아 바르게 연결해 보자.**

**3** 수많은 사람의 무리를 중심으로 한 것. • • ㉠ 경제적

**4** 사물이 비롯되는 근본이나 원인이 되는 것. • • ㉡ 근원적

**5** 인간의 생활에 필요한 재화나 용역을 생산·분배·소비 • • ㉢ 대중적
하는 모든 활동에 관한 것.

---

**Tip** '-대(帶)' '띠 모양의 공간' 또는 '일정한 범위의 부분'의 뜻을 더하는 말. ⑩ 공감대/기후대/무풍대

# 감성 해방을 위한 원색의 물결, 야수주의

야수주의는 20세기 초에 프랑스에서 한 무리의 청년 화가들을 중심으로 일어난 회화 혁신 운동이다. 이들은 기존의 화풍이 틀에 박힌 일정한 방식으로 일관되어 독창성을 잃었다고 보고, 이에 반발하며 1905년 '살롱 도톤' 전시에 반항적이고 혁신적인 그림을 내놓으며 새로운 집단을 형성했다.

야수주의 화가들은 강렬한 원색과 격렬한 붓질로 기존의 빛의 묘사나 명암의 단계적 재현을 피하고 색채 자체의 표현을 강조했다. 또한 형태를 단순화하여 전통적인 회화 개념을 부정하고, 화가의 본능과 주관을 바탕에 두는 등 미술의 일대 전환을 시도했다. 5

야수주의의 대표적인 화가 마티스의 「붉은빛의 커다란 실내」는 야수주의의 특징을 잘 보여 준다. 이 작품에서 천장과 벽과 바닥의 경계를 암시하는 것은 아무것도 없으며, 벽과 바닥은 하나의 빨간색으로 칠해져 평면화되어 있다. 일부러 공간감을 주지 않은 것인데, 이는 마티스가 화면이라는 평면을 중요시했기 때문이다. 또한 현실의 모습에 연연하지 않고 붉은색이 필요하다고 여겨지면 거침없이 붉은색으로 칠해 버린 것을 발견할 수 있다. 이는 눈에 보이는 대로가 아니라 본능으로 느낀 색채를 사용한 것이다. 이에 대해 마티스는 "색채의 가장 중요한 역할은 무엇보다도 표현에 쓰인다는 것이다. 나는 아무런 선입관 없이 색을 칠해 나간다. 어떤 색이 나의 흥미를 끌면, 그 색을 제일 존중하고 다른 모든 색은 어느 순간에 약화해 놓는다. 색채의 표현은 내게 완전히 본능으로 이해되는 것이다."라고 말한 바 있다. 10 15

완벽한 원근법과 미묘한 명암 표현은 르네상스 이래 서양의 화가들이 꾸준히 추구해 온 가치였다. 반면 야수주의는 화면을 단순한 평면으로 돌려놓고, 색채를 주저 없이 사용함으로써 색의 표현력을 극대화하고자 했다. 야수주의 작품들이 감각적으로 강한 호소력을 지니는 것은 바로 이러한 색채의 표현력 때문일 것이다. 20

**화풍** 그림을 그리는 방식이나 양식.

**명암** 회화에서, 색의 농담이나 밝기의 정도를 이르는 말.

**원근법** 일정한 시점에서 본 물체와 공간을 눈으로 보는 것과 같이 멀고 가까움을 느낄 수 있도록 평면 위에 표현하는 방법.

**르네상스** 14세기~16세기에, 이탈리아를 중심으로 하여 유럽 여러 나라에서 일어난 인간성 해방을 위한 문화 혁신 운동.

**1**

**'야수주의'에 대한 이해로 적절하지 <u>않은</u> 것은?**

① 기존의 화풍에 반발한 화가들을 중심으로 발생했다.

② 형태를 단순화하여 전통적인 회화 개념을 부정했다.

③ 강렬한 원색과 격렬한 붓질로 명암을 단계적으로 재현했다.

④ 화면을 단순한 평면으로 돌려놓고 색의 표현력을 극대화했다.

⑤ 색채의 표현은 화가의 본능과 주관에 따라 이루어진다고 보았다.

**2**

**윗글을 바탕으로 〈보기〉의 그림을 감상한 내용으로 가장 적절한 것은?**

보기

– 마티스, 「붉은빛의 커다란 실내」

① 빛의 미묘한 변화를 묘사하기 위해 다양한 색채를 사용했군.

② 복잡하고 왜곡된 사물의 형태를 통해 화가 내면의 고뇌를 표현했군.

③ 현실에서 볼 수 없는 소재들을 환상적으로 표현하여 상상을 자극하는군.

④ 일부러 그림에 공간감을 주지 않고 하나의 색으로 칠해 감각을 자극하는군.

⑤ 원근법을 사용하여 가까이 있는 대상과 멀리 있는 대상의 거리감을 표현했군.

◆
**고뇌** 괴로워하고 번뇌함.

각 문단의 중심 내용을 다음과 같이 정리할 때, 적절한 것은 ○, 적절하지 <u>않은</u> 것은 ×를 표시해 보자.

**1문단** 기존의 화풍을 더욱 발전시키려는 의도에서 등장한 야수주의 ( )

▼

**2문단** 미술의 일대 전환을 시도한 야수주의의 특징 ( )

▼

**3문단** 야수주의 대표 화가 마티스의 작품에 나타난 특징 ( )

▼

**4문단** 완벽한 원근법과 미묘한 명암 표현으로 강한 호소력을 지닌 야수주의 ( )

다음 빈칸을 채워 가며, 야수주의의 등장 배경과 특징을 정리해 보자.

**야수주의의 등장**

• 20세기 초 프랑스에서 기존의 화풍이 틀에 박힌 일정한 방식으로 일관되어 ( )을 잃었다고 본 한 무리의 청년 화가들이 이에 반발함.
• 그들은 반항적이고 ( )인 그림으로 새로운 집단을 형성함.

▼

**야수주의의 특징**

| **색채의 표현 강조** | **평면으로의 환원** |
|---|---|
| 강렬한 ( )과 격렬한 붓질 | 화면을 단순한 ( )으로 표현 |

( )의 표현력을 극대화함.

예술
**06**

**앙리 마티스의 예술 세계는 어떻게 완성되었을까?**

앙리 마티스(1869~1954)는 프랑스 북부 지역에서 곡물상의 아들로 태어났어요. 그의 어머니는 상당한 수준의 아마추어 화가였는데, 그 영향으로 그는 어릴 적부터 자연스럽게 그림에 친숙해질 수 있었어요. 그런데 마티스는 처음에는 법률가를 꿈꿨어요. 그러던 중 스물한 살 때 병원에 입원하게 된 일이 있었는데, 이때 어머니가 가져다준 미술 재료들로 그림을 그리게 되었고, **이후 『회화론』이라는 책을 읽으며 더욱 그림에 대한 열정을 가지게 되었죠.**

**그는 스승인 귀스타브 모로의 영향을 받아 환상적인 분위기의 그림을 그리기 시작했어요.** 모로는 "하나의 사물에 집중하라. 색채를 생각하고 그에 대해 상상하지 않으면 안 된다. 상상력이 없으면 결코 아름다운 색채를 나타낼 수 없다. 색채는 생각하고, 꿈꾸고, 상상하지 않으면 안 된다."라고 하였는데, **마티스 역시 이러한 색채관을 받아들여 독자적인 작품 세계를 만들어 나갔지요.**

이후 마티스는 다양한 작품들로 본능적이고 감각적인 세계를 구축했으며, 나아가 **대상을 대담하게 단순화하고 장식화**하면서 그만의 예술 세계를 펼쳐 나갔어요.

#앙리 마티스     #회화론     #귀스타브 모로     #색채관

앙리 마티스

---

**1~3**  **다음 뜻풀이에 해당하는 단어를 괄호 안의 초성을 참고하여 써 보자.**

1 머뭇거리며 망설임. ( ㅈㅈ ➡               )
2 억울하거나 딱한 사정을 남에게 간곡히 알림. ( ㅎㅅ ➡               )
3 묵은 풍속, 관습, 조직, 방법 따위를 완전히 바꾸어서 새롭게 함. ( ㅎㅅ ➡               )

**4~6**  **다음 뜻풀이에 해당하는 단어를 〈보기〉에서 찾아 써 보자.**

> 보기
>
> 격렬하다     미묘하다     연연하다

4 뚜렷하지 않고 야릇하고 묘하다. (               )
5 말이나 행동이 세차고 사납다. (               )
6 집착하여 미련을 가지다. (               )

---

**Tip**  • 반발(돌이킬 反, 다스릴 撥) 어떤 상태나 행동 따위에 대하여 거스르고 반항함. ⑩ 반발에 부딪히다.
　　　• 반항(돌이킬 反, 막을 抗) 다른 사람이나 대상에 맞서 대들거나 반대함. ⑩ 사춘기의 반항

# 행진곡 대취타

서울 청계천에 가면 4,960개의 판을 하나하나 연결하여 하나의 작품으로 완성해 놓은 「정조 대왕 화성 능행반차도」를 볼 수 있다. 이 그림은 조선의 22대 왕 정조가 화성에 행차한 모습을 그린 것이다. 그림에는 1,779명의 사람과 779필의 말이 표현되어 있고, 여러 악기를 연주하는 음악대의 모습이 나타나 있어 당시 행차의 규모와 위용을 짐작할 수 있다. 이렇게 임금의 행차나 군대의 행진 등에 연주된 행진곡이 바로 '대취타(大吹打)'이다.

대취타는 걷거나 움직이면서 연주해야 하기 때문에 주로 불고[吹], 치는[打] 악기를 중심으로 편성되었다. '취타'는 부는 악기인 취악기와 치는 악기인 타악기의 연주를 뜻한다. 대취타의 악기 편성은 시대와 의식의 규모에 따라 달랐으나 보통 부는 악기로는 유일하게 선율을 연주하는 태평소와 함께 한 음만을 내는 나발, 나각 등을, 그리고 치는 악기로는 북, 장구, 징, 자바라 등을 사용한다.

대취타를 연주하는 사람들을 '취타대'라고 한다. 이들은 조선 시대 무관이 입던 노란색 옷을 입고, 허리띠를 두르며, 머리에는 꿩 깃을 꽂은 갓을 쓰고, '미투리'라는 신발을 착용한다.

대취타에는 시작과 끝을 알리는 집사가 있는데, 이 사람이 지휘자 역할을 한다. 집사는 지휘봉이라고 할 수 있는 등채를 두 손에 받쳐 들고 있다가 이를 오른손에 고쳐 잡고 머리 위로 높이 들며 "명금일하대취타(鳴金一下大吹打) 하랍신다." 하고 호령하며 연주의 시작을 알린다. 이 말은 "징을 치면 음악을 시작하라!"라는 뜻이다. 음악을 마칠 때는 집사가 "허라금(喧譁禁)."이라고 외치는데, 이는 "요란한 소리 이제 그만."이라는 뜻이다.

대취타는 삼국 시대부터 있었던 것으로 추정되며, 오늘날까지 전승되고 있는 전통 음악이다. 1971년에는 중요 무형 문화재 제46호로 지정되었다. 여러 사람이 발을 맞추어 걸어가는 모습이 떠오르는 외국의 행진곡과는 다른 우리의 행진곡 대취타를 한번쯤 감상해 보는 것은 어떨까.

**행차** 웃어른이 차리고 나서서 길을 감. 또는 그때 이루는 대열.

**선율** 소리의 높낮이가 길이나 리듬과 어울려 나타나는 음의 흐름.

**나발** 옛 관악기의 하나. 놋쇠로 긴 대롱같이 만드는데, 위는 가늘고 끝은 퍼진 모양이다.

**나각** 소라의 껍데기로 만든 옛 군악기.

**자바라** 놋쇠로 만든 타악기의 하나. 둥글넓적하고 배가 불룩하다. 한가운데 있는 구멍에 가죽끈을 꿰어 한 손에 하나씩 쥐고 두 짝을 마주쳐서 소리를 낸다.

**미투리** 삼이나 노 따위로 짚신처럼 삼은 신.

**등채** 전투에 필요한 장비를 갖출 때 쓰던 채찍.

**1**

**윗글의 서술상 특징으로 적절하지 <u>않은</u> 것은?**

① 대상의 개념을 밝히며 이해를 돕고 있다.

② 여러 요소를 나열하는 방식으로 설명하고 있다.

③ 대화의 형식으로 내용을 알기 쉽게 전달하고 있다.

④ 구체적인 수치를 제시하며 대상을 자세하게 설명하고 있다.

⑤ 글쓴이의 개인적인 생각을 제안하며 글을 마무리하고 있다.

**2**

**윗글을 바탕으로 〈보기〉의 그림을 이해한 내용으로 적절하지 <u>않은</u> 것은?**

보기

－「정조 대왕 화성 능행반차도」 (국립 중앙 박물관)

① 무관이 입던 노란색 옷을 입은 취타대의 모습을 엿볼 수 있군.

② 소라의 껍데기로 만든 악기인 나각에서 유일하게 선율이 느껴지겠군.

③ 집사가 "허라금."이라고 외치면 취타대의 연주자들은 연주를 멈추겠군.

④ 임금이 행차하는 대열로, 징 소리와 함께 취타대의 연주가 시작되었겠군.

⑤ 대취타가 취악기와 타악기로 구성된 것은 이동하며 연주해야 했기 때문이군.

**1**

**다음에 제시된 질문의 답을 찾을 수 있는 문단을 찾아 연결해 보자.**

| 대취타란 무엇인가? | • | • | 1문단 |
|---|---|---|---|
| 대취타에서 지휘자 역할을 하는 사람은 누구인가? | • | • | 2문단 |
| 대취타를 연주하는 사람들은 어떤 복장을 착용하는가? | • | • | 3문단 |
| 대취타에 편성되는 악기에는 어떤 것이 있는가? | • | • | 4문단 |
| 대취타가 지닌 가치는 무엇인가? | • | • | 5문단 |

**2**

**다음 빈칸을 채워 가며, 우리의 전통 음악인 대취타를 이해해 보자.**

| | | |
|---|---|---|
| 대취타 | 개념 | 임금의 행차나 군대의 행진 등에 연주된 (　　　　)을 뜻함. |
| | 사용 악기 | • 취악기: 부는 악기로, 태평소, 나발, 나각 등이 사용됨.<br>• (　　　　): 치는 악기로, 북, 장구, 징, 자바라 등이 사용됨. |
| | 취타대의 복장 | (　　　　) 옷을 입고, 허리띠를 두르며, 꿩 깃을 꽂은 갓을 쓰고, '미투리'라는 신발을 착용함. |
| | (　　　　)의 역할 | 호령을 통해 연주의 시작과 끝을 알림. |
| | 가치 | 1971년 (　　　　)로 지정된 우리 고유의 전통 음악임. |

**배경지식**

## 정조의 화성 행차는 어떤 목적을 지니고 있었을까?

조선 정조 20년(1795년), 당시 왕이었던 정조는 어머니 혜경궁 홍씨를 모시고 8일간의 행차를 떠났어요. 목적지는 수원 화성. 동원된 수행원만 총 6천여 명에 달한, 엄청난 규모의 행차였죠. 당시 모습을 그린 「환어행렬도」를 보면 왕의 행렬을 보기 위해 모여든 백성들의 모습을 엿볼 수 있는데, 왕을 향해 무릎을 꿇고 고개를 숙이는 대신 편안하게 행렬을 지켜보는 모습이에요.

화성에 도착한 정조는 가장 먼저 아버지 사도 세자의 무덤을 찾았어요. 사도 세자는 왕이 되지 못하고 죄인 취급을 받다 죽음을 맞이한 인물이에요. 이런 **사도 세자를 가장 먼저 찾았다는 것은** 정조의 화성 행차가 아버지의 억울함을 달래고, 자신의 정통성을 강조하려는 목적이 있었음을 보여 주지요. 다음으로는 **대규모 군사 훈련이 있었는데, 이는 왕의 위엄을 보여 주려는 의도**였어요. 이어서 혜경궁 홍씨의 회갑연이 열리고, 마지막으로 노인들을 위한 양로 잔치가 열렸다고 해요.

이처럼 정조의 화성 행차는 **아버지의 명예 회복과 왕권 강화, 백성들에 대한 보살핌** 등 여러 목적이 담긴 정치적 행사였다고 이해할 수 있답니다.

#정조    #화성 행차    #환어행렬도

「환어행렬도」 (국립 중앙 박물관)

---

**어휘·어법**

**1~3** 다음 뜻풀이에 해당하는 단어를 〈보기〉에서 찾아 써 보자.

> **보기**
>
> 위용        지정        편성

1 위엄찬 모양이나 모습. (                )
2 예산·조직·대오 따위를 짜서 이룸. (                )
3 관공서, 학교, 회사, 개인 등이 어떤 것에 특정한 자격을 줌. (                )

**4~5** 다음 빈칸에 들어갈 알맞은 단어를 찾아 ○를 표시해 보자.

4 사내의 ( 침묵 / 호령 )이 떨어지자 모두가 차렷 자세를 취했다.
5 제주도의 해녀 문화를 보전하고 후세에 ( 전승 / 전염 )하기 위한 논의가 시작되었다.

---

**Tip** ·규모(법 規, 본뜰 模) 사물이나 현상의 크기나 범위. **예** 그곳에는 천 평 규모의 숲이 펼쳐져 있었다.
　　·규격(법 規, 격식 格) 제품이나 재료의 품질, 모양, 크기, 성능 따위의 일정한 표준. **예** 종량제 봉투의 규격이 축소되었다.

# 독해 실력
# 올리기

**복합** 같은 주제를 다룬 글, 관점이 서로 다른 글 등 2편의 글을
엮어 읽으며 좀 더 심화된 독해에 도전해 본다.

**인문**

'인문'은 인간의 사상 및 문
화를 대상으로 하는 학문
분야로, 철학, 심리학, 역
사학, 윤리학, 종교학, 인
류학, 논리학 등이 이에 속
한다. 이러한 인문 영역의
독해는 제시된 사상의 개
념과 특징이 무엇인지 확
인하는 읽기가 중요하다.

**사회**

'사회'란 인간 사회와 인간
의 사회적 행위를 연구하
는 학문 분야로, 정치, 경
제, 법·제도, 미디어, 언
론, 사회 문화 등을 주로
다룬다. 이러한 사회 영역
의 독해에는 교과서에 제
시되어 있는 사회 용어와
제도 등의 배경지식이 도
움이 된다.

**과학**

'과학'은 자연의 진리와 법
칙을 발견하려는 체계적인
학문 분야로, 생명 과학,
물리학, 화학, 지구 과학,
수학 등이 이에 속한다. 이
러한 과학 영역은 설명하
고 있는 원리를 이해하는
읽기가 중요하다.

**기술**

'기술'은 과학 이론을 실제
로 적용하여 사물을 인간
생활에 유용하도록 가공한
것을 다루는 학문 분야이
다. 이러한 기술 영역은 실
생활에서 접하는 다양한
기계의 구조나 작동 원리
에 관한 세부 정보를 이해
하는 읽기가 중요하다.

**예술**

'예술'은 상상력을 바탕으로
새로운 아름다움을 창조하
는 활동을 다루는 학문 분
야로, 음악, 미술, 디자인,
건축, 연극·영화, 만화 등
을 주로 다룬다. 이러한 예
술 영역은 지문이나 문제
에 제시된 내용이 시각 자
료에 어떻게 적용되는지
잘 살펴 읽도록 한다.

# 북서 해안 인디언들의 포틀래치

문제 풀이
지문 해제
관련 영상
어휘 퀴즈

**가** 아메리카 북서 해안 지역에 거주하는 인디언들, 특히 콰키우틀족의 문화는 주변 부족들의 문화와 매우 달라서 이해하기 어려운 점이 있다. 이들 문화의 가치관은 일반에게 널리 알려진 것과는 매우 다르다.

콰키우틀족에게는 인근 부족을 초대하여 큰 잔치를 여는 관습이 있다. 그런데 이 잔치에서는 광적일 정도의 낭비와 무절제한 소비가 이루어진다. 이들은 상대가 답례할 수 없을 만큼 많은 선물을 하거나, 상대가 따라 할 수 없을 만큼 막대한 재산을 파괴하는 방법으로 자신의 부(富)를 과시하여 경쟁자를 누르고 사회적 위신을 얻으려고 한다. 이러한 관습을 '포틀래치(potlatch)'라고 한다.

예를 들어 콰키우틀족의 수장은 포틀래치를 열고, 귀한 재산인 구리판을 불 속에 던져 넣거나 바다로 던져 없앤다. 그는 자기 재산을 모두 없애는 것과 동시에 막강한 위엄을 얻는다. 경쟁 상대에게 남은 길은 동등한 가치가 있는 구리판을 파괴하거나 패배를 인정하는 것밖에 없다.

콰키우틀족의 이상적인 인간상은 이러한 경쟁을 통해 묘사된다. 이들이 일을 꾀하는 목적은 경쟁 상대보다 자기가 우수하다는 것을 나타내는 데 있으며, 이는 미덕으로 간주된다. 이처럼 이들은 과대망상적인 생활 양식을 따르고 있다. 콰키우틀족을 이해하려면 이 이상한 심리적 구조를 이해해야 한다.

**나** 아메리카 인디언들, 대표적으로 콰키우틀족은 광적일 정도로 유별나게 낭비하고 무절제한 소비를 하는 잔치인 포틀래치를 벌였다. 막강한 힘을 지닌 수장이 포틀래치를 열면, 그는 막대한 양의 재산을 잔치에서 뿌려 경쟁자를 수치스럽게 하고, 자기를 따르는 이들로부터 존경을 받고자 노력했다.

이렇게 포틀래치는 분명히 경쟁적인 성격을 띠고 있지만, 한편으로는 식량과 귀중품을 형편이 더 어려운 부락에 분배해 주는 역할을 하기도 했다. 생선, 야생 과일, 채소 등의 수확량을 예측할 수 없을 만큼 변동이 잦은 환경에서, 부락 간에 교대로 열렸던 포틀래치는 전체적인 콰키우틀족의 입장에서 볼 때 유익한 것이었다. 지난해 포틀래치의 베풂을 받은 부락 인근의 강과 산에서 얻은 물자가 많으면, 그들은 이 해에 포틀래치를 베풀 수 있는 자가 된다. 원래 포틀래치의 말뜻에는 가진 자들이 주고, 못 가진 자들이 받는다는 의미가 있다. 갖지 못한 자들이 굶주림을 면하려면 이웃 부락의 수장이 위대한 인물이라고 인정만 하면 된다.

결국 콰키우틀족의 수장들이 벌인 포틀래치는 재분배라는, 일종의 경제 행위를 한 것이 된다. 다시 말해 그들은 포틀래치를 통해 많은 개개인의 노동력으로 모은 생산품을 여러 집단의 개인들에게 각기 다른 양으로 재분배한 셈이다.

5

10

15

20

25

30

**수장** 위에서 중심이 되어 집단이나 단체를 지배·통솔하는 사람.
**과대망상** 사실보다 과장하여 터무니없는 헛된 생각을 하는 증상.
**부락** 시골에서 여러 민가(民家)가 모여 이룬 마을. 또는 그 마을을 이룬 곳.

### 1

**가와 나를 비교한 내용으로 적절한 것은?**

① (가)는 (나)에 비해 타 문화의 긍정적인 면에 주목하고 있다.

② (가)는 (나)에 비해 타 문화를 받들어 섬기는 태도를 보이고 있다.

③ (나)는 (가)와 달리 문화의 변화 가능성에 관심을 보이고 있다.

④ (가)와 (나)는 동일한 문화 현상에 대해 다른 해석을 내리고 있다.

⑤ (가)와 (나)는 아메리카 인디언 부족의 각기 다른 문화를 소개하고 있다.

### 2

**가, 나로 볼 때, 〈보기〉에서 B가 보일 반응으로 가장 적절한 것은?**

보기

A(콰키우틀족 중 한 부족의 수장): 너희들은 내가 이 구리판을 구하는 데 얼마나 많은 재산을 썼는지 잘 알고 있을 것이다. 나는 이것을 4,000장의 담요로 구했다. 자, 이제 나는 내 경쟁 상대를 이기기 위해 이 구리판을 불에 태워 모두 파괴하기로 한다. 이 포틀래치는 이제까지 행해진 포틀래치 중에서 가장 성대한 것이 될 것이다.

B(A의 포틀래치에 초대된 다른 부족의 수장): _____

① 4,000장의 담요를 줄 테니 그 구리판을 나에게 파는 것이 어떻겠소?

② 우리 부족에게는 그 구리판이 꼭 필요하오. 차라리 우리에게 나눠 주시오.

③ 굶주리는 부족원을 생각하시오. 그 구리판을 팔아 부족원들의 배를 불리시오.

④ 나는 답례 포틀래치를 열겠소. 당신보다 많은 구리판을 파괴할 것을 약속하오.

⑤ 바보 같은 짓은 그만두시오. 우리 콰키우틀족도 이제 문명을 받아들여야 하오.

**╋ 복합 지문 살펴보기**

가와 나는 아메리카 인디언 콰키우틀족의 포틀래치 문화에 대해 설명한 글이다. 가의 글쓴이는 포틀래치가 사회적 위신을 얻기 위한 목적에서 행해진 문화로, 과대망상적인 생활 양식을 따른 것으로 본다. 반면 나의 글쓴이는 포틀래치가 단순한 경쟁이 아닌, 콰키우틀족 전체에 있어 부의 재분배 효과를 가져오는 행위임을 강조한다. 이처럼 동일한 화제에 대해 서로 다른 견해를 보이는 글을 읽을 때는 공통된 화제가 무엇인지, 그리고 각각의 글쓴이가 화제에 대해 어떤 견해를 제시하는지를 비교하며 읽도록 한다.

# 인간은 합리적으로 행동하는가

문제 풀이
지문 해제
관련 영상
어휘 퀴즈

**가** 사람들에게 유엔 가입국 중 아프리카 국가가 차지하는 비율이 몇 퍼센트인지 짐작해 보게 한 실험이 있다. 실험 참가자는 먼저 ㉠제비뽑기로 0에서 100에 이르는 숫자 중 하나를 뽑는다. 이렇게 뽑힌 숫자를 펼쳐 본 다음 아프리카 국가의 비율에 대한 짐작을 말하는 것이다.

그 결과 높은 숫자를 뽑은 사람일수록 아프리카 국가의 비율을 더 높게 짐작하는 5 것으로 나타났다. 어느 숫자를 뽑느냐에 따라 짐작이 달라진다는 것은 사람들이 아프리카 국가들의 비율을 짐작하는 과정에서 어떤 방법으로든 그 숫자를 이용한다는 것을 뜻한다. 행태♦ 경제학자들의 분석에 따르면, 사람들은 그렇게 뽑힌 숫자를 짐작하는 과정의 출발점으로 삼는다고 한다.

예를 들어 숫자 10을 뽑은 사람은 아프리카 국가의 비율이 10%일 것이라는 짐작에 10 서 출발한다. 여기에서 출발해 실제의 비율이 그보다 클지 아니면 작을지를 생각하게 된다. 따라서 10%에서 출발한 사람이 짐작한 아프리카 국가의 비율은 65%에서 출발한 사람이 짐작한 비율보다 낮을 수밖에 없다.

이와 같은 실험 결과는 우리가 ㉮'닻 내림 효과'의 영향을 받는다는 것을 보여 준다. 배가 어느 지점에 닻을 내리면 물결에 따라 이리저리 움직여 보았자 그 부근에서 15 맴돌기 마련이다. 사람들이 어떤 것을 짐작할 때도 이처럼 어디에 처음 닻을 내리느냐가 중요한 역할을 한다. 이 닻 내림 효과의 영향을 받아 이루어진 판단은 전통적 경제 이론에서 말하는 합리적 판단과는 거리가 멀다. 아무 의미도 없는 숫자가 판단에 영향을 미치는 것을 어찌 합리적이라고 말할 수 있겠는가? 문제는 닻 내림 효과가 아주 드물게 나타나는 것이 아니라는 데 있다. 20

**나** 미국의 한 대학에서 실시한 실험이 있다. 강의실에 있는 학생 중 무작위로 반을 골라 머그잔을 하나씩 나눠 주었다. 실험 내용은 머그잔을 받은 학생과 받지 못한 학생 모두 머그잔의 가치를 생각해 보고, 이들 사이에서 거래가 이루어지는지를 관찰하는 것이다. 그런데 실험 결과 이상한 현상이 발견되었다. 머그잔을 갖고 있는 사람이 최소한으로 받아야겠다고 말하는 금액이 머그잔을 갖고 있지 않은 사람이 최대한 25 으로 내겠다는 금액보다 더 큰 것으로 나타났기 때문이다.

왜 이런 현상이 나타났을까? 가장 그럴듯한 해석은 어떤 물건을 갖고 있는 사람이 그것을 포기하는 것을 꺼리기 때문이라고 할 수 있다. 그래서 상대적으로 더 높은 금액을 받아야만 그 물건을 넘겨주겠다는 태도가 나온 것으로 생각할 수 있다. 행태 경제학자들은 이런 현상이 나타나는 이유가 ㉯'부존 효과'에 있다고 말한다. '부존'이란 30 소유하고 있다는 것을 뜻한다.

♦ **행태** 행동하는 양상.
**머그잔** 손잡이가 있고 받침 접시는 딸려 있지 않은 원통형의 잔.

부존 효과는 손실 기피적인 태도와 밀접한 관련이 있는 것으로 해석된다. 손실 기피적 태도란 지금 갖고 있는 것을 잃어버리는 것을 싫어하는 태도를 뜻한다. 즉, 자신이 갖고 있는 머그잔을 잃어버리는 것이 싫기 때문에 높은 가격을 주어야만 팔겠다는 태도가 나온다는 해석이다.

5 　합리성의 관점에서 볼 때, 어떤 물건의 소유 여부가 그것의 가치 평가에 영향을 미친다는 것은 이해하기 힘든 현상이다. 소유 여부와 관계없이 동일한 물건에 대한 평가는 언제나 똑같아야 한다. 그렇기 때문에 부존 효과의 존재는 합리성을 전제로 하는 전통적 경제 이론에 여러 가지 문제를 일으킨다.

■ 정답과 해설 37쪽

# 1

### ㉮와 ㉯의 공통점으로 적절한 것은?

① 실험 방식에 문제가 있어 신뢰하기 어려운 현상이다.

② 이론상으로는 존재하나 실제 생활에서는 발견되지 않는 현상이다.

③ 인간이 본능적으로 갖고 있는 손실 기피적인 심리에서 비롯한 현상이다.

④ 인간이 합리적으로만 판단하고 행동하는 것이 아님을 보여 주는 현상이다.

⑤ 비교되는 두 대상이 있을 때 인간의 판단력이 흐려짐을 보여 주는 현상이다.

# 2

### 〈보기〉에서 ㉠과 같은 역할을 하는 것은?

> 보기
>
> 　미국의 한 대학에서 학생들에게 컴퓨터 부품, 고급 초콜릿, 책 등 여러 가지 상품을 제시하고, 각 상품에 대해 지급할 의사가 있는 금액이 얼마인지를 물어보았다. 먼저 첫 번째 단계에서는 그들의 사회 보장 번호의 마지막 두 자리 숫자와 똑같은 가격에 그 상품을 살 의사가 있는지를 물었다. 그다음 단계에서는 최대한으로 지급할 의사가 있는 금액이 얼마인지를 물었다. 실험 결과, 사회 보장 번호의 마지막 두 자리 숫자가 큰 사람일수록 최대한으로 지급할 의사가 있는 금액도 덩달아 커지는 것으로 드러났다.

◆
**사회 보장 번호** 미국 시민권자나 영주권자, 그 외에 부여하기에 합당하다고 판단되는 사람에게 부여되는 개인 식별 번호.

① 대학 학생들을 실험 대상으로 삼은 것

② 학생들에게 여러 가지 상품을 제시한 것

③ 각 상품에 지급할 의사가 있는 금액을 물은 것

④ 사회 보장 번호의 마지막 두 자리 숫자를 언급한 것

⑤ 제시되는 물품을 컴퓨터 부품, 고급 초콜릿, 책 등으로 설정한 것

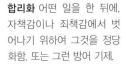

**3**

**가, 나에서 알 수 있는 '전통적 경제 이론'의 관점으로 가장 적절한 것은?**

① 인간은 언제나 합리적으로 판단하고 그에 따라 행동한다.

② 인간은 자신의 판단이 잘못되었더라도 합리화하려고 한다.

③ 인간은 이기적이므로 다른 사람의 손해를 신경 쓰지 않는다.

④ 인간은 자신이 알던 것과 다른 것을 접하면 자기 생각을 쉽게 포기한다.

⑤ 인간은 공공의 이익과 관련된 경우에는 비합리적인 선택을 내리기도 한다.

◆
**합리화** 어떤 일을 한 뒤에,
자책감이나 죄책감에서 벗
어나기 위하여 그것을 정당
화함. 또는 그런 방어 기제.

**4**

**나를 바탕으로 〈보기〉를 이해한 내용으로 가장 적절한 것은?**

> **보기**
>
> 어떤 운동 기구의 가격이 12만 원이다. 소비자는 이 제품에 10만 원까지만 지급할 의사가 있다. 가게 주인은 가격이 맞지 않아 제품을 사지 않고 나가려는 소비자에게 무료로 한 달만 써 보라고 권했다. 한 달 뒤, 소비자는 그 운동 기구를 12만 원을 내고 사게 되었다.

① 가게 주인의 권유를 받은 순간 소비자에게 부존 효과가 발생했군.

② 운동 기구를 사용한 한 달 동안 소비자에게 부존 효과가 발생했군.

③ 운동 기구에 대한 소비자의 가치 평가는 전혀 달라지지 않은 셈이로군.

④ 소비자는 무료로 운동 기구를 한 달 동안 사용한 뒤 가게 주인에게 심리적인 빚이 생겨 운동 기구를 사게 된 것이로군.

⑤ 소비자는 처음에 지급할 의사가 있던 금액보다 더 많은 돈을 지급했으므로 운동 기구를 산 후에 반드시 후회하게 되겠군.

> ➕ **복합 지문 살펴보기**
>
> 가와 나는 닻 내림 효과와 부존 효과를 통해 인간의 행동이 언제나 합리적으로 이루어지는 것은 아니라는 것을 보여 주는 글이다. 가에 언급된 닻 내림 효과와 나에 언급된 부존 효과는 모두 경제 주체가 장기적인 비용과 편익을 합리적으로 분석하여 최적의 선택을 한다는 전통 경제학의 인간상과는 다른 인간의 모습을 보여 주며, 경제 주체의 다양한 면을 이해하는 데 도움을 준다. 가와 나에서는 각기 다른 실험 과정을 통해 결론을 도출하고 있으므로 이 과정과 결과를 정확하게 파악하고, 그 의미를 이해하도록 한다.

# 무엇이든 예술이 될 수 있을까

**03**

**가** 영국의 예술계 지도자 400명이 선정한 '20세기 가장 영향력 있는 작품'은 뒤샹의 「샘」(1917)이다. 이 작품은 남성용 소변기를 뒤집은 다음 "R. Mutt, 1917"이라고
5 서명한 것이다. 뒤샹은 이미 만들어진 변기에 서명을 하고 거꾸로 세워 전시장으로 옮겨 '변기'가 예술 작품이 되도록 했다. 뒤샹은 변기에 대한 새로운 생각을 창조한 것을 눈여겨봐야 한다고 말했다.

뒤샹의 「샘」

10

15 손피스트의 「시간 풍경」 (위키피디아)

손피스트의 「시간 풍경」(1965)은 대도시의 한가운데 만든 작은 숲이다. 그는 오래전 뉴욕시에서 자랐을 나무와 풀들을 골라 심어 녹색의 작은 공간을 꾸몄다. 「시간 풍경」은 바쁘게 오가는 사람들로 북적이는 대도시의 까마득한 옛날을 상상하게 한다. 손피스트는 자연을 예술 작품이라고 여겼다.

현대에 이르러 예술에서의 독창성 추구가 주된 흐름이 되면서 '예술은 무엇'이라는 정의를 내리기 힘들어졌다. 뒤샹의 「샘」과 같은 기성품, 손피스트의 「시간 풍경」과 같은 자연뿐만 아니라 색종이의 우연적인 배열, 사람들이 쓰고 버린 폐품이나 쓰레기
20 도 모두 예술이 된다. 예술은 그것이 무엇으로 되어 있는가가 아니라 무엇을 말하는지가 중요하다. 작품을 만든 재료든 거기 등장하는 대상이든 작품은 작품을 이루는 것에서 더 나아가 의미 있는 것을 전해 준다.

예술은 창조적 상상력을 발휘하여 경계를 넘나들며 새로운 가능성을 탐색하는 것이다. 따라서 보기에 기이하고 낯선 것이라도 그것이 지니는 독창성과 혁신성, 이로
25 인해 떠올리게 되는 철학적 의미 등을 생각할 때 이것을 예술이 아니라고 말할 수는 없다.

**나** 미국의 공공 미술가 리처드 세라의 「기울어진 호」는 뉴욕 맨해튼의 정부 청사◆ 광장에 설치된 작품이다. 이 작품은 높이 3.6m, 길이 36m에 이르는 강철판으로 제작되었는데, 사람들은 이를 단지 녹슨 고철로 된 '벽'으로 여겼다. 반면 미술 관계자들
30 은 오늘날 가장 인기 있는 화가들조차 작품이 창작된 당시에는 환영받지 못했다면서 대중이 새로운 미술을 수용하는 데는 시간이 걸린다고 반박했다. 또 작품의 창작자

◆ **청사** 관청의 사무실로 쓰는 건물.

인 세라는 광장을 가로지르는 설치물이 광장을 두 개의 공간으로 나누어 사람들이 이 새로운 공간을 경험할 기회를 얻었다고 항변했다.

　그러나 대다수의 관객은 작품에 공감하지 못했다. 무엇보다 정부 청사에서 일하는 사람들의 반발이 컸다. 그들은 흉하고 괴상한 고철 덩어리 때문에 광장에서 휴식을 취할 수 없다고 항의하며 철거를 요구했다. 세라의 의도는 지극히 개인적인 생각에 머무르고 만 것이다. 작품의 철거 여부를 놓고 치열한 논쟁이 7년 동안 계속되었고, 결국 작품을 철거하는 것으로 판결이 내려졌다. 이후 「기울어진 호」는 해체되어 고철로 돌아 갔다.

리처드 세라의 「기울어진 호」

　이 사건은 작품에 대한 관객의 권리라는 새로운 관점을 보여 준다. 예술 작품은 이를 감상하고 즐기는 관객을 제외한 채 예술가의 창작이라는 점으로만 의미를 가늠할 수 없다. 예술가의 창작만큼이나 관객의 감상이 중요하다는 것이다. 왜냐하면 예술 작품을 통해 예술가와 관객이 서로 소통하는 것이 예술 본연의 역할이기 때문이다.

　「기울어진 호」로 인한 논란은 독창성과 새로움만을 내세운, 관객과 동떨어진 예술에 대해 생각해 보게 한다. 예술이라는 이름으로 무엇이든 예술이 될 수 있다는 생각에도 의심이 들게 한다. 이는 관객의 참여 없이 극단적으로 흘러가는 오늘날 예술계의 특정 세태를 반성하게 한다.

## 1

**가, 나에서 알 수 있는 내용으로 적절하지 않은 것은?**

① 「샘」은 뒤샹이 남성용 소변기를 뒤집은 다음 서명을 한 작품이다.

② 「시간 풍경」은 손피스트가 대도시의 까마득한 옛 풍경을 상상하여 그린 작품이다.

③ 현대에는 사람들이 쓰고 버린 폐품이나 쓰레기를 활용하여 예술 작품을 만들기도 한다.

④ 「기울어진 호」는 리처드 세라가 뉴욕 맨해튼에 있는 정부 청사 광장에 설치한 작품이다.

⑤ 「기울어진 호」는 철거 여부를 놓고 7년 동안 치열하게 논쟁한 끝에 결국 해체되어 고철로 돌아갔다.

## 2

**가**와 **나**의 관점을 비교한 내용으로 적절하지 <u>않은</u> 것은?

① (가)는 (나)에 비해 예술가의 의도를 중요하게 여긴다.
② (가)는 (나)와 달리 예술에는 경계가 없다고 생각한다.
③ (나)는 (가)와 달리 무엇이든 예술이 될 수는 없다고 본다.
④ (나)는 (가)에 비해 작품에 대한 관객의 권리를 중요시한다.
⑤ (가)와 (나)는 모두 예술과 철학이 밀접한 관련이 있다고 본다.

복합
03

## 3

**가**를 뒷받침할 수 있는 사례로 적절하지 <u>않은</u> 것은?

① 프랑스의 화가 앵그르는 깨끗하고 정확한 형태, 균형 잡힌 구성의 그림을 통해 이상적인 아름다움을 표현하였다.
② 작곡가 존 케이지는 「4분 33초」라는 공연에서 연주자가 4분 33초 동안 가만히 앉아 있게 함으로써 침묵과 관객의 소음을 음악으로 제시했다.
③ 설치 미술가 제임스 터렐은 천장에 뚫린 구멍으로 해가 지는 모습을 감상하는 「스카이 스페이스」를 통해 시시각각 바뀌는 대자연을 예술로 승화시켰다.
④ 화가이자 조각가 장 아르프는 아이디어가 떠오르지 않아 찢어 버린 색종이가 흩뿌려진 모습을 그대로 화폭에 옮겨 예술 작품에 우연적 효과를 도입했다.
⑤ 이탈리아의 예술가 피에로 만초니는 깡통에 똥을 밀봉하고 '예술가의 똥'이라는 제목을 붙여 예술이 더 이상 사회를 구원하지 않는다는 메시지를 전했다.

**승화** 어떤 현상이 더 높은 상태로 발전하는 일.

---

+
**복합 지문 살펴보기**

**가**와 **나**는 예술은 무엇인가에 대해 상반된 견해를 드러내고 있는 글이다. **가**는 예술 작품은 변기와 같은 기성품뿐만 아니라 자연에 이르기까지 다양하다면서, 예술은 창조적 상상력으로 경계를 넘나들며 새로운 가능성을 탐색하는 것이라는 관점을 보이고 있다. 반면 **나**는 예술 본연의 역할은 예술가와 관객의 소통에 있다고 강조하며, 관객과 동떨어져 독창성과 새로움만을 내세운 것은 예술이 될 수 없다는 관점을 보이고 있다. 이처럼 상반된 견해를 지닌 글을 읽을 때는 각 글쓴이의 입장에 어떤 차이가 있는지를 파악하고, 각각의 견해를 뒷받침하는 근거가 무엇인지를 확인하며 읽도록 한다.

# 원격 로봇과 마이크로 로봇

문제 풀이
지문 해제
관련 영상
어휘 퀴즈

**가** 먼 거리에서 조종하는 로봇을 '원격 로봇'이라고 한다. 원격 로봇 시스템은 기본적으로 센서, 표시 장치, 제어 장치, 원격 도구, 통신 수단의 다섯 가지로 구성되어 있다. 센서와 원격 도구는 각각 원격 로봇의 눈과 손발에 해당하며, 표시 장치와 제어 장치는 사람이 멀리서 로봇을 ㉠조작할 때 사용된다.

원격 로봇이 센서로 작업 상황과 주변 환경에 관한 정보를 수집하여 멀리 떨어진 5
조종실로 보내면 표시 장치의 화면에 그 정보가 그대로 ㉡재현된다. 조종실에서 상황에 따라 원격 로봇이 취할 행동을 결정해 제어 장치로 지시를 전달하면 로봇은 원격 도구를 사용하여 이를 행동에 옮긴다. 따라서 센서와 표시 장치, 그리고 제어 장치와 원격 도구 사이에서 정보를 전해 주는 통신 수단의 역할이 중요하다.

원격 로봇의 성공과 실패는 인간과 로봇 사이에 교환되는 정보에 달려 있다. 왜냐 10
하면 조종실에 있는 사람은 작업 환경에 대해 생생하게 느낄수록 그만큼 정확하게 로봇을 제어할 수 있고, 로봇은 조작하는 사람의 판단이나 지시를 정확하게 전달받을수록 그만큼 완벽하게 작업을 수행할 수 있기 때문이다. 따라서 센서가 수집한 영상이나 음향에 관한 정보는 물론, 원격 로봇이 물체를 다룰 때 느끼는 다양한 감각까지 조종실의 표시 장치에 재현할 수 있어야 한다. 로봇의 손에 입히는 인공 피부를 15
개발하는 것도 이 때문이다.

원격 로봇은 원자력 발전소, 우주 공간, 깊은 바닷속 또는 사람의 몸 안 등과 같이 인간의 접근이 불가능하거나 위험한 환경에서 사람이 시키는 일을 처리한다. 이러한 환경에서 원격 로봇은 사람의 심부름꾼 노릇을 훌륭히 수행해 내고 있다.

**나** 기술이 발전하면서 눈으로 볼 수 없을 정도로 작은 로봇을 제작하는 것이 가능하 20
게 되었다. 지름이 수백 마이크로미터◆에 불과한 기계 장치를 만들 수 있게 되었기 때문이다. 맨눈으로 볼 수 없을 만큼 작은 기계 장치를 만드는 기술을 마이크로 기술이라고 하며, 이러한 기술을 이용한 로봇을 '마이크로 로봇'이라고 한다.

마이크로 로봇은 현미경 아래로 펼쳐지는 작은 세계에서 사람 대신 임무를 수행한다. 마이크로 로봇이 많이 활용되는 분야는 의료 분야이다. 의료용 마이크로 로봇은 25
인체의 어디에나 들어가 진단과 치료 등을 수행하는 내시경 로봇, 미세 수술에 사용되는 로봇, 혈관이나 장기의 세포 사이를 비집고 들어가 치료하는 로봇 등이 개발되는 중이거나 개발되어 사용되고 있다. 이러한 로봇을 사용하면 정밀한 진단은 물론 치료의 고통을 줄일 수 있고, 약물을 상처 자리에 정확히 ㉢주입할 수도 있다.

마이크로 로봇의 활용이 기대되는 또 다른 분야로 환경 분야가 있다. 환경 감시 마 30
이크로 로봇은 대기 및 수중에서 오염된 정도를 검사한다. 가령 대기 중이나 수중에

**마이크로미터** 미터법에 의한 길이의 단위. 1마이크로미터는 1미터의 100만분의 1이다.
**혈관** 혈액(피)이 흐르는 관(管).
**장기** 내장의 여러 기관.

마이크로 로봇이 투입되면, 로봇이 대기나 물속을 돌아다니며 환경 및 생태계의 상황을 ㉣탐사하고 기록할 수 있다. 또 재해 현장이나 방사능, 독극물 등으로 오염되어 사람의 출입이 어려운 지역에서 인간을 대신하여 정보를 얻거나 피해 상황을 확인하는 데 유용하게 활용될 수 있다.

5　　마이크로 로봇은 의료 분야와 환경 분야뿐만 아니라 다양한 분야에서 광범위하게 활용될 수 있다. 우주 항공, 생명 공학, 건설 산업 등에서 마이크로 로봇은 인간이 직접 탐사할 수 없는 좁은 틈이나 시설물 내부에 투입되어 상태를 확인하고 관련 정보를 수집할 수 있다. 이처럼 마이크로 로봇은 앞으로 인간의 복지와 삶의 질 향상에 크게 ㉤이바지할 것으로 기대된다.

■ 정답과 해설 39쪽

## 1

**가와 나의 공통점으로 가장 적절한 것은?**

① 중심 화제가 개발된 배경을 제시하고 있다.
② 중심 화제의 장점과 단점을 나열하여 제시하고 있다.
③ 중심 화제를 제작하는 데 필요한 소재를 밝히고 있다.
④ 중심 화제가 활용되는 양상을 구체적으로 밝히고 있다.
⑤ 중심 화제의 개발 과정과 그것이 지닌 의의를 설명하고 있다.

## 2

**가와 나로 볼 때, 〈보기〉의 ⓐ, ⓑ에 들어갈 말로 가장 적절한 것은?**

> 보기
> '원격 로봇'은 로봇의 (　　ⓐ　　)을/를 바탕으로, '마이크로 로봇'은 로봇의 (　　ⓑ　　)을/를 바탕으로 로봇을 분류하여 이름을 붙인 것이라고 볼 수 있다.

| | ⓐ | ⓑ |
|---|---|---|
| ① | 용도 | 크기 |
| ② | 용도 | 제어 방식 |
| ③ | 크기 | 제어 방식 |
| ④ | 제어 방식 | 용도 |
| ⑤ | 제어 방식 | 크기 |

**3**

**가와 나를 읽고 〈보기〉에 대해 보인 반응으로 적절하지 않은 것은?**

> **보기**
>
> ○○○ 박사는 최근 혈관에 쌓인 노폐물을 제거할 수 있는, 매우 작은 크기의 의료용 로봇 작동 실험에 성공했다고 밝혔다. 이 로봇은 이용자가 실시간으로 전해지는 혈관 영상을 보고 혈관이 막힌 곳으로 이동하도록 명령하면 해당 위치로 이동한다. 그리고 이용자가 미세 전기 모터를 회전시키도록 명령하면 로봇이 혈관 벽에 쌓인 노폐물을 제거한다.

① 〈보기〉의 로봇은 사람의 접근이 불가능한 혈관 내부의 환경에서 임무를 수행할 수 있는 로봇이로군.

② 〈보기〉의 로봇은 혈관 안에서 활동하는 매우 작은 크기의 로봇이라는 점에서 마이크로 로봇이라고 할 수 있겠군.

③ 〈보기〉의 로봇은 이용자가 실시간으로 전해지는 혈관 영상을 보고 명령한 임무를 수행하므로 인공 피부를 지녔다고 볼 수 있겠군.

④ 〈보기〉의 로봇에 달린 모터는 외부의 지시에 따라 로봇이 혈관의 노폐물을 제거하기 위해 사용하는 원격 도구라고 할 수 있겠군.

⑤ 〈보기〉의 로봇은 혈관이 막힌 부분으로 이동하여 노폐물을 제거하도록 명령을 받아 수행하므로 원격 제어가 가능하다고 볼 수 있겠군.

**4**

**㉠~㉤의 사전적 의미로 적절하지 않은 것은?**

① ㉠: 기계 따위를 일정한 방식에 따라 다루어 움직임.

② ㉡: 다시 나타남. 또는 다시 나타냄.

③ ㉢: 흘러 들어가도록 부어 넣음.

④ ㉣: 얻어 내거나 얻어 가짐.

⑤ ㉤: 도움이 되게 함.

---

**+ 복합 지문 살펴보기**

가와 나는 최근 널리 활용되고 있는 원격 로봇과 마이크로 로봇에 대해 설명한 글이다. 가에서는 원격 로봇의 작동 과정과 활용 양상에 대해, 나에서는 마이크로 로봇의 활용 분야에 대해 설명하고 있다. 이때 이용자가 화면을 통해 원격으로 조작하는 마이크로 로봇은 원격 로봇의 하나로 볼 수 있기 때문에, 그 작동 시스템도 원격 로봇 시스템과 어느 정도 유사할 것이라고 짐작할 수 있다. 이처럼 복합 지문에서는 연결 고리가 되는 정보를 파악하고 이를 적용하며 글을 읽을 수 있어야 한다.

 **빠작**으로 내신과 수능을 한발 앞서 준비하세요.

# 정답과 해설

중학 국어
## 비문학 독해

0

동아출판

1 ②    2 ④    3 ②

지문분석

문단요약

1문단  로크는 태어날 때 사람의 마음 상태는 ( 백지 )와 같다고 생각했다.

2문단  로크는 사람이 어떤 지식을 얻는 것은 ( 경험 )으로부터 이루어진다고 보았다.

3문단  로크는 ( 경험론 )을 내세우며, 사람은 경험과 학습을 통해 얼마든지 배울 수 있고 달라질 수 있음을 강조했다.

4문단  로크의 경험론은 ( 현대 )를 살아가는 우리에게도 여전히 중요한 문제이다.

정보확인

태어날 때 사람의 마음 상태는 ( 백지 )와 같음.

인간에게 타고난 ( 우열 )은 없음.

경험을 통해 ( 지식 )을 얻을 수 있음.

( 교육 )에 의해 인간이 만들어짐.

사람은 ( 경험 )과 ( 학습 )을 통해 얼마든지 배울 수 있고 달라질 수 있음.

어휘·어법

1 인식    2 강조    3 감각    4 마치    5 갓
6 즉

해제 | 이 글은 영국의 철학자 존 로크가 내세운 경험론에 대해 설명하고 있다. 로크는 태어날 때 사람의 마음 상태는 백지와 같으므로, 경험을 통해서 지식을 얻을 수 있다고 보았다. 이러한 생각은 인간에게 타고난 우열은 없으며, 교육에 의해 인간이 만들어진다는 것을 뜻한다. 이와 같이 로크는 사람은 경험과 학습을 통해 얼마든지 배울 수 있고 달라질 수 있음을 강조했다. 글쓴이는 인간에게 타고난 능력이란 없으며, 경험을 통해 무엇이든 될 수 있다는 로크의 경험론을 설명하고, 이것이 오늘날에도 여전히 중요한 문제라고 이야기하고 있다.

주제 | 로크가 내세운 경험론의 내용과 의미

출전 야마구치 슈, 김윤경 역, 『철학은 어떻게 삶의 무기가 되는가』

1 2문단에서 로크는 사람이 어떤 지식을 얻는 것은 경험으로부터 이루어진다고 보았다고 하였다. 그리고 이는 경험에 의지하지 않고 생각만으로도 세상을 정확하게 인식할 수 있다는 데카르트의 주장을 부정한 것이라고 하였다. 즉, 경험 없이도 세상을 이해할 수 있다고 본 것은 로크가 아니라 데카르트이다.

| 오답 풀이 |

① 1문단에서 로크는 태어날 때 사람의 마음 상태는 백지와 같다고 생각했다고 하였다.

③ 2문단에서 로크는 사람이 어떤 지식을 얻는 것은 감각을 통해 직접 경험하거나 간접 경험함으로써 이루어진다고 보았다고 하였다.

④ 2문단에서 로크는 사람이 태어날 때는 백지상태이며, 그 위에 무엇인가를 보고 들은 경험이 채색되면서 세상에 대한 지식이 쌓인다고 보았다고 하였다.

⑤ 3문단에서 로크는 경험론을 내세우며, 사람은 경험과 학습을 통해 얼마든지 배울 수 있고 달라질 수 있음을 강조했다고 하였다.

2 이 글에서는 지식을 얻고 세상을 이해하는 것이 경험으로부터 이루어진다는 로크의 경험론에 대해 소개한 뒤, 이는 인간에게 타고난 능력이란 없으며 경험을 통해 인간은 무엇이든 될 수 있다는 것을 의미한다고 설명하고 있다.

| 오답 풀이 |

①, ② 이 글에는 사람의 타고난 마음 상태가 백지와 같다는 로크의 견해만 제시되어 있을 뿐, 사람의 마음과 관련된 다른 견해를 제시하여 로크의 견해와 비교하거나 종합하고 있지는 않다.

③ 이 글에서는 로크의 경험론에 초점을 두어 그 내용을 설명하고 있을 뿐, 동일한 시기에 등장한 여러 사상들을 열거하고 있지는 않다.

⑤ 3문단을 통해 로크의 경험론이 등장한 시대가 왕족과 귀족, 일반 백성이 구분되던 상황이었음을 알 수 있지만, 이것이 경험론이 등장하게 된 배경은 아니다. 또 경험론의 한계도 언급하고 있지 않다.

3 ㉠의 '근본(根本)'은 '사물의 본질이나 본바탕.'이라는 뜻이다. 따라서 ②와 그 의미가 가장 유사하다.

어휘·어법

4 '마치'는 '거의 비슷하게.'라는 뜻으로, 흔히 '같다'와 함께 쓰이므로 문맥상 빈칸에 들어가기 적절하다.

5 '갓'은 '이제 막.'이라는 뜻이므로 문맥상 빈칸에 들어가기 적절하다.

6 '즉'은 '다시 말하여'라는 뜻이므로 앞서 말한 단어를 다시 설명하는 문장의 문맥상 빈칸에 들어가기 적절하다.

1 ④　　2 ③

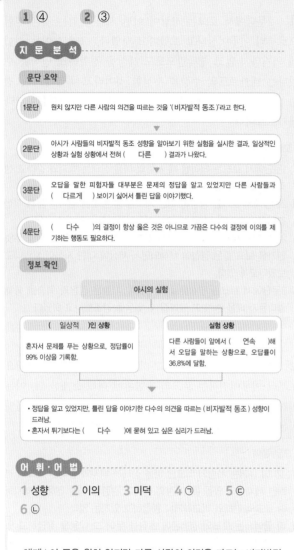

## 지문 분석

### 문단 요약

**1문단** 원치 않지만 다른 사람의 의견을 따르는 것을 '( 비자발적 동조 )'라고 한다.

▼

**2문단** 아시가 사람들의 비자발적 동조 성향을 알아보기 위한 실험을 실시한 결과, 일상적인 상황과 실험 상황에서 전혀 ( 다른 ) 결과가 나왔다.

▼

**3문단** 오답을 말한 피험자 대부분은 문제의 정답을 알고 있었지만 다른 사람들과 ( 다르게 ) 보이기 싫어서 틀린 답을 이야기했다.

▼

**4문단** ( 다수 )의 결정이 항상 옳은 것은 아니므로 가끔은 다수의 결정에 이의를 제기하는 행동도 필요하다.

### 정보 확인

아시의 실험

( 일상적 )인 상황 | 실험 상황

혼자서 문제를 푸는 상황으로, 정답률이 99% 이상을 기록함.

다른 사람들이 앞에서 ( 연속 )해서 오답을 말하는 상황으로, 오답률이 36.8%에 달함.

▼

· 정답을 알고 있었지만, 틀린 답을 이야기한 다수의 의견을 따르는 ( 비자발적 동조 ) 성향이 드러남.
· 혼자서 튀기보다는 ( 다수 )에 묻혀 있고 싶은 심리가 드러남.

### 어 휘 · 어 법

**1** 성향　**2** 이의　**3** 미덕　**4** ㉠　**5** ㉢
**6** ㉡

해제 | 이 글은 원치 않지만 다른 사람의 의견을 따르는 비자발적 동조 현상에 대해 설명하고 있다. 미국의 사회 심리학자 솔로몬 아시가 실시한 선분 실험을 통해 사람들이 정답을 알고 있으면서도 다수의 의견에 따라 틀린 답을 선택하는 경우가 많음을 보여 주고 있다. 글쓴이는 이러한 결과는 혼자서 튀기보다는 차라리 틀리게 말하고 다수에 묻혀 있고 싶은 인간의 심리가 드러난 것이라고 하였다. 그리고 이에 대해 다수의 결정이 항상 옳은 것은 아니므로 때로는 다수의 결정에 이의를 제기하는 행동도 필요하다는 의견을 제시하고 있다.

주제 | 내키지 않아도 다수를 따르는 비자발적 동조 현상

출전 이철우, 『관계의 심리학』

1 3문단에서 오답을 말한 피험자들 대부분은 정답을 알고 있었지만, 다른 사람들과 다르게 보이기 싫어서 틀린 답을 이야기한 것이라고 하였다. 글쓴이는 이에 대해 혼자서 튀기보다는 차라리 틀리게 말하고 다수에 묻혀 있고 싶은 심리가 드러난 것이라고 하였다.

| 오답 풀이 |

① 1문단에서 비자발적 동조는 원치 않지만 다른 사람의 의견을 따르는 것이라고 하였다.
② 2문단에서 아시는 사람들의 비자발적 동조 성향을 알아보기 위해 실험을 실시했다고 하였다.
③ 2문단에서 아시의 실험에 제시된 문제는 일상적인 상황에서 테스트를 했을 때 99% 이상의 정답률을 기록했다고 하였으므로 정답을 고르기가 무척 쉬웠다고 볼 수 있다.
⑤ 4문단에서 우리가 내키지 않으면서도 다수의 결정을 따르는 것은 집단에서 튀지 않는 것을 미덕으로 배워 왔기 때문이라고 하였다. 이에 대해 글쓴이는 다수의 결정이 항상 옳지는 않으므로 가끔은 다수의 결정에 이의를 제기하는 행동도 필요하다고 하였다.

2 아시는 피험자 앞 순서의 실험 협력자들에게 정답이 아닌 것을 정답이라고 연속해서 말하게 했다. 그러자 오답률, 즉 피험자가 정답이 아닌 것을 선택한 비율이 36.8%에 달했다고 하였다. 그러나 이 글에 피험자가 고른 정답이 무엇인지는 언급되어 있지 않으므로, 오답을 고른 피험자들이 B 카드의 1번과 2번 중 무엇을 정답으로 골랐는지는 알 수 없다.

| 오답 풀이 |

① 2문단에서 A 카드에 그려진 선분과 길이가 같은 것을 B 카드의 세 선분 가운데 찾는 문제를 제시했다고 하였다.
② A 카드의 선분과 길이가 같은 것은 B 카드의 3번 선분이다. 2문단에서 아시의 실험을 일상적인 상황에서 테스트했을 때 피험자들의 정답률은 99% 이상을 기록했다고 하였으므로, 일상적인 상황에서는 피험자 대부분 B 카드의 3번을 정답으로 골랐을 것이다.
④ 2문단에서 피험자는 자기 앞의 사람들이 갑자기 다른 번호를 정답이라고 연속해서 말하자 당황하기 시작했다고 하였다.
⑤ 2문단에서 실험 상황에서의 오답률은 36.8%에 달했다고 하였다. 따라서 나머지 피험자 중에는 실험 협력자들의 답변과 관계없이 자신이 생각하는 옳은 답을 말한 사람도 있었다고 짐작할 수 있다.

### 어 휘 · 어 법

**1** '성질에 따른 경향.'을 뜻하는 단어는 '성향'이다.
**2** '다른 의견이나 논의.'를 뜻하는 단어는 '이의'이다.
**3** '아름답고 갸륵한 덕행.'을 뜻하는 단어는 '미덕'이다.

1 ②    2 ④

### 지문 분석

**문단 요약**

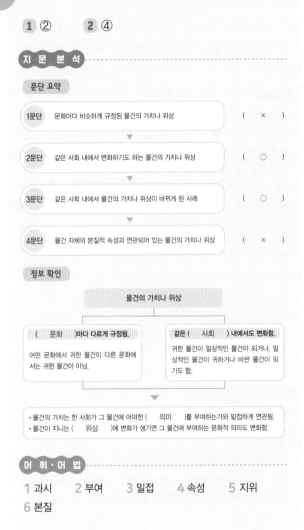

| 1문단 | 문화마다 비슷하게 규정된 물건의 가치나 위상 | ( × ) |

| 2문단 | 같은 사회 내에서 변화하기도 하는 물건의 가치나 위상 | ( ○ ) |

| 3문단 | 같은 사회 내에서 물건의 가치나 위상이 바뀌게 된 사례 | ( ○ ) |

| 4문단 | 물건 자체의 본질적 속성과 연관되어 있는 물건의 가치나 위상 | ( × ) |

**정보 확인**

물건의 가치나 위상

( 문화 )마다 다르게 규정됨.
어떤 문화에서 귀한 물건이 다른 문화에서는 귀한 물건이 아님.

같은 ( 사회 ) 내에서도 변화함.
귀한 물건이 일상적인 물건이 되거나, 일상적인 물건이 귀하거나 비싼 물건이 되기도 함.

• 물건의 가치는 한 사회가 그 물건에 어떠한 ( 의미 )를 부여하는가와 밀접하게 연관됨.
• 물건이 지니는 ( 위상 )에 변화가 생기면 그 물건에 부여하는 문화적 의미도 변화함.

### 어 휘 · 어 법

1 과시    2 부여    3 밀접    4 속성    5 지위
6 본질

**해제** | 이 글은 물건의 가치나 위상이 사회 및 문화와 밀접하게 관련되어 있음을 설명하고 있다. 물건의 가치나 위상은 문화마다 다르게 규정되어 있다. 원주민에게 귀한 물건이 우리에게는 귀하지 않으며, 원주민에게 귀하지 않은 진주가 서구인에게는 귀중한 물품이기도 하다. 같은 사회 내에서도 물건의 가치나 위상은 변한다. 18세기 이전까지 영국에서 설탕은 귀한 물건이었지만 대량으로 생산 · 수입되면서 대중적인 물건이 되었다. 과거 우리나라에서 부의 상징으로 여겼던 텔레비전도 현재는 일상적인 물건이 되었다. 글쓴이는 이러한 사례들을 통해 물건의 가치는 사회가 그 물건에 부여하는 의미와 연관되어 있으며, 물건의 위상이 변화하면 그 물건에 부여하는 문화적 의미도 변화함을 밝히고 있다.

**주제** | 사회 및 문화와 밀접하게 연관된 물건의 가치나 위상

**출전** 한국 문화 인류학회, 「처음 만나는 문화 인류학」

1 2문단에서 같은 사회 내에서도 물건의 가치나 위상이 변화하지 않고 항상 그대로 유지되는 것은 아니라고 하였다. 그리고 3문단에서 설탕과 텔레비전의 사례를 통해 이에 대해 설명하고 있다.

| 오답 풀이 |

① 1문단에서 물건의 가치나 위상은 문화마다 다르게 규정되어 있다고 하였다.
③ 1문단에서 트로브리안드 제도의 원주민들은 유럽 상인들이 들어오기 전까지 자신들의 지역에서 나오는 진주를 귀한 물건으로 여기지 않은 반면, 서구인들은 귀중품으로 여겼다고 하였다.
④ 3문단에서 1960~1970년대에 우리나라에서는 텔레비전이 부유함을 드러내는 물건이었다고 하였다.
⑤ 3문단에서 18세기 이전까지 영국에서는 설탕이 귀족 계급만이 누릴 수 있는 희귀한 물품으로 여겨졌다고 하였다.

2 〈보기〉는 조선 시대에 일상복이었던 한복이 오늘날 서양식 복장이 일반화되면서 특별한 날에만 입는 의례적인 옷으로 그 의미가 변화하였음을 설명하고 있다. 이는 물건이 지니는 위상에 변화가 생기면 그 물건에 부여하는 문화적 의미도 변화함을 보여 주는 사례로 이해할 수 있다.

| 오답 풀이 |

① 물건의 가치가 물건 자체에 담긴 본질적 속성을 따른다면 한복의 가치는 시기에 상관없이 변화가 없어야 한다. 〈보기〉는 오히려 물건의 가치가 그 자체의 본질적 속성을 따르지 않음을 보여 준다.
② 〈보기〉에 언급된 한복을 사회적 지위를 과시하는 물건으로 보기는 어렵다.
③ 〈보기〉는 한 사회 내에서도 물건의 가치나 위상이 변화할 수 있음을 보여 주는 사례이지, 문화에 따라 물건의 가치나 위상이 다름을 보여 주는 사례는 아니다. 제시된 내용에 어울리는 것은 1문단에 언급된 조개 장신구나 진주 등과 같은 사례들이다.
⑤ 〈보기〉는 일상복으로 입던 한복이 오늘날 의례적인 옷으로 그 의미가 바뀐 사례이므로 물건의 대중화와는 거리가 멀다. 제시된 내용에 어울리는 것은 3문단에 언급된 영국의 설탕 사례이다.

### 어 휘 · 어 법

1 선수가 자기 능력이 그대로임을 보여 준다는 의미이므로, 빈칸에는 '자랑하여 보임.'을 뜻하는 '과시'가 들어가는 것이 적절하다.
2 대통령이 헌법에 의해 권한을 지니게 되었다는 의미이므로, 빈칸에는 '사람에게 권리 · 명예 · 임무 따위를 지니도록 해 주거나, 사물이나 일에 가치 · 의의 따위를 붙여 줌.'을 뜻하는 '부여'가 들어가는 것이 적절하다.
3 사이트가 개편되면서 생활과 가까운 정보를 쉽게 이용할 수 있게 되었다는 의미이므로, 빈칸에는 '아주 가깝게 맞닿아 있음. 또는 그런 관계에 있음.'을 뜻하는 '밀접'이 들어가는 것이 적절하다.

# 04 그네뛰기의 역사

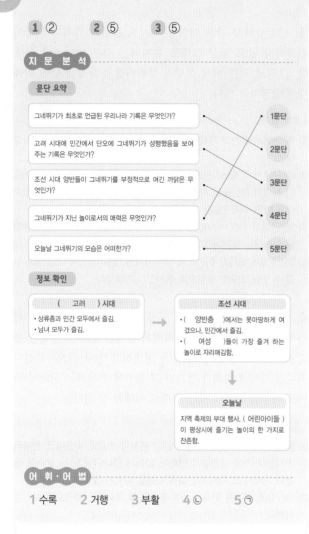

**1** ② **2** ⑤ **3** ⑤

## 지문 분석

### 문단 요약

| | |
|---|---|
| 그네뛰기가 최초로 언급된 우리나라 기록은 무엇인가? | 1문단 |
| 고려 시대에 민간에서 단오에 그네뛰기가 성행했음을 보여 주는 기록은 무엇인가? | 2문단 |
| 조선 시대 양반들이 그네뛰기를 부정적으로 여긴 까닭은 무엇인가? | 3문단 |
| 그네뛰기가 지닌 놀이로서의 매력은 무엇인가? | 4문단 |
| 오늘날 그네뛰기의 모습은 어떠한가? | 5문단 |

### 정보 확인

**( 고려 ) 시대**
· 상류층과 민간 모두에서 즐김.
· 남녀 모두가 즐김.

→

**조선 시대**
· ( 양반층 )에서는 못마땅하게 여겼으나, 민간에서 즐김.
· ( 여성 )들이 가장 즐겨 하는 놀이로 자리매김함.

↓

**오늘날**
지역 축제의 부대 행사. ( 어린아이들 )이 평상시에 즐기는 놀이의 한 가지로 잔존함.

## 어휘·어법

1 수록    2 거행    3 부활    4 ⓒ    5 ⓐ

해제│이 글은 전통 민속놀이인 그네뛰기가 고려 시대부터 오늘날에 이르기까지 어떻게 변화해 왔는지를 설명하고 있다. 그네뛰기는 언제 최초로 시작됐는지 정확히 알 수 없으나, 중국과 우리나라 문헌에 남아 있는 기록에 따르면 고려 중엽에 이미 있었던 것으로 보인다. 고려 시대에는 그네뛰기가 상류층과 민간, 남녀 모두가 즐기는 놀이였다. 반면 조선 시대에는 양반층에서 그네뛰기를 즐기지 않았으나 민간에서는 여전히 성행하면서 단오놀이로 자리를 굳혔고, 특히 여성들이 가장 즐겨 하는 놀이로 자리매김했다. 이후 그네뛰기는 점차 쇠퇴해 일제 강점기 때 단절되었다가 해방 이후 부활하였다. 오늘날에는 그네뛰기가 지역 축제 때 부대 행사의 하나로 거행되고 있으며, 어린아이들이 평상시 즐기는 놀이의 한 가지로 잔존하고 있다.

주제│전통 민속놀이인 그네뛰기의 변천 과정

출전 국립 민속 박물관, 『한국 민속 예술 사전』

**1** 5문단에서 20세기 초부터 그네뛰기는 점차 쇠퇴하기 시작하다 일제 강점기 때 단절되었고, 해방 뒤 부활했다고 하였다.

│오답 풀이│

① 3문단에서 이규보는 그네에 관한 여러 편의 시를 남겼다고 하였다.
③ 2문단에 언급된 중국의 기록과 『고려사』, 3문단에 언급된 이규보의 글과 시 등을 통해 그네뛰기에 대한 기록이 중국과 우리나라 문헌에서 모두 발견됨을 알 수 있다.
④ 5문단에서 그네뛰기는 오늘날 주로 지역 축제 때 부대 행사의 하나로 거행되고 있으며, 특히 어린아이들이 평상시에 즐기는 놀이의 한 가지로 잔존하고 있다고 하였다.
⑤ 1문단에서 그네뛰기는 가로로 뻗은 나뭇가지 양쪽에 길게 두 줄을 늘여 걸친 판자에 올라서서 앞뒤로 흔들며 노는 놀이라고 하였다.

**2** A는 고려 시대의 사람, B는 조선 시대의 사람이다. 2문단의 "충헌이 단오에 그네를 매고 고위 관리를 불러 사흘 동안 잔치를 베풀었다.", 3문단의 "이규보가 남긴 그네에 관한 여러 편의 시를 통해, 고려 시대에는 민간에서도 단오에 그네뛰기가 성행했음을 알 수 있다."라는 부분으로 볼 때, 고려 시대에 이미 그네뛰기를 단오놀이로 즐겼음을 알 수 있다.

│오답 풀이│

①, ③ 3문단에서 고려 시대에 그네는 궁중이나 상류 사회에서 유행했다고 하였다. 특히 왕실과 신하들이 많은 돈을 들여 그네뛰기 행사를 치를 정도였으며, 남녀 모두가 즐기는 놀이였다고 하였다.
②, ④ 4문단에서 조선 시대 양반층에서는 대체로 그네를 즐기지 않았다고 하였다. 그러나 민간에서는 그네뛰기가 단오놀이로 자리를 굳히며 여전히 성행하였고, 특히 여성들이 가장 즐겨 하는 놀이로 자리매김했다고 하였다.

**3** ⓒ의 '잔존(殘存)'은 '없어지지 아니하고 남아 있음.'을 뜻한다. 제시된 설명은 '보존(保存)'의 뜻에 해당한다.

## 어휘·어법

1 '책이나 잡지에 실음.'을 뜻하는 단어는 '수록'이다.
2 '의식이나 행사 따위를 치름.'을 뜻하는 단어는 '거행'이다.
3 '쇠퇴하거나 폐지한 것이 다시 성하게 됨. 또는 그렇게 함.'을 뜻하는 단어는 '부활'이다.
4 '비위'는 '어떤 것을 좋아하거나 싫어하는 성미. 또는 그러한 기분.'을 뜻한다.
5 '체면'은 '남을 대하기에 떳떳한 도리나 얼굴.'을 뜻한다.

① ④    ② ⑤    ③ ②

**지문 분석**

**문단 요약**

1문단   전국 시대에 약소국과 ( 피지배층 )의 편에 서서 큰 영향력을 행사한 묵자

▼

2문단   ( 귀족들 )의 생활 방식과 운명론을 부정하여 피지배층의 호응을 얻은 묵자

▼

3문단   정치적·경제적 평등과 ( 평화주의 )를 내세우며 겸애, 교리, 비공을 주장한 묵자

▼

4문단   ( 묵자 )를 따르던 묵가의 신념과 행동

▼

5문단   진나라의 엄격한 ( 정치 체제 ) 강화와 철저한 신념 유지의 어려움으로 쇠퇴한 묵자의 사상

**정보 확인**

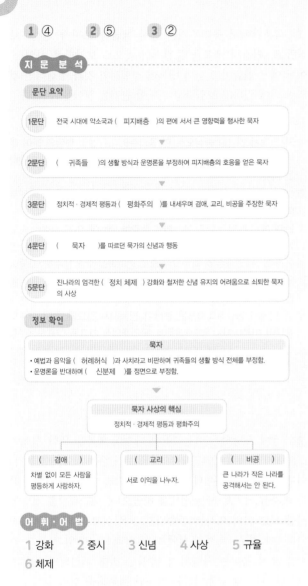

묵자
• 예법과 음악을 ( 허례허식 )과 사치라고 비판하며 귀족들의 생활 방식 전체를 부정함.
• 운명론을 반대하며 ( 신분제 )를 정면으로 부정함.

▼

묵자 사상의 핵심
정치적·경제적 평등과 평화주의

( 겸애 )
차별 없이 모든 사람을 평등하게 사랑하자.

( 교리 )
서로 이익을 나누자.

( 비공 )
큰 나라가 작은 나라를 공격해서는 안 된다.

**어휘·어법**

1 강화    2 중시    3 신념    4 사상    5 규율
6 체제

해제ㅣ이 글은 전국 시대에 큰 영향력을 행사한 사상가인 묵자에 대해 설명하고 있다. 묵자는 귀족들의 생활 방식과 운명론을 부정하여 피지배층의 호응을 얻었다. 묵자 사상의 핵심은 정치적·경제적 평등과 평화주의로, 그는 차별 없이 모든 사람을 평등하게 사랑하자는 '겸애', 서로 이익을 나누자는 '교리', 큰 나라가 작은 나라를 공격해서는 안 된다는 '비공'을 주장했다. 묵자를 따르는 묵가는 세상에 이로운 일을 하겠다는 신념을 실천해 나갔다. 그러나 전국 시대를 통일한 진나라의 엄격한 정치 체제 강화, 철저한 신념 유지의 어려움으로 묵자의 사상은 역사 속에 묻히게 되었다.

주제ㅣ묵자 사상의 등장과 쇠퇴

출전   황광우, 『위대한 생각들』

**1**   5문단에서 평등과 평화를 내세우며 널리 퍼졌던 묵자의 사상은 전국 시대를 통일한 진나라의 엄격한 정치 체제가 강화되면서 역사의 무대에서 사라졌다고 하였다.

ㅣ오답 풀이ㅣ

① 2문단에서 묵자는 귀족들의 생활 방식 전체를 철저하게 부정했다면서 공자가 중시한 예법과 음악을 허례허식과 사치라고 강하게 비판했다고 하였다.
② 2문단에서 묵자는 운명론을 반대했는데, 당시 사람들이 가장 큰 운명으로 받아들였던 것이 타고난 신분이었기에 이는 신분제를 정면으로 부정한다는 것을 뜻한다고 하였다.
③ 3문단에서 묵자는 서로 이익을 나누자는 '교리(交利)'를 내세웠는데, 이는 경제적 평등에 대한 요구였다고 하였다.
⑤ 4문단에서 묵자를 따르는 묵가는 욕망을 억누르고, 엄격한 규율을 갖춘 집단을 형성했다고 하였다.

**2**   3문단에서 묵자 사상의 핵심은 정치적·경제적 평등과 평화주의로, 묵자는 차별 없이 모든 사람을 평등하게 사랑하자는 '겸애(兼愛)', 서로 이익을 나누자는 '교리(交利)', 큰 나라가 작은 나라를 공격해서는 안 된다는 '비공(非攻)'을 주장했다고 하였다. 이러한 사상을 따르는 입장에서 할 수 있는 주장으로 가장 적절한 것은 ⑤이다.

ㅣ오답 풀이ㅣ

① 예법의 중요성을 내세운 주장으로, 공자가 중시한 예법을 허례허식이라고 비판한 묵자의 사상과는 어긋난다.
② 사랑에 차등이 있다는 주장으로, '겸애'를 주장하며 평등한 사랑을 강조한 묵자의 사상과는 어긋난다.
③ 나라를 부유하게 만들고 군대를 강하게 하자는 주장으로, '비공'을 주장하며 평화를 강조한 묵자의 사상과는 어긋난다.
④ 권력의 중요성을 강조한 주장으로, 약소국과 피지배층의 편에 섰던 묵자의 사상과는 어긋난다.

**3**   ㉡의 '실현(實現)'은 '꿈, 기대 따위를 실제로 이룸.'을 뜻한다. 제시된 설명은 '출현(出現)'의 뜻에 해당한다.

**어휘·어법**

1 '세력이나 힘이 약해짐. 또는 그렇게 되게 함.'을 뜻하는 '약화(弱化)'의 반대말은 '세력이나 힘을 더 강하고 튼튼하게 함.'을 뜻하는 '강화(强化)'이다.
2 '대수롭지 않게 보거나 업신여김.'을 뜻하는 '경시(輕視)'의 반대말은 '가볍게 여길 수 없을 만큼 매우 크고 중요하게 여김.'을 뜻하는 '중시(重視)'이다.

**1** ④   **2** ⑤

### 지 문 분 석

#### 문단 요약

**1문단** 벤담은 ( 쾌락 )은 그 자체로 선(善)이며, ( 고통 )은 그 자체로 악(惡)이라고 주장했다.

▼

**2문단** 벤담은 쾌락이 클수록 좋은 것이라고 여겼는데, 이것이 바로 "( 최대 ) 다수의 ( 최대 ) 행복"으로 대표되는 공리주의적 사고이다.

▼

**3문단** 공리주의파는 산업 혁명의 불이 붙던 ( 19세기 ) 초에 활약하며 사회 다방면에 큰 영향을 미쳤다.

▼

**4문단** 공리주의는 사회적 약자나 힘없는 소수를 보호하지 못하고 이들이 희생되게 한다는 비판을 받아 '공리'가 '( 정의 )'에 의해 보완되어야 했다.

▼

**5문단** 공리주의자들은 공리의 원칙에 이미 ( 평등 )의 원리가 들어 있다고 항변했으나, 공리주의에 대한 비판은 여전히 유효하다.

#### 정보 확인

| 공리주의에 대한 비판 | 공리주의자들의 항변 |
| --- | --- |
| 공리주의는 중산 계급을 보편적 인간으로 삼고, 인간의 행복을 ( 물질적 )인 것으로 본다. 그래서 사회적 ( 약자 )나 힘없는 ( 소수 )를 보호하지 못하고 이들이 희생되게 한다. 따라서 그들이 주장하는 '공리'는 '정의'로 보완되어야 한다. | ( 분배 )가 평등하지 않으면 최대 다수의 행복이 이루어지지 않는다. 따라서 공리의 원칙을 만족시키는 것이 곧 ( 정의 )의 원칙도 만족시키는 것이다. 우리가 내세우는 "최대 다수의 최대 행복"이라는 원칙에 이미 평등의 원리가 들어 있다. |

### 어 휘 · 어 법

**1** 회피   **2** 찬양   **3** 추구   **4** 본능적   **5** 보편적
**6** 사회적

해제 | 이 글은 제러미 벤담이 창시한 공리주의에 대해 설명하고 있다. 벤담은 쾌락이 클수록 좋다고 여기며 '최대 다수의 최대 행복'이라는 원칙을 내세웠다. 이러한 공리주의는 19세기 초 사회 다방면에 큰 영향을 미쳤다. 그러나 공리주의는 중산 계급을 보편적 인간으로 설정하고 인간의 행복을 물질적인 것에 두어 사회적 약자나 힘없는 소수를 보호하지 못한다고 비판받았다. 이에 공리주의자들은 공리의 원칙이 정의의 원칙도 만족시킨다고 항변했다. 이에 글쓴이는 최대 다수의 행복을 위한 선택이 정의롭지 않을 수 있다면서 공리주의에 대한 비판이 여전히 유효하다고 지적했다.

주제 | 벤담의 공리주의와 그에 대한 비판

출전 김용규, 「도덕을 위한 철학 통조림: 매콤한 맛」

---

**1** 4문단에서 공리주의는 중산 계급을 보편적 인간으로 삼았고, 인간의 행복을 물질적인 것으로 보았다고 하였다. 이 글에서 벤담이 인간의 행복이 물질적인 것과 정신적인 것의 조화에 있다고 보았다고 판단할 근거는 찾아볼 수 없다.

| 오답 풀이 |

① 3문단에서 벤담을 중심으로 한 공리주의파는 산업 혁명의 불이 붙던 19세기 초 활발하게 활약하며 사회 다방면에 큰 영향을 미쳤다고 하였다.

② 1문단에서 벤담은 "쾌락은 그 자체로 선(善)이며, 고통은 그 자체로 악(惡)"이라고 주장했다고 하였다.

③ 2문단에서 벤담은 쾌락 계산법을 생각해 냈는데, 어떤 쾌락이 강도가 강할수록, 지속성이 길수록, 확실성이 높을수록, 가까운 시일 안에 맛볼 수 있을수록, 다른 쾌락으로 연이어질 수 있을수록, 고통이 덜 섞여 있을수록, 그리고 쾌락을 느끼는 사람의 수가 많을수록 좋은 것이라고 주장했다고 하였다.

⑤ 5문단에서 공리주의자들은 분배가 평등하지 않으면 최대 다수의 행복이 이루어지지 않기 때문에, 공리주의적 사고를 대표하는 "최대 다수의 최대 행복"이라는 원칙에 이미 평등의 원리가 들어 있다고 항변했다고 하였다.

**2** ㉠에 해당하는 예는 "최대 다수의 행복을 위한 선택이 정의롭지 않을 수 있다."라는 것을 보여 주는 것이어야 한다. 이에 부합하는 것은 다수(17명)의 행복을 위해 다수결에 따라 피자를 먹기로 하는 선택을 하였으나, 샌드위치를 선택한 사람들(13명)의 의사는 존중되지 않은 상황을 보여 주는 ⑤이다. 이 경우, 특정 음식에 대한 알레르기가 있거나 그 음식을 먹지 못하는 사람의 상황 등은 전혀 고려되지 못했기 때문에, 다수의 선택이기는 하지만 정의로운 선택이라고 보기는 어렵다. 나머지는 모두 공리주의의 한계와는 거리가 먼 예들이다.

### 어 휘 · 어 법

**1** 불편한 친구를 만나기 싫어 피한다는 의미이므로, 빈칸에는 '몸을 숨기고 만나지 아니함.'을 뜻하는 '회피'가 들어가는 것이 적절하다.

**2** 어려운 이웃을 위해 산 그녀의 삶을 아름답고 가치 있게 여긴다는 의미이므로, 빈칸에는 '아름답고 훌륭함을 크게 기리고 드러냄.'을 뜻하는 '찬양'이 들어가는 것이 적절하다.

**3** 나만의 음악을 완성하기 위해 끝까지 노력한다는 의미이므로, 빈칸에는 '목적을 이룰 때까지 뒤쫓아 구함.'을 뜻하는 '추구'가 들어가는 것이 적절하다.

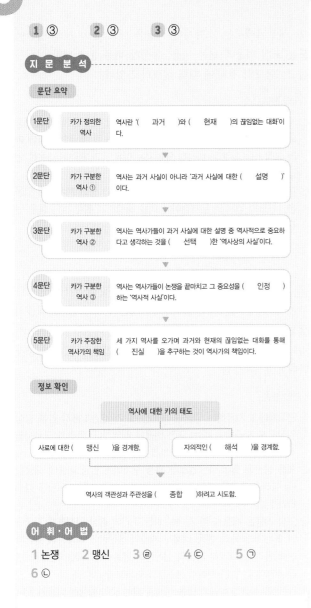

**1 ③   2 ③   3 ③**

## 지문 분석

### 문단 요약

| 1문단 | 카가 정의한 역사 | 역사란 '( 과거 )와 ( 현재 )의 끊임없는 대화'이다. |

| 2문단 | 카가 구분한 역사 ① | 역사는 과거 사실이 아니라 '과거 사실에 대한 ( 설명 )'이다. |

| 3문단 | 카가 구분한 역사 ② | 역사는 역사가들이 과거 사실에 대한 설명 중 역사적으로 중요하다고 생각하는 것을 ( 선택 )한 '역사상의 사실'이다. |

| 4문단 | 카가 구분한 역사 ③ | 역사는 역사가들이 논쟁을 끝마치고 그 중요성을 ( 인정 )하는 '역사적 사실'이다. |

| 5문단 | 카가 주장한 역사가의 책임 | 세 가지 역사를 오가며 과거와 현재의 끊임없는 대화를 통해 ( 진실 )을 추구하는 것이 역사가의 책임이다. |

### 정보 확인

역사에 대한 카의 태도

사료에 대한 ( 맹신 )을 경계함.    자의적인 ( 해석 )을 경계함.

역사의 객관성과 주관성을 ( 종합 )하려고 시도함.

## 어휘·어법

**1** 논쟁  **2** 맹신  **3** ㄹ  **4** ㄷ  **5** ㄱ
**6** ㄴ

해제│이 글은 역사란 무엇인가에 대한 에드워드 카의 관점을 설명하고 있다. 카는 역사를 '과거와 현재의 끊임없는 대화'라고 정의하고, 사료에 대한 맹신과 자의적인 해석을 모두 경계하며 역사의 객관성과 주관성을 종합하려고 시도했다. 카는 역사를 과거 사실에 대한 설명으로서의 역사, 역사상의 사실로서의 역사, 역사적 사실로서의 역사로 구분했다. 카는 역사가란 이 세 가지 역사를 오가며 과거를 탐구하는 사람이며, 과거와 현재의 끊임없는 대화를 통해 역사의 진실을 추구하는 것이 역사가의 책임이라고 강조했다.

주제│역사와 역사가에 대한 카의 견해

**출전** 조지형, 「E. H. 카가 들려주는 역사 이야기」

**1** (라)에서 역사적 사실은 역사가들이 논쟁을 끝마치고 그 중요성을 인정하는 사실이라고 하였다. 역사가들이 중요성에 대해 논쟁을 벌이고 있는 사실은 역사상의 사실이다.

**2** 이 글에서 (가)는 '처음', (나)~(라)는 '중간', (마)는 '끝' 부분에 해당한다. (나)에서는 역사가 과거 사실에 대한 설명이라고 규정하고 있다. 사료에 남아 있는 기록은 과거 사실 그 자체가 아니라 과거 사실에 대한 설명이라는 것이다. 그러면서 사람들은 과거 사실과 그 설명을 동일시한다는 점을 지적하고 있다. 따라서 (나)에서 카와 사람들의 공통된 생각을 근거로 하여 역사의 성격을 규정하고 있다는 서술은 적절하지 않다.

│오답 풀이│

① (가)에서는 역사를 '과거와 현재의 끊임없는 대화'라고 정의한 카의 견해를 제시하면서 글의 화제를 제시하고 있다.
② (나)~(라)에서는 카가 구분한 세 가지 역사, 즉 과거 사실에 대한 설명으로서의 역사, 역사상의 사실로서의 역사, 역사적 사실로서의 역사에 대해 각각 설명하고 있다.
④ (라)에서는 '역사상의 사실'과 '역사적 사실'의 차이점을 대비하여 개념을 분명하게 드러내고 있다.
⑤ (마)에서는 "역사가는 앞에서 말한 세 가지 역사를 오가며 끊임없는 수정 작업을 거쳐 역사의 진실을 파헤치려고 노력해야 한다."라며, 과거와 현재의 끊임없는 대화를 통해 진실을 추구하는 것이 역사가의 책임이라는 카의 주장을 제시하고 있다.

**3** 문맥상 ㉠은 역사의 객관성과 주관성을 한데 모아 합친다는 의미이다. 따라서 '서로 다른 사물이나 의견, 관점 따위를 알맞게 조절하여 서로 잘 어울리게 함.'을 뜻하는 '절충(折衷)'이 ㉠과 바꿔 쓰기에 가장 적절하다.

│오답 풀이│

① 교감(交感): 서로 접촉하여 따라 움직이는 느낌.
② 분담(分擔): 나누어서 맡음.
④ 초월(超越): 어떠한 한계나 표준을 뛰어넘음.
⑤ 호환(互換): 서로 교환함.

## 어휘·어법

**1** 제도 도입 문제에 대해 논하고 다툰다는 의미이므로, 빈칸에는 '서로 다른 의견을 가진 사람들이 각각 자기의 주장을 말이나 글로 논하여 다툼.'을 뜻하는 '논쟁'이 들어가는 것이 적절하다.
**2** 전문가의 주장을 검증 없이 그대로 믿는 것이 옳지 않다는 의미이므로, 빈칸에는 '옳고 그름을 가리지 않고 덮어놓고 믿는 일.'을 뜻하는 '맹신'이 들어가는 것이 적절하다.

**1** ②　　**2** ②　　**3** ⑤

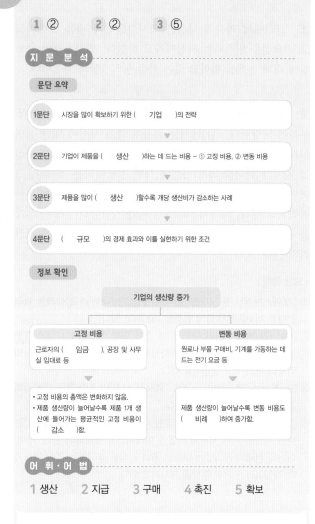

**지 문 분 석**

**문단 요약**

1문단　시장을 많이 확보하기 위한 ( 기업 )의 전략

▼

2문단　기업이 제품을 ( 생산 )하는 데 드는 비용 – ① 고정 비용, ② 변동 비용

▼

3문단　제품을 많이 ( 생산 )할수록 개당 생산비가 감소하는 사례

▼

4문단　( 규모 )의 경제 효과와 이를 실현하기 위한 조건

**정보 확인**

기업의 생산량 증가

| 고정 비용 | 변동 비용 |
|---|---|
| 근로자의 ( 임금 ), 공장 및 사무실 임대료 등 | 원료나 부품 구매비, 기계를 가동하는 데 드는 전기 요금 등 |
| • 고정 비용의 총액은 변화하지 않음.<br>• 제품 생산량이 늘어날수록 제품 1개 생산에 들어가는 평균적인 고정 비용이 ( 감소 )함. | 제품 생산량이 늘어날수록 변동 비용도 ( 비례 )하여 증가함. |

**어 휘 · 어 법**

1 생산　2 지급　3 구매　4 촉진　5 확보

해제 | 이 글은 생산량이 늘어날수록 개당 생산비가 줄어드는 '규모의 경제' 현상에 대해 설명하고 있다. 기업이 어떤 제품을 생산하는 데 드는 비용은 제품을 몇 개 생산하든지 간에 항상 일정하게 지급해야 하는 고정 비용과, 제품의 생산량에 비례하여 늘어나는 변동 비용이 있다. 그리고 이를 합한 것이 총생산 비용이다. 제품의 생산량이 증가하면 변동 비용은 그에 비례하여 증가하지만, 평균적인 고정 비용이 감소하여 개당 생산 비용이 줄어든다. 이처럼 생산량이 증가할수록 개당 생산비가 감소하는 것이 규모의 경제 효과이다. 이러한 규모의 경제 효과를 실현하기 위해서는 더 많은 시장을 확보하여 생산량을 늘려야 하며, 이것이 곧 기업이 시장 확보에 노력을 기울이는 까닭이다.

주제 | 생산량이 증가할수록 개당 생산비가 감소하는 '규모의 경제' 현상

출전　한진수, 『청소년을 위한 경제학 에세이』

**1**　이 글에서는 스파게티 식당을 예로 들어 제품 생산에 드는 고정 비용과 변동 비용, 총생산 비용 등에 대한 이해를 돕고, '규모의 경제'에 대해 설명하고 있다.

|오답 풀이|

①, ④, ⑤ 이 글에 기업의 생산 비용을 분석하기 위한 통계 자료, 제품의 변동 비용을 줄이기 위한 기업의 다양한 노력, 제품의 성격에 따라 고정 비용과 변동 비용이 달라지는 이유 등과 관련된 내용은 언급되어 있지 않다.

③ 이 글에는 '규모의 경제'의 개념과 조건, 효과 등이 제시되어 있을 뿐, '규모의 경제'의 문제점이나 이를 해결하기 위한 방안 등은 언급되어 있지 않다.

**2**　2문단에서 변동 비용은 제품 생산에 들어가는 원료나 부품 구매비, 기계를 가동하는 데 드는 전기 요금 등 제품의 생산량에 비례하여 늘어나는 비용이라고 하였다. 따라서 기업이 생산하는 제품의 수량이 늘어나면 변동 비용 역시 증가한다고 볼 수 있다.

|오답 풀이|

① 근로자에게 지급하는 임금은 제품을 몇 개 생산하든지 간에 항상 일정하게 지급해야 하는 고정 비용에 해당한다. 따라서 근로자를 더 고용하면 고정 비용이 증가하게 된다.

③ 제품 생산에 들어가는 원료나 부품 구매비는 변동 비용에 해당한다. 따라서 원료와 부품 가격이 하락하면 변동 비용도 그만큼 감소하게 된다.

④ 고정 비용은 제품을 몇 개 생산하든지 간에 항상 일정하게 지급해야 하는 비용이고, 변동 비용은 제품의 생산량에 비례하여 늘어나는 비용이다. 따라서 기업의 생산량이 변화하면 고정 비용보다 변동 비용에 더 많은 변화가 생긴다고 이해할 수 있다.

⑤ 2문단에서 고정 비용과 변동 비용을 합한 것이 총생산 비용이 된다고 하였다.

**3**　㉠의 '가동(稼動)'은 '사람이나 기계 따위가 움직여 일함. 또는 기계 따위를 움직여 일하게 함.'을 뜻하는 말이다. ①은 '변동(變動)', ②는 '감동(感動)', ③은 '이동(移動)', ④는 '선동(煽動)'의 사전적 의미이다.

**어 휘 · 어 법**

4 '다그쳐 빨리 나아가게 함.'을 뜻하는 단어는 '촉진'이다.

5 '확실히 보증하거나 가지고 있음.'을 뜻하는 단어는 '확보'이다.

# 점유 이탈물 횡령죄

44~47쪽

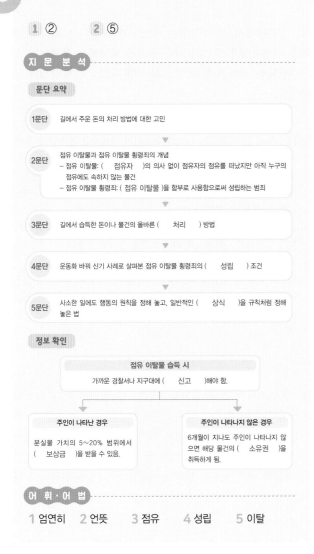

**1** ②    **2** ⑤

### 지문 분석

**문단 요약**

| | |
|---|---|
| 1문단 | 길에서 주운 돈의 처리 방법에 대한 고민 |

▼

| | |
|---|---|
| 2문단 | 점유 이탈물과 점유 이탈물 횡령죄의 개념<br>– 점유 이탈물: ( 점유자 )의 의사 없이 점유자의 점유를 떠났지만 아직 누구의 점유에도 속하지 않는 물건<br>– 점유 이탈물 횡령죄: ( 점유 이탈물 )을 함부로 사용함으로써 성립하는 범죄 |

▼

| | |
|---|---|
| 3문단 | 길에서 습득한 돈이나 물건의 올바른 ( 처리 ) 방법 |

▼

| | |
|---|---|
| 4문단 | 운동화 바꿔 신기 사례로 살펴본 점유 이탈물 횡령죄의 ( 성립 ) 조건 |

▼

| | |
|---|---|
| 5문단 | 사소한 일에도 행동의 원칙을 정해 놓고, 일반적인 ( 상식 )을 규칙처럼 정해 놓은 법 |

**정보 확인**

**점유 이탈물 습득 시**
가까운 경찰서나 지구대에 ( 신고 )해야 함.

| 주인이 나타난 경우 | 주인이 나타나지 않은 경우 |
|---|---|
| 분실물 가치의 5~20% 범위에서 ( 보상금 )을 받을 수 있음. | 6개월이 지나도 주인이 나타나지 않으면 해당 물건의 ( 소유권 )을 취득하게 됨. |

### 어휘·어법

**1** 엄연히   **2** 언뜻   **3** 점유   **4** 성립   **5** 이탈

**해제** | 이 글은 길에서 습득한 물건과 관련된 점유 이탈물 횡령죄에 대해 설명하고 있다. 길에 떨어진 돈이나 물건은 점유자의 의사 없이 점유자의 점유를 떠났지만 아직 누구의 점유에도 속하지 않는 점유 이탈물에 해당하는데, 이를 함부로 사용하면 점유 이탈물 횡령죄가 성립해 법적 처벌을 받게 된다. 따라서 길에서 돈이나 물건을 습득하면 가까운 경찰서나 지구대에 신고해야 한다. 글쓴이는 점유 이탈물 횡령죄에 대해 설명한 뒤, 법이 사소한 일에도 행동의 원칙을 정해 두고 있으며, 일반적인 상식에 근거하여 규칙을 정해 놓고 있다고 덧붙이고 있다.

**주제** | 점유 이탈물 횡령죄의 개념과 점유 이탈물의 올바른 처리 방법

**출전** 법무부, 「청소년의 법과 생활」

---

**1** 이 글에서 특정 대상의 장점이나 단점이 제시된 부분은 찾아볼 수 없다.

**|오답 풀이|**

① 2문단에서 '점유 이탈물'과 '점유 이탈물 횡령죄'의 개념을 설명하고 있다.
③ 3문단의 "그렇다면 길에서 돈이나 물건을 습득하면 ~ 경찰서나 지구대에 신고해야 한다.", 4문단의 "본인의 운동화와 비슷해 ~ 법적 처벌을 받을 수 있다."에서 묻고 답하는 방식으로 내용을 전개하고 있다.
④ 4문단에서 한 학생이 다른 학생의 운동화를 바꾸어 신게 된 사례를 제시하여 점유 이탈물 횡령죄와 관련한 법적 책임에 대해 설명하고 있다.
⑤ 1문단에서 누구나 길에서 돈을 주운 경험이 있을 것이라면서 독자가 한 번쯤 겪어 보았을 법한 일을 언급하여 관심과 흥미를 유발하고 있다.

**2** 3문단에서 점유 이탈물을 신고했을 경우, 주인이 나타나면 분실물 가치의 5~20% 범위에서 보상금을 받을 수 있다고 하였다.

**|오답 풀이|**

① A 씨가 발견한 작은 가방과 그 속에 든 돈은 자기 소유의 것이 아니므로 이를 마음대로 사용하지 않는 것이 일반적인 상식이라고 할 수 있다.
② 작은 가방과 그 속에 든 돈은 원래 주인의 점유를 떠나 아직 누구의 점유에도 속하지 않은 채 강가에 떨어져 있던 물건이므로 점유 이탈물로 볼 수 있다.
③ 2문단에서 길에서 주운 돈과 같은 점유 이탈물을 습득한 후 그것을 함부로 사용하면 점유 이탈물 횡령죄를 짓게 된다고 하였고, 3문단에서 길에서 습득한 돈이나 물건을 마음대로 사용하면 범죄를 저지르는 것이 된다고 하였다.
④ 3문단에서 길에서 습득한 물건을 경찰서나 지구대에 신고할 경우 6개월이 지나도 주인이 나타나지 않으면 그 물건의 소유권을 취득하게 된다고 하였다.

### 어휘·어법

**1** '엄연히'는 '어떠한 사실이나 현상이 부인할 수 없을 만큼 뚜렷하게.'라는 뜻이므로 두 예문의 빈칸에 들어가기에 적절하다.
**2** '언뜻'은 '지나는 결에 잠깐 나타나는 모양.', '생각이나 기억 따위가 문득 떠오르는 모양.'을 뜻하므로 두 예문의 빈칸에 들어가기에 적절하다.

**1** ②     **2** ②     **3** ②

### 지문 분석

**문단 요약**

| 1문단 | 정치 광고의 개념과 의의 | ( ○ ) |
|---|---|---|

▼

| 2문단 | 정치 광고와 일반 광고의 제작 과정 | ( × ) |
|---|---|---|

▼

| 3문단 | 정치 광고에 사용되는 다양한 전략과 이에 따른 부작용 | ( × ) |
|---|---|---|

▼

| 4문단 | 인터넷 정치 광고의 장점과 한계 | ( ○ ) |
|---|---|---|

**정보 확인**

정치 광고

직접적인 정공법 / 부드러운 ( 포장법 )

( 선거 공약 )에 초점
→ 유권자에게 중요한 이슈 제공

후보자의 ( 이미지 ) 각인이 목적
→ 유권자에게 후보자의 개인적 속성 제공

▼

후보 자신의 강점이나 상대방의 약점을 부각하거나 유권자에게 강한 ( 인상 )을 남기기 위해 ( 전략 )적으로 긍정적이거나 부정적인 캠페인을 이끌어 내는 경우가 많음.

### 어휘·어법

**1** 인상    **2** 초점    **3** 의도    **4** ㉡    **5** ㉢
**6** ㉠

해제ㅣ이 글은 오늘날 선거에서 유권자에게 직접 메시지를 전달하는 방법 중 하나인 정치 광고에 대해 설명하고 있다. 정치 광고는 정당이나 후보가 유권자의 정치적 태도나 신념, 행동 등에 영향을 미치고자 정치적 메시지를 전달하는 커뮤니케이션 수단으로, 방송사는 특정 시간대와 그 시간대의 비용을 모든 후보자가 동등하게 사용하도록 하는 의무를 진다. 정치 광고는 크게 직접적인 정공법과 부드러운 포장법으로 나눌 수 있다. 이 둘은 광고의 초점과 방향에 차이가 있으나, 전략적으로 긍정적이거나 부정적인 캠페인을 이끌어 내는 경우가 많다는 공통점이 있다. 최근에는 인터넷 정치 광고가 많이 사용되고 있는데, 이는 매체 특성에 따른 장점과 한계가 동시에 존재한다.

주제ㅣ정치 광고의 개념과 특성, 유형

출전ㅣ오택섭·강현두·최정호·안재현, 『뉴미디어와 정보 사회』

---

**1**   2문단에서 정치 광고는 후보자가 자신의 이미지나 공약을 유권자에게 알리기 위해 광고를 제작하고 광고 시간을 구매한다는 점에서 일반 광고와 기본적으로 차이가 없다고 하였다.

ㅣ오답 풀이ㅣ

① 1문단에서 정치 광고는 선거의 후보자가 유권자와 접촉할 수 있는 커뮤니케이션 수단이라고 하였다.
③ 1문단에서 정당이나 후보들은 정치 광고를 통해 유권자의 정치적 태도나 신념, 행동 등에 영향을 미치려는 의도가 담긴 정치적 메시지를 전달한다고 하였다.
④ 2문단에서 방송사는 특정 시간대와 그 시간대의 비용을 모든 후보자가 동등하게 사용하도록 하는 의무를 진다고 하였다.
⑤ 3문단에서 정치 광고는 직접적인 정공법과 부드러운 포장법, 두 유형으로 나눌 수 있는데, 전자는 선거 공약에 초점을 맞추어 유권자에게 중요한 이슈를 제공하며, 후자는 후보자의 이미지를 각인하는 것을 목적으로 후보자의 개인적 속성을 유권자에게 제공한다고 하였다.

**2**   [A]에서는 정치 광고를 '직접적인 정공법'과 '부드러운 포장법'의 두 유형으로 나누고, 전자는 선거 공약 전달에, 후자는 후보자의 이미지 각인에 목적이 있다는 차이점을 밝히고 있다. 또 둘 다 전략적으로 긍정적이거나 부정적 캠페인을 이끌어 내는 경우가 많다는 공통점이 있음을 설명하고 있다.

ㅣ오답 풀이ㅣ

① [A]에서 '직접적인 정공법', '부드러운 포장법'과 같은 용어를 제시하고 있으나, 그 용어의 뜻을 풀어 설명하고 있지는 않다. 남의 말이나 글을 끌어다 쓰는 인용을 사용한 부분도 찾아볼 수 없다.
③, ④, ⑤ [A]에 정치 광고의 구체적인 예나 변화 과정, 문제점과 그 원인 등은 제시되어 있지 않다.

**3**   ㉡의 '취약(脆弱)'은 '무르고 약함.'을 뜻하는 말이다. 제시된 의미는 '나약(懦弱/愞弱)'에 해당하는 뜻이다.

### 어휘·어법

**4** '동등'은 '등급이나 정도가 같음. 또는 그런 등급이나 정도.'를 뜻한다.
**5** '제한'은 '일정한 한도를 정하거나 그 한도를 넘지 못하게 막음. 또는 그렇게 정한 한계.'를 뜻한다.
**6** '특정'은 '특별히 지정함.'을 뜻한다.

# 04 철도의 발전과 도시의 흥망성쇠

**1** ③　　**2** ⑤

## 지문 분석

### 문단 요약

**1문단** 조선 후기에 번화한 상업의 중심지였던 곳들이 대도시로 성장하지 못하고 소도시가 된 것은 ( 철도 )의 등장 때문이다.

▼

**2문단** 철도가 처음 등장한 것은 ( 산업 혁명 ) 시기로, 철도의 등장으로 ( 교통 )이 편리해지면서 산업이 비약적으로 발전했다.

▼

**3문단** 우리나라 최초의 철도는 1899년에 개통된 ( 경인선 )으로, 이후 경부선, 호남선, 경의선, 경원선이 놓였다.

▼

**4문단** 철도가 지나가지 않는 기존의 중심지는 ( 쇠퇴 )하고, 철도가 지나가는 곳을 중심으로 새로운 도시나 신시가지 등 새 중심지가 생겨났다.

▼

**5문단** 자동차 도입으로 한때 쇠퇴했던 철도는 ( 고속 철도 )가 도입되면서 빠르고 안전하며 환경에도 무리가 없는 교통수단으로 다시 주목받고 있다.

### 정보 확인

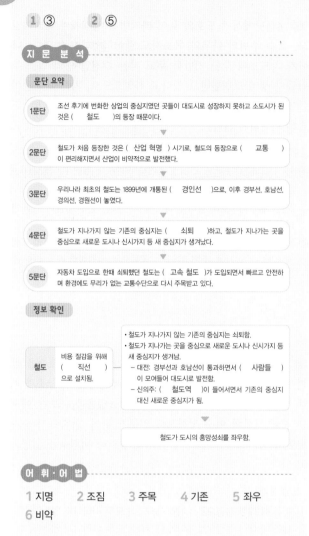

| 철도 | 비용 절감을 위해 ( 직선 )으로 설치됨. | • 철도가 지나가지 않는 기존의 중심지는 쇠퇴함.<br>• 철도가 지나가는 곳을 중심으로 새로운 도시나 신시가지 등 새 중심지가 생겨남.<br>　– 대전: 경부선과 호남선이 통과하면서 ( 사람들 )이 모여들어 대도시로 발전함.<br>　– 신의주: ( 철도역 )이 들어서면서 기존의 중심지 대신 새로운 중심지가 됨. |

▼

철도가 도시의 흥망성쇠를 좌우함.

### 어휘·어법

**1** 지명　　**2** 조짐　　**3** 주목　　**4** 기존　　**5** 좌우
**6** 비약

**해제** | 이 글은 철도가 도시의 성장과 쇠퇴에 미친 영향에 대해 설명하고 있다. 산업 혁명 시기에 처음 등장한 철도는 교통 혁명을 이루며 비약적인 산업 발전을 이끌었다. 우리나라에서도 철도의 노선에 따라 도시의 운명이 바뀌었다. 철도가 지나가지 않는 기존의 도시는 쇠퇴하고, 철도가 지나가는 곳을 중심으로 새로운 도시나 중심지가 생겨난 것이다. 이는 교통이 발달하면서 사람들이 많이 모이게 되어 해당 지역이 발달하게 되었기 때문이다. 철도는 자동차 도입 이후 한때 쇠퇴하였으나 최근 고속 철도가 도입되면서 빠르고 안전하며 환경에도 무리가 없는 교통수단으로 다시 주목받고 있다.

**주제** | 도시의 흥망성쇠를 좌우하는 철도의 영향력

**출전** 마경묵 · 박선희 · 이강준 · 이진웅 · 조성호, 『십 대에게 들려주고 싶은 우리 땅 이야기』

**1** 　4문단에서 철도는 비용 절감을 위해 직선으로 설치되었다고 하였다. 철도가 생겨나면서 철도가 지나가는 곳과 철도역이 들어선 곳을 중심으로 새로운 도시나 신시가지가 형성된 것이지, 신시가지 개발을 위해 철도가 직선으로 설치된 것은 아니다.

|오답 풀이|

① 5문단에서 위세를 떨치던 철도는 자동차가 도입되면서 이용이 줄기 시작하여 한때 쇠퇴의 길을 걸었다고 하였다.
② 3문단에서 우리나라 최초의 철도는 1899년 서울에서 인천 사이에 개통된 경인선이라고 하였다.
④ 2문단에서 철도가 처음 등장한 것은 산업 혁명 시기로, 철도가 만들어져 교통이 편리해지면서 더 많은 원료와 제품의 수송이 이루어졌고, 그 결과 산업이 비약적으로 발전했다고 하였다.
⑤ 1문단에서 조선 후기에 번화한 상업의 중심지였던 곳들이 철도의 등장으로 대도시로 성장하지 못하고 소도시가 되었다고 하였다.

**2** 　1문단에서 조선 후기에는 배가 하천을 따라 내륙 깊숙이 들어올 수 있었던 곳이 번화한 상업의 중심지였다고 하였다. 즉, 당시에는 사람이나 물자를 이동시키는 주요 교통수단이 배였기 때문에 해당 지역이 발달한 것으로 이해할 수 있다.

|오답 풀이|

① 철도는 교통 발달을 이끌어 도시의 발달을 이끈다. 따라서 철도가 지나가는 곳을 중심으로 도시가 발전하는 현상은 인문 환경과 관련이 있다고 볼 수 있다.
② 자동차의 등장으로 한때 쇠퇴했던 철도가 다시 주목받게 된 것은 고속 철도의 도입으로 철도가 빠르고 안전하며 환경에도 무리가 없는 교통수단으로 평가되었기 때문이다.
③ 고속 철도가 전기를 이용하는 것은 맞지만, 이용 요금이 과거의 철도보다 더 저렴한지 여부는 알 수 없다.
④ 신의주는 철도역이 들어서면서 기존의 중심지인 의주 대신 새로운 중심지가 된 곳이다.

## 어휘·어법

**1** '성명'은 '성과 이름을 아울러 이르는 말.'을 뜻한다.
**2** '추세'는 '어떤 현상이 일정한 방향으로 나아가는 경향.'을 뜻한다.
**3** '안목'은 '사물을 보고 분별하는 견식.'을 뜻한다.
**4** '이미 존재함.'을 뜻하는 단어는 '기존'이다.
**5** '어떤 일에 영향을 주어 지배함.'을 뜻하는 단어는 '좌우'이다.
**6** '지위나 수준이 갑자기 빠른 속도로 높아지거나 향상됨.'을 뜻하는 단어는 '비약'이다.

**1** ⑤　　**2** ②

### 지문분석

**문단 요약**

1문단　( 이동 )하는 호수, 차드호

2문단　예전보다 호수의 면적이 ( 10분의 1 )로 줄어든 차드호

3문단　차드호의 물이 급격히 줄어든 까닭 - ( 인구 급증 )과 ( 기후 변화 )

4문단　차드호의 물이 줄어들며 발생한 여러 가지 문제들

5문단　차드호의 소멸을 막기 위한 인근 ( 국가 )들의 노력

**정보 확인**

| 인구 급증 | 기후 변화 |
|---|---|
| ( 물 )에 대한 수요 증가 | ( 강수량 ) 감소 |

차드호의 물이 줄어듦.

( 생태계 ) 파괴, 인근 주민들의 생계 위협

### 어휘·어법

**1** 현황　　**2** 서식　　**3** 한정　　**4** ⓒ　　**5** ⓛ
**6** ⑤

해제 | 이 글은 한때 큰 호수였으나 현재는 그 면적이 크게 줄어든 차드호에 대해 설명하고 있다. 차드호는 세계에서 여섯 번째로 큰 호수였으나 1970년대 이후 급격히 면적이 줄어들었는데, 이는 인구 급증에 따른 물의 수요 증가와 기후 변화 때문이다. 차드호의 물이 급격히 줄면서 생태계도 파괴되었고, 결국 차드호에 생활 기반을 두고 살아가던 인근 주민들의 삶도 위협받고 있다. 글쓴이는 차드호가 완전히 사라지지 않게 하기 위해 인근 4개국이 공동으로 대응하고 있다면서, 차드호가 예전의 자리를 되찾을 수 있을지 의문을 던지고 있다.

주제 | 차드호의 물이 급격하게 줄어든 까닭과 그로 인한 피해

출전　디딤, 「세계 지도 지리 이야기」

**1**　4문단에서 차드호의 물이 빠지면서 생태계가 파괴되었고, 호수 주변의 나무와 목초지도 줄어들었다고 하였다. 나아가 차드호에 생활 기반을 두고 사는 수천만 명의 인근 주민들의 생계도 위협받고 있다고 하였으므로, 차드호가 줄어들어 농사를 지을 땅이 생겨 주민들에게 도움이 되었다는 진술은 적절하지 않다.

| 오답 풀이 |

①, ② 2문단에서 차드호는 현재 호수의 면적이 10분의 1로 줄어서 차드 공화국에만 호수가 존재하고 있다고 하였다.

③ 3문단에서 차드호의 물이 급격히 줄어든 것은 인구 급증과 기후 변화가 가장 큰 원인으로 꼽힌다고 하였다.

④ 5문단에서 차드호가 완전히 사라지면 인근 주민들이 생태적 재앙을 입을 수 있기에, 주변 4개국은 공동으로 위원회를 꾸려 현황 조사를 진행하는 등 대책 마련에 나서고 있다고 하였다.

**2**　[A]와 〈보기〉는 모두 과거와 달라진 호수의 모습을 살펴보며 그 원인을 분석하고 있다. [A]에서는 인구 급증과 기후 변화로 차드호의 물이 급격히 줄어들었음을, 〈보기〉에서는 중국 정부의 이주 정책으로 인구가 늘어 물 수요가 증가하면서 차칸노르 호수의 상당 부분이 말라 버렸음을 설명하고 있다.

| 오답 풀이 |

① '분류'에 대한 설명으로, [A]와 〈보기〉에 모두 나타나지 않는다.

③ '대조'에 대한 설명으로, [A]와 〈보기〉에 모두 나타나지 않는다.

④ '분석'에 대한 설명이다. 〈보기〉에서는 차칸노르 호수가 두 개의 큰 호수로 이루어져 있다면서 구성 요소를 밝히고 있으나 각각의 특성을 설명하고 있지는 않다. 그리고 [A]에는 '분석'이 나타나지 않는다.

⑤ '유추'에 대한 설명으로, [A]와 〈보기〉에 모두 나타나지 않는다. 〈보기〉에서 차칸노르 호수가 일명 '하얀 호수'로 불린다는 것은 지명의 어원을 밝힌 것에 해당한다.

### 어휘·어법

1　'현재의 상황.'을 뜻하는 단어는 '현황'이다.
2　'생물 따위가 일정한 곳에 자리를 잡고 삶.'을 뜻하는 단어는 '서식'이다.
3　'수량이나 범위 따위를 제한하여 정함. 또는 그런 한도.'를 뜻하는 단어는 '한정'이다.

**1** ④　　**2** ③

### 지 문 분 석

**문단 요약**

| 1문단 | 특별한 단위 없이 ( 숫자 )로만 표현하는 경제 지수 |

▼

| 2문단 | 경제 지수의 ( 변화 )를 표현하는 방법 – ① 퍼센트 활용, ② 포인트 활용 |

▼

| 3문단 | 퍼센트의 차이를 표현할 때 사용하는 (퍼센트포인트) |

▼

| 4문단 | 퍼센트와 퍼센트포인트의 차이와 올바른 사용에 대한 당부 |

**정보 확인**

경제 지수가 일정 기간 동안 얼마나 변화했는지 표현하는 방법

| 지수의 ( 변화율 )을 나타내는 방법 | 지수의 수치상 변화량을 나타내는 방법 |
| 단위로 퍼센트(%)를 사용함. | 단위로 ( 포인트(p) )를 사용함. |

**정보 확인**

| 퍼센트(%) | 퍼센트포인트(%p) |
| 전체에서 특정 대상이 차지하는 ( 비율 )을 나타냄. | 퍼센트, 즉 비율 간의 ( 차이 )를 나타냄. |

### 어 휘 · 어 법

1 수치　　2 비율　　3 단위　　4 선호　　5 취급

해제 | 이 글은 경제 지수의 올바른 표현 방법과 퍼센트와 퍼센트포인트의 개념과 차이점을 설명하고 있다. 주가 지수, 소비자 물가 지수와 같은 경제 지수는 특별한 단위 없이 숫자로만 표현한다. 그런데 이러한 경제 지수가 일정 기간 동안 얼마나 변화했는지를 표현하는 방법으로 퍼센트를 활용하여 표현하는 방법과 포인트를 활용하여 표현하는 방법이 있다. 이들을 사용할 때 주의할 점은 퍼센트, 즉 비율 간의 차이를 표현할 때는 퍼센트포인트를 사용한다는 것이다. 글쓴이는 구체적인 수치와 예를 들어 여러 단위들을 알기 쉽게 설명하고 있다. 그리고 단위 개념에 대한 이해 부족이나 부주의 때문에 퍼센트와 퍼센트포인트를 잘못 사용하는 경우가 많다면서, 단위를 정확하게 사용하도록 각별히 유의할 것을 당부하고 있다.

주제 | 경제 지수의 올바른 표현 방법과 퍼센트와 퍼센트포인트의 차이

출전 한진수, 『청소년을 위한 경제학 에세이』

**1** 이 글에서는 경제 지수의 변화를 표현하는 방법을 설명하면서 퍼센트와 퍼센트포인트의 개념과 올바른 표현 방법을 구체적인 예를 들어 설명하고 있다.

| 오답 풀이 |

① 1문단에서 경제 지수에는 특별한 단위가 없다고 했을 뿐, 그 까닭을 구체적으로 언급하고 있지는 않다.

② 이 글에서 경제 분야에서 통계 자료를 자주 사용하는 까닭에 대해 언급한 부분은 찾아볼 수 없다.

③ 이 글에서 주가 지수 및 소비자 물가 지수가 변화하는 까닭에 대해 언급한 부분은 찾아볼 수 없다.

⑤ 1문단에서 주가 지수, 소비자 물가 지수 등과 같은 경제 지수에는 특별한 단위가 없다고 하였다.

**2** 2017년의 성인 독서율은 59.9%, 2019년의 성인 독서율은 52.1%이다. 따라서 두 비율 간의 차이는 7.8%p이다. 이처럼 퍼센트, 즉 비율 간의 차이를 나타낼 때는 퍼센트포인트를 사용해야 한다.

| 오답 풀이 |

① 2017년에 지난 1년 동안 책을 한 권 이상 읽었다는 응답이 1,000명당 599명이라고 하였다. 이를 비율로 나타내면 59.9%이다.

② 2019년에 지난 1년 동안 책을 한 권 이상 읽었다는 응답이 1,000명당 521명이라고 하였다. 이를 비율로 나타내면 52.1%이다.

④ 2017년에는 1,000명당 599명이 지난 1년 동안 책을 한 권 이상 읽었다고 응답했다. 따라서 1,000명당 401명은 책을 한 권도 읽지 않았다고 볼 수 있다. 이는 전체의 40.1%에 해당하는 비율이므로, 2017년에는 40%가 넘는 성인이 지난 1년 동안 책을 한 권도 읽지 않았다고 이해할 수 있다.

⑤ 2019년에는 1,000명당 521명만이 지난 1년 동안 책을 한 권 이상 읽었다고 응답했다. 따라서 1,000명당 479명은 책을 한 권도 읽지 않았다고 볼 수 있다. 이는 전체의 47.9%에 해당하는 비율이다.

### 어 휘 · 어 법

1 '계산하여 얻은 값.'을 뜻하는 단어는 '수치'이다.

2 '다른 수나 양에 대한 어떤 수나 양의 비(比)'를 뜻하는 단어는 '비율'이다.

3 '길이, 무게, 수효, 시간 따위의 수량을 수치로 나타낼 때 기초가 되는 일정한 기준.'을 뜻하는 단어는 '단위'이다.

4 '선호'는 '여럿 가운데서 특별히 가려서 좋아함.'을 뜻하고 '혐오'는 '싫어하고 미워함.'을 뜻하므로, 빈칸에는 '선호'가 들어가는 것이 적절하다.

5 '방치'는 '내버려 둠.'을 뜻하고 '취급'은 '물건을 사용하거나 소재나 대상으로 삼음.'을 뜻하므로, 빈칸에는 '취급'이 들어가는 것이 적절하다.

**1** ④    **2** ③

### 지문 분석

#### 문단 요약

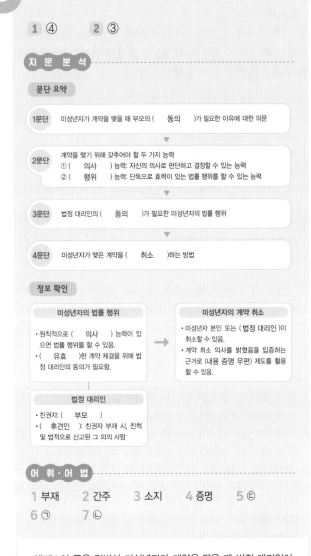

**1문단** 미성년자가 계약을 맺을 때 부모의 ( 동의 )가 필요한 이유에 대한 의문

**2문단** 계약을 맺기 위해 갖추어야 할 두 가지 능력
① ( 의사 ) 능력: 자신의 의사로 판단하고 결정할 수 있는 능력
② ( 행위 ) 능력: 단독으로 효력이 있는 법률 행위를 할 수 있는 능력

**3문단** 법정 대리인의 ( 동의 )가 필요한 미성년자의 법률 행위

**4문단** 미성년자가 맺은 계약을 ( 취소 )하는 방법

#### 정보 확인

**미성년자의 법률 행위**
• 원칙적으로 ( 의사 ) 능력이 있으면 법률 행위를 할 수 있음.
• ( 유효 )한 계약 체결을 위해 법정 대리인의 동의가 필요함.

➡ **미성년자의 계약 취소**
• 미성년자 본인 또는 ( 법정 대리인 )이 취소할 수 있음.
• 계약 취소 의사를 밝혔음을 입증하는 근거로 ( 내용 증명 우편 ) 제도를 활용할 수 있음.

**법정 대리인**
• 친권자: ( 부모 )
• ( 후견인 ): 친권자 부재 시, 친척 및 법적으로 신고된 그 외의 사람

### 어휘·어법

1 부재    2 간주    3 소지    4 증명    5 ©

6 ㊀    7 ㊁

해제 | 이 글은 민법상 미성년자가 계약을 맺을 때 법정 대리인이 필요한 까닭과 미성년자가 체결한 계약을 취소하는 방법에 대해 설명하고 있다. 우리 민법에서는 계약을 맺기 위해서는 자신의 의사로 판단하고 결정할 수 있는 의사 능력, 단독으로 효력이 있는 법률 행위를 할 수 있는 행위 능력을 갖추어야 한다고 보는데, 미성년자는 행위 능력이 없다고 보고 있다. 그래서 의사 능력이 있는 미성년자는 법률 행위를 할 수는 있으나 법정 대리인의 동의를 얻어야 한다. 미성년자가 법정 대리인의 동의를 얻지 않고 체결한 계약은 일단 유효하지만, 본인 또는 법정 대리인이 계약을 취소할 수 있다. 이때 계약 취소 의사를 밝혔음을 객관적으로 입증하는 근거로 내용 증명 우편 제도를 활용할 수 있다.

주제 | 미성년자의 계약에 법정 대리인의 동의가 필요한 까닭과 미성년자의 계약을 취소하는 방법

출전 법무부, 『청소년의 법과 생활』

---

**1** 3문단에서 원칙적으로 미성년자도 의사 능력이 있으면 법률 행위를 할 수 있다고 하였다. 또 4문단에서 미성년자가 법정 대리인의 동의를 얻지 않고 체결한 계약은 일단 유효하다고 하였다. 따라서 미성년자가 법정 대리인의 동의 없이 어떤 계약도 맺을 수 없다는 진술은 적절하지 않다.

| 오답 풀이 |
① 4문단에서 미성년자가 법정 대리인의 동의를 얻지 않고 맺은 계약은 일단 유효하지만, 미성년자 본인 또는 그의 법정 대리인이 계약을 취소할 수 있다고 하였다.
② 2문단에서 태어난 지 얼마 안 된 아기나 술에 잔뜩 취한 사람 등은 의사 능력이 없다고 간주한다고 하였다.
③ 2문단에서 우리 민법에서는 "미성년자는 단독으로 유효한 법률 행위를 할 수 없다."라고 규정하고 있다고 하였다. 즉, 우리 민법에서는 미성년자를 행위 능력이 없는 사람으로 간주한다.
⑤ 4문단에서 내용 증명 우편 제도를 이용하여 미성년자의 계약 취소 의사 표시를 객관적으로 증명할 수 있다고 하였다.

**2** 2문단에서 의사 능력은 자신의 의사로 판단하고 결정할 수 있는 능력이라고 하였다. 〈보기〉에서 은지는 중학생으로, 약관을 꼼꼼하게 읽고 통신사에 가입하는 모습을 보이고 있으므로 자신의 의사로 판단하고 결정할 수 있는 의사 능력이 있다고 볼 수 있다.

| 오답 풀이 |
① 은지가 휴대 전화를 구매하면서 통신사에 가입하는 계약을 맺은 것은 법률 행위로 볼 수 있다.
② 우리 민법에서 미성년자는 단독으로 효력이 있는 법률 행위를 할 수 있는 행위 능력이 없다고 보고 있다. 은지는 중학생으로 미성년자이므로 민법상 행위 능력이 없다고 볼 수 있다.
④ 은지는 미성년자이므로 혼자서 대리점을 방문해 계약을 맺었다면 이후에 본인 또는 법정 대리인인 어머니가 계약을 취소할 수 있다.
⑤ 우리 민법에서는 미성년자가 법률 행위를 할 때 법정 대리인의 동의를 얻도록 하고 있다. 따라서 어머니가 동의서를 작성한 것은 어머니가 은지의 친권자로서 법정 대리인 자격을 갖추고 있기 때문으로 이해할 수 있다.

### 어휘·어법

5 '발송'은 '물건, 편지, 서류 따위를 우편이나 운송 수단을 이용하여 보냄.'을 뜻한다.
6 '입증'은 '어떤 증거 따위를 내세워 증명함.'을 뜻한다.
7 '체결'은 '계약이나 조약 따위를 공식적으로 맺음.'을 뜻한다.

# 가장 소중한 원소, 산소

**1** ①　　**2** ④　　**3** ③

## 지 문 분 석

### 문단 요약

1문단 (　산소　)가 사라지면 어떤 일이 일어날지에 대한 의문 제기

▼

2문단 산소가 (　사라질　) 때 일어날 수 있는 현상

▼

3문단 산소가 지금보다 (　많아질　) 때 일어날 수 있는 현상

▼

4문단 (　지구　) 대기 속 산소 비율이 변화할 때 일어날 수 있는 현상

▼

5문단 산업 및 공업 분야에서의 산소의 활용

### 정보 확인

| 산소 구성비 | 일어날 수 있는 현상 |
|---|---|
| 0% | • 자외선이 그대로 들어와 모든 생명체가 즉시 (　화상　)을 입고, 모든 금속 제품이 엉겨 붙음.<br>• 땅이 붕괴되고, (　압력　)의 변화로 모든 사람의 고막이 터짐. |
| 부족 | 호흡이 불가능해짐. |
| 과다 | • 산소 중독으로 (　호흡　)이 불가능해짐.<br>• 유기 물질 및 (　연소　) 가능성이 있는 모든 물질이 불타오름. |

## 어 휘 · 어 법

**1** 교환　**2** 생존　**3** ㉣　**4** ㉠　**5** ㉢
**6** ㉡

해제 | 이 글은 산소의 기능과 중요성에 대해 설명하고 있다. 산소가 사라지면 모든 생명체는 즉시 화상을 입게 되고, 모든 금속 제품은 엉겨 붙게 된다. 또 땅이 붕괴되며, 사람의 고막이 터지게 된다. 이처럼 산소는 지구 생명체와 지구에 있어 가장 중요한 원소이다. 반대로 산소가 많아지면 산소 중독으로 호흡이 불가능해지고, 연소 가능성이 있는 모든 물질이 불타오르게 된다. 글쓴이는 대기 중 산소의 비율이 달라질 때 어떤 일이 발생하는지를 설명하고, 산소가 얼마나 소중한 원소인지를 부각하고 있다. 또한 산소가 산업 및 공업 분야에서도 다양하게 활용되고 있음을 설명하고 있다.

주제 | 산소의 기능과 중요성

출전 장홍제, 『원소가 뭐길래』

---

**1** 1문단에서 "지구에서 '산소'라는 원소가 사라지면 어떤 일이 일어날까?"라고 질문을 던진 뒤 2문단에서 그에 대한 답을 제시하고 있다. 또 3문단에서 "산소가 지금보다 많아진다면 어떤 일이 일어날까?"라고 질문을 던진 뒤 그에 대한 답을 제시하고 있다. 즉, 이 글은 묻고 답하는 방식으로 내용을 전개하고 있다.

| 오답 풀이 |

② 이 글은 중심 화제인 산소에 대해 설명하고 있을 뿐, 특정한 기준으로 대상의 종류를 나누어 제시하고 있지는 않다.

③ 이 글에서는 산소가 사라지거나 적어질 때 또는 많아질 때 일어날 수 있는 문제를 제시하고 있을 뿐, 대상에 대한 여러 견해를 제시한 후 이를 절충하고 있지는 않다.

④ 이 글에서 전문가의 말을 인용한 부분은 찾아볼 수 없다.

⑤ 이 글은 산소의 기능과 중요성을 설명하고 있을 뿐, 상반된 속성을 지닌 대상을 열거하고 대상 간의 차이점을 설명하고 있지는 않다.

**2** 2문단에서, 지구에서 산소가 5초만 사라져도 자외선이 그대로 들어와 모든 생명체는 즉시 화상을 입게 된다고 하였다. 따라서 산소는 지구로 들어오는 자외선의 세기를 약화하는 역할을 한다고 이해할 수 있다.

| 오답 풀이 |

① 4문단에서 지구 대기의 21%가 산소로 이루어져 있다고 하였다.

② 2문단에서 산소가 사라지면 모든 금속 제품은 엉겨 붙게 된다고 하였다.

③ 5문단에서 산소는 유기 물질 제조와 무기 재료 생산에 두루 쓰인다고 하였다.

⑤ 4문단에서 산소가 지구 대기의 25%로 오르면 유기 물질이 불타오른다고 하였다.

**3** ㉠의 '경이롭다'는 '놀랍고 신기한 데가 있다.'라는 뜻이다. 따라서 ③과 그 의미가 가장 유사하다.

## 어 휘 · 어 법

**1** '교환'은 '서로 주고받고 함.'을 뜻하고 '변환'은 '달라져서 바뀜. 또는 다르게 하여 바꿈.'을 뜻하므로, 빈칸에는 '교환'이 들어가는 것이 적절하다.

**2** '생존'은 '살아 있음. 또는 살아남음.'을 뜻하고 '의존'은 '다른 것에 의지하여 존재함.'을 뜻하므로, 빈칸에는 '생존'이 들어가는 것이 적절하다.

1 ②    2 ④

**지문분석**

**문단 요약**

1문단   밤하늘을 ( 관측 )할 때, 하늘에 박힌 것처럼 보이는 별들

▼

2문단   ( 행성 )과 항성의 개념 및 특성

▼

3문단   맨눈으로 관측할 수 있는 행성과 이들의 ( 운행 ) 형태

▼

4문단   ( 혜성 )의 특성 및 혜성에 대한 인식 변화

**정보 확인**

밤하늘에서 관측되는 천체들

| 행성 | 항성 | 혜성 |
|---|---|---|
| • 밤하늘에서 위치가 고정되어 있지 않음.<br>• 스스로 ( 에너지 )를 생산하지 못함.<br>• ( 항성 ) 주변을 공전함. | • 밤하늘에서 위치가 항상 제자리에 박혀 있음.<br>• 스스로 ( 빛 )과 ( 열 )을 내며 에너지를 생산함. | • 긴 ( 꼬리 )가 달린 모양으로, 옛사람들에게는 ( 재앙 )의 전조로 여겨짐.<br>• 드물게 나타나지만, 관측을 통해 주기를 계산하여 ( 출현 ) 시점을 예측할 수 있음. |

**어휘·어법**

1 눈길    2 발견    3 관측    4 ㉠    5 ㉡

해제 | 이 글은 밤하늘에서 관측할 수 있는 천체인 항성, 행성, 혜성의 개념과 특성에 대해 설명하고 있다. 항성은 항상 제자리에 박혀 있으며, 스스로 빛과 열을 내는 천체이다. 반면 행성은 스스로 에너지를 생산하지 못하고 항성 주변을 공전하며 위치가 변하는 천체이다. 우리가 밤하늘에서 맨눈으로 관측할 수 있는 행성에는 수성, 금성, 화성, 목성, 토성 다섯 개가 있으며, 이들의 운행을 관찰할 수 있다. 한편 혜성은 긴 꼬리가 달린 모양으로 별자리 사이를 가르는 천체로, 옛날에는 재앙의 전조로 여겨졌으나 지금은 관측을 통해 주기를 계산하고 출현 시점을 예측하게 되면서 밤하늘을 수놓는 특별한 볼거리로 환영받고 있다. 글쓴이는 이처럼 밤하늘에서 관측할 수 있는 여러 천체의 개념과 특성을 알기 쉽게 설명하고 있다.

주제 | 밤하늘에서 관측되는 천체의 종류와 특성

출전 한국 천문 연구원, 『별과 우주 이야기』

1 이 글은 밤하늘에서 관측되는 행성과 항성, 혜성과 같은 다양한 천체의 개념과 특성을 설명하고 있다.

|오답 풀이|

① 4문단에서 옛사람들이 혜성을 전쟁이나 흉년, 전염병과 같은 재앙의 전조로 여겨 두려워했다는 내용을 제시하고 있으나, 사람들이 항성과 행성을 어떤 존재로 인식했는지에 대해서는 언급하고 있지 않다.

③ 2문단에서 항성과 행성의 특징을 바탕으로 둘의 차이점에 대해 설명하고 있으나, 둘 사이의 운행상의 유사점에 대해서는 언급하고 있지 않다. 또 항성은 항상 제자리에 박혀 있는 천체로, 운행하는 천체가 아니다.

④ 3문단에서 수성, 금성, 화성, 목성, 토성의 운행과 관련한 내용을 언급하고 있으나, 천체가 운행하는 과학적 원리나 천체 간에 작용하는 힘에 대해서는 언급하고 있지 않다.

⑤ 3문단에서 사람들이 오랜 옛날부터 관심을 갖고 관찰해 왔던 수성과 금성, 화성, 목성, 토성의 운행에 대해 설명하고 있으나, 사람들이 이러한 천체의 운행을 어떻게 활용했는지에 대해서는 언급하고 있지 않다.

2 ㉣는 긴 꼬리가 달린 모양인 혜성이다. 4문단에서 혜성은 예고 없이 갑자기 나타나는 데다 긴 꼬리가 달린 모양으로 사람들을 놀라게 하여, 옛사람들은 혜성을 재앙의 전조로 여겨 두려워했다고 하였다. 그러나 근대 이후 관측을 통해 혜성의 주기를 계산하고 출현 시점을 예측하게 되었다고 하였으므로, 혜성을 출현 시점을 전혀 알 수 없는 천체라고 이해하는 것은 적절하지 않다.

|오답 풀이|

① ㉮는 별자리이다. 1문단에서 별자리들은 어제도 오늘도 한결같이 제자리에서 언제나 같은 모양으로 떠올랐다가 저문다면서, 별자리의 모양이 비뚤어지거나 위치가 뒤바뀌는 일은 없다고 하였다.

② ㉯는 태양으로 항성에 해당한다. 2문단에서 항성은 항상 제자리에 박혀 있으며 스스로 빛과 열을 낸다고 하였다.

③ ㉰는 금성인데, 3문단에서 금성은 우리가 밤하늘에서 맨눈으로 관측할 수 있는 행성 중 하나라고 하였다. 그리고 2문단에서 행성은 스스로 에너지를 생산하지 못하고 항성 주변을 공전하는 천체라고 하였다.

⑤ ㉣는 혜성인데, 4문단에서 옛사람들은 긴 꼬리가 달린 모양의 혜성을 전쟁이나 흉년, 전염병과 같은 재앙의 전조로 여겨 두려워했다고 하였다.

1 ②　　2 ④

## 지 문 분 석

### 문단 요약

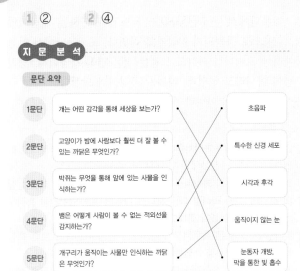

| | | |
|---|---|---|
| 1문단 | 개는 어떤 감각을 통해 세상을 보는가? | 초음파 |
| 2문단 | 고양이가 밤에 사람보다 훨씬 더 잘 볼 수 있는 까닭은 무엇인가? | 특수한 신경 세포 |
| 3문단 | 박쥐는 무엇을 통해 앞에 있는 사물을 인식하는가? | 시각과 후각 |
| 4문단 | 뱀은 어떻게 사람이 볼 수 없는 적외선을 감지하는가? | 움직이지 않는 눈 |
| 5문단 | 개구리가 움직이는 사물만 인식하는 까닭은 무엇인가? | 눈동자 개방, 막을 통한 빛 흡수 |

### 정보 확인

| 개의 시각 | • 30~60cm 거리는 ( 초점 )이 잘 맞지 않아 가까운 주변이 거의 ( 흑백 )으로 뿌옇게 보임.<br>• 여러 색을 같은 색으로 인식하여 색을 잘 ( 구별 )하지 못함. |
|---|---|
| 고양이의 시각 | • 어두운 곳에서 눈동자가 활짝 열림.<br>• 망막 뒤에 있는 거울과 같은 ( 막 )이 빛을 흡수함.<br>• ( 밤 )에 사람보다 훨씬 더 잘 볼 수 있음. |
| 박쥐의 시각 | • 시력보다 ( 청력 )에 가까운 초음파로 세상을 봄.<br>• 자신이 낸 초음파를 ( 구별 )할 수 있음. |
| 뱀의 시각 | • 사람이 볼 수 없는 ( 적외선 )을 볼 수 있음.<br>• 눈 아래 구멍에 있는 특수한 신경 세포를 통해 적외선을 감지함. |
| 개구리의 시각 | • ( 회색 )으로 뒤덮인 세상을 봄.<br>• ( 눈 )이 움직이지 않아 움직이는 사물만 인식함. |

## 어 휘 · 어 법

1 배경　　2 필요　　3 감지　　4 착각

해제 | 이 글은 포유류, 파충류, 양서류의 대표적인 동물들의 시각과 그 특징에 대해 설명하고 있다. 개는 가까운 거리에서 초점이 잘 맞지 않아 주변을 거의 흑백으로 뿌옇게 보며, 여러 색을 함께 인식하여 정확하게 색을 구별하지 못한다. 고양이는 어두운 곳에서 눈동자가 활짝 열리고, 망막 뒤에 있는 막이 빛을 흡수하여 밤에 사람보다 훨씬 더 잘 볼 수 있다. 박쥐는 초음파로 사물을 인식하는데, 다른 박쥐와 함께 있어도 자신의 초음파를 정확히 구별해 낸다. 파충류인 뱀은 특수한 신경 세포를 통해 사람이 볼 수 없는 적외선을 감지하며, 양서류인 개구리는 회색으로 뒤덮인 세상을 보며 움직이는 사물만 인식한다.

주제 | 여러 동물의 시각과 그 특징

출전 김정훈, 『맛있고 간편한 과학 도시락』

1 이 글은 포유류인 개, 고양이, 박쥐, 파충류인 뱀, 양서류인 개구리가 세상을 어떤 방식으로 보는지 밝히고, 각 동물들이 지닌 시각적 특징을 설명하고 있다.

| 오답 풀이 |

① 이 글에서 전문가의 말이 인용된 부분은 찾아볼 수 없다.
③ 이 글에서는 여러 동물의 시각적 특징이 제시되어 있을 뿐, 그것이 그렇게 발전하게 된 과정은 제시되어 있지 않다.
④ 이 글에서는 동물의 시각에 초점을 두어 그 특징을 설명하고 있을 뿐, 다른 감각과 그 발달 정도를 비교하고 있지는 않다.
⑤ 이 글에서 각 동물의 시각이 환경과 상호 작용하며 발달했다는 내용은 찾아볼 수 없다.

2 〈보기〉에는 초록색 저금통과 빨간색 저금통이 놓여 있다. 4문단에서 뱀은 눈 아래 구멍에 있는 특수한 신경 세포를 통해 사람이 볼 수 없는 적외선을 감지한다고 하였다. 그러나 초록색은 사람이 눈으로 볼 수 있는 빛의 범주에 해당하므로, 뱀이 특수한 신경 세포를 통해 저금통의 초록색을 정확히 인식한다고 보기는 어렵다. 적외선은 말 그대로 적색, 즉 빨간색의 바깥쪽에 해당하는 빛을 가리킨다.

| 오답 풀이 |

① 1문단에서 개는 '빨강-주황-초록'을 같은 색으로 인식한다고 하였다. 따라서 개는 두 저금통의 색 차이를 구별하지 못할 것이다.
② 2문단에서 고양이의 눈동자는 어두운 곳에서 활짝 열려 사람보다 더 많은 빛을 받아들이며, 망막 뒤에 거울과 같은 막이 있어 미처 흡수하지 못한 빛까지 흡수하기 때문에 밤에 사람보다 훨씬 더 잘 볼 수 있다고 하였다. 따라서 밤에는 고양이가 사람보다 저금통과 주변 사물을 더 잘 볼 수 있을 것이다.
③ 3문단에서 박쥐는 초음파를 내어 사물을 인식한다고 하였다. 따라서 박쥐는 초음파를 통해 앞에 있는 저금통을 인지할 것이다.
⑤ 5문단에서 개구리는 회색으로 뒤덮인 세상을 본다고 하였다. 따라서 개구리는 저금통과 주변 사물을 모두 같은 회색으로 인식할 것이다.

## 어 휘 · 어 법

2 광합성을 통해 식물에게 꼭 있어야 하는 영양소를 얻는다는 의미이므로, 빈칸에는 '반드시 요구되는 바가 있음.'을 뜻하는 '필요'가 들어가는 것이 적절하다.
3 휴대 전화 시스템을 통해 지진이 일어났음을 안다는 의미이므로, 빈칸에는 '느끼어 앎.'을 뜻하는 '감지'가 들어가는 것이 적절하다.
4 야생 조류가 풍선을 먹이로 잘못 알았다는 의미이므로, 빈칸에는 '어떤 사물이나 사실을 실제와 다르게 지각하거나 생각함.'을 뜻하는 '착각'이 들어가는 것이 적절하다.

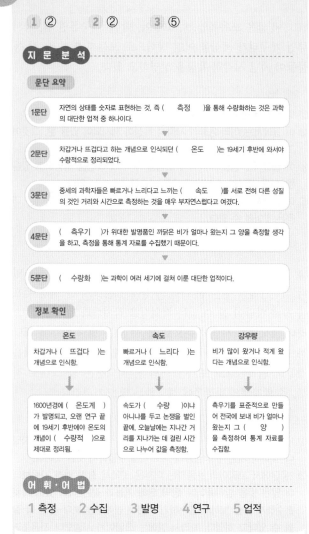

1 ②　　2 ②　　3 ⑤

**지 문 분 석**

**문단 요약**

**1문단**　자연의 상태를 숫자로 표현하는 것, 즉 ( 측정 )을 통해 수량화하는 것은 과학의 대단한 업적 중 하나이다.

▼

**2문단**　차갑거나 뜨겁다고 하는 개념으로 인식되던 ( 온도 )는 19세기 후반에 와서야 수량적으로 정리되었다.

▼

**3문단**　중세의 과학자들은 빠르거나 느리다고 느끼는 ( 속도 )를 서로 전혀 다른 성질의 것인 거리와 시간으로 측정하는 것을 매우 부자연스럽다고 여겼다.

▼

**4문단**　( 측우기 )가 위대한 발명품인 까닭은 비가 얼마나 왔는지 그 양을 측정할 생각을 하고, 측정을 통해 통계 자료를 수집했기 때문이다.

▼

**5문단**　( 수량화 )는 과학이 여러 세기에 걸쳐 이룬 대단한 업적이다.

**정보 확인**

| 온도 | 속도 | 강우량 |
|---|---|---|
| 차갑거나 ( 뜨겁다 )는 개념으로 인식함. | 빠르거나 ( 느리다 )는 개념으로 인식함. | 비가 많이 왔거나 적게 왔다는 개념으로 인식함. |
| ↓ | ↓ | ↓ |
| 1600년경에 ( 온도계 )가 발명되고, 오랜 연구 끝에 19세기 후반에야 온도의 개념이 ( 수량적 )으로 제대로 정리됨. | 속도가 ( 수량 )이냐 아니냐를 두고 논쟁을 벌인 끝에, 오늘날에는 지나간 거리를 지나가는 데 걸린 시간으로 나누어 값을 측정함. | 측우기를 표준적으로 만들어 전국에 보내 비가 얼마나 왔는지 그 ( 양 )을 측정하여 통계 자료를 수집함. |

**어 휘 · 어 법**

1 측정　2 수집　3 발명　4 연구　5 업적

해제 | 이 글은 측정을 통해 자연의 상태를 수량화한 것이 과학의 대단한 업적임을 설명하고 있다. 몇 세기 전만 해도 온도나 속도는 차갑거나 뜨겁다, 빠르거나 느리다고 하는 질적 개념이지 양적 개념이 아니었다. 오랜 연구와 논쟁 끝에야 수량화되어 익숙해진 것이다. 수량화에 담긴 의미는 세종 때 발명된 측우기를 통해 알 수 있다. 측우기가 위대한 발명품인 까닭은 비의 양이 많거나 적다는 감각에서 나아가, 비가 얼마나 왔는가를 측정할 생각을 했다는 것이 획기적이기 때문이다. 글쓴이는 온도와 속도, 강우량 등 우리에게 익숙한 물리적 소재를 통해 측정을 통한 수량화가 오랜 세월에 걸쳐 이룩한 과학적 업적임을 설명하고 있다.

주제 | 과학적 업적 중 하나인 측정을 통한 수량화

출전 장하석, 『장하석의 과학, 철학을 만나다』

1　2문단에서 온도는 차갑거나 뜨겁다고 하는 개념이었지, 수량으로 정의되지 않았다고 하였다. 또 3문단에서 어떤 물체가 빠르거나 느리다고 느끼는 것은 질적 개념이지, 양적 개념이 아니라고 하였다. 따라서 차갑거나 뜨겁다고 하는 것은 양적인 개념이 아니라 질적인 개념이라고 이해할 수 있다.

| 오답 풀이 |

① 2문단에서 유럽의 과학자들이 1600년경에 온도계를 발명했다고 하였다.
③ 3문단에서 중세의 과학자들은 거리와 시간은 서로 전혀 다른 성질의 것인데, 그중 하나를 다른 하나로 나누어 속도라는 값을 측정하는 것을 매우 부자연스럽다고 여겼다고 하였다.
④ 4문단에서 세종은 측우기를 표준적으로 만들어 전국에 보내 측정을 통한 통계 자료를 수집했다고 하였다.
⑤ 3문단에서 어떤 물체가 빠르거나 느리다고 느끼는 것은 질적 개념이라고 하였다.

2　이 글에서는 온도와 속도, 강우량 등에 얽힌 과학사적 사례를 통해 측정을 통한 수량화가 과학적으로 대단한 업적임을 밝히고 있다.

| 오답 풀이 |

① 이 글에서 수량화와 관련된 개념을 비유적으로 표현하여 설명한 부분은 찾아볼 수 없다.
③ 이 글에서 수량화의 한계점과 보완 방법에 대해 언급한 부분은 찾아볼 수 없다.
④ 온도와 속도와 관련된 사례에서 서양 과학사를, 강우량과 관련된 측우기 사례에서 우리 과학사를 언급하고 있으나, 둘을 비교하여 우리 과학의 우수성을 증명하고 있지는 않다.
⑤ 이 글에 제시된 과학사적 사례로 볼 때, 수량화라는 과학적 업적은 기존의 질적 개념을 양적 개념으로 변화시키면서, 즉 기존의 생각을 뒤엎으면서 이루어졌다고 이해할 수 있다.

3　㉠의 '위대하다'는 '도량이나 능력, 업적 따위가 뛰어나고 훌륭하다.'라는 뜻이다. ①은 '관대하다', ②는 '막대하다', ③은 '방대하다', ④는 '성대하다'의 사전적 의미이다.

**어 휘 · 어 법**

4 물 관리 방법에 관해 조사하고 생각해 본다는 의미이므로, 빈칸에는 '어떤 일이나 사물에 대하여서 깊이 있게 조사하고 생각하여 진리를 따져 보는 일.'을 뜻하는 '연구'가 들어가는 것이 적절하다.
5 독립 운동가들이 이루어 낸 일들에 대해 알린다는 의미이므로, 빈칸에는 '어떤 사업이나 연구 따위에서 세운 공적.'을 뜻하는 '업적'이 들어가는 것이 적절하다.

# 과학 05 양을 세면 잠이 오는 이유

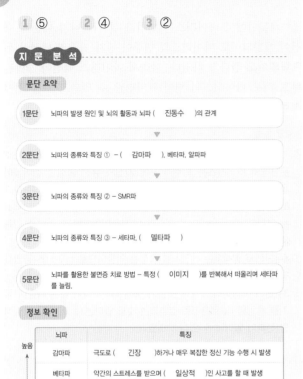

**1** ⑤　　**2** ④　　**3** ②

## 지 문 분 석

### 문단 요약

| | | |
|---|---|---|
| 1문단 | 뇌파의 발생 원인 및 뇌의 활동과 뇌파 ( 진동수 )의 관계 | |
| 2문단 | 뇌파의 종류와 특징 ① – ( 감마파 ), 베타파, 알파파 | |
| 3문단 | 뇌파의 종류와 특징 ② – SMR파 | |
| 4문단 | 뇌파의 종류와 특징 ③ – 세타파, ( 델타파 ) | |
| 5문단 | 뇌파를 활용한 불면증 치료 방법 – 특정 ( 이미지 )를 반복해서 떠올리며 세타파를 늘림. | |

### 정보 확인

| | 뇌파 | 특징 |
|---|---|---|
| 높음 ↑ | 감마파 | 극도로 ( 긴장 )하거나 매우 복잡한 정신 기능 수행 시 발생 |
| 진동수 | 베타파 | 약간의 스트레스를 받으며 ( 일상적 )인 사고를 할 때 발생 |
| | ( SMR파 ) | 긴장과 스트레스를 받지 않으면서 일을 간단히 처리할 때 발생 |
| | 알파파 | 주로 ( 명상 )을 할 때 발생 |
| ↓ 낮음 | ( 세타파 ) | 졸음이 쏟아지거나 잠이 막 들려고 하는 얕은 수면 상태에서 발생 |
| | 델타파 | 깊은 ( 잠 )이 들었을 때 발생 |

## 어 휘 · 어 법

**1** 요령　　**2** 명상　　**3** 생소하다　　**4** 활발하다　　**5** 집중하다

**해제 |** 이 글은 사람의 뇌 속에서 발생하는 뇌파의 종류와 특징에 대해 설명하고 있다. 뇌파는 뇌가 활발하게 활동할수록 진동수가 높고, 편안할수록 진동수가 낮다. 뇌파에는 감마파, 베타파, SMR파, 알파파, 세타파, 델타파가 있다. 감마파는 긴장하거나 매우 복잡한 정신 기능을 수행할 때, 베타파는 약간의 스트레스를 받으며 일상적인 사고를 할 때, SMR파는 긴장과 스트레스를 받지 않으면서 일을 간단히 처리할 때, 알파파는 주로 명상을 할 때 나타난다. 또 세타파는 얕은 수면 상태에서, 델타파는 깊은 수면 상태에서 나타난다. 최근에는 특정 이미지를 반복해서 떠올리며 세타파를 늘리는 방법으로 불면증을 치료하기도 한다.

**주제 |** 뇌파의 종류와 특징

**출전 |** 김정훈, 「맛있고 간편한 과학 도시락」

**1** 3문단에서 전혀 생소한 일을 처음 시작할 때는 감마파가, 조금 익숙해지면 베타파가, 완전히 익숙해지면 SMR파가 나타난다고 하였다. 따라서 일이 익숙해질수록 더 낮은 진동수의 뇌파가 나타남을 알 수 있다. 또 1문단에서 뇌가 활발하게 활동할수록 뇌파의 진동수가 높고, 편안할수록 진동수가 낮다고 하였으므로 일이 익숙해지면 뇌의 활동이 덜 활발해진다고 이해할 수 있다.

| 오답 풀이 |

① 이 글에서는 인간의 뇌에 발생하는 다양한 진동수의 여러 뇌파에 대해 설명하고 있다.
② 1문단에서 인간의 뇌에 있는 신경 세포는 다른 신경 세포와 상호 작용하며 정보를 전달하는데, 이때 전기가 발생한다고 하였다.
③ 5문단에서 특정 이미지를 반복해서 떠올리면 세타파를 늘릴 수 있는데, 이를 통해 불면증이 개선된다고 하였다.
④ 4문단에서 깊이 잠이 들면 델타파가 나타나는데, 델타파의 진동수는 0.5~4Hz라고 하였다. 이는 여러 뇌파의 진동수 중 가장 낮은 수치이다.

**2** 3문단에서 SMR파는 일을 간단히 처리할 때 나타난다면서, 일이 완전히 익숙해지면 나타나는 뇌파라고 하였다. 〈보기〉에서 연우가 수학 시간에 푼 문제는 조금 익숙해진 것이라고 하였으므로 수학 문제를 풀 때는 베타파가 나타났을 것이다.

| 오답 풀이 |

① 연우는 토론 수업 전날 밤 잠을 잘 이루지 못했다. 5문단에서 불면증 환자는 베타파의 비율이 높고, 세타파의 비율이 낮다고 하였으므로 연우의 뇌에는 베타파가 세타파보다 더 많이 발생했을 것이다.
② 2문단에서 알파파는 주로 명상을 할 때 나타난다고 하였다. 전날 밤 연우의 뇌에는 베타파가 많이 발생했을 것이므로 명상을 할 때는 전날 밤보다 뇌파의 진동수가 낮아졌을 것이다.
③ 2문단에서 극도로 긴장하거나 매우 복잡한 정신 기능을 수행할 때는 가장 높은 진동수를 가진 감마파가 발생한다고 하였다. 따라서 매우 긴장한 상태에서 토론에 참여한 연우의 뇌에는 감마파가 발생했을 것이다.
⑤ 4문단에서 알파파보다 더 진동수가 낮은 뇌파는 수면과 관계가 있다고 하였다. 따라서 점심시간에 잠깐 잠이 든 연우의 뇌에는 수업 시간 때에 비해 진동수가 낮은 뇌파가 발생했을 것이다.

**3** ㉠의 '개선되다'는 '잘못된 것이나 부족한 것, 나쁜 것 따위가 고쳐져 더 좋게 되다.'라는 뜻이다. 따라서 '어떤 일이나 상태가 좋아지다.'라는 뜻의 '나아지다'로 바꾸어 쓰는 것이 적절하다.

## 과학 06 먹지 않고도 사는 바이러스

1 ④  2 ⑤  3 ③

### 지 문 분 석

**문단 요약**

1문단 생물체와 무생물의 특성을 모두 가진 ( 바이러스 )

2문단 바이러스의 숙주 세포 ( 침투 ) 및 증식 과정

3문단 바이러스의 감염 및 ( 전파 ) 경로

4문단 바이러스의 감염을 예방하는 방법 – ① ( 백신 ) 접종, ② 위생 수칙 준수

**정보 확인**

바이러스가 ( 숙주 세포 )에 붙음.

바이러스가 숙주 세포의 세포막에 ( 구멍 )을 뚫고 자신의 유전 물질을 집어넣음.

바이러스의 유전 물질이 숙주 세포에 침투해 세포의 기능을 장악하고 자신을 ( 복제 )하도록 명령함.

복제된 바이러스가 계속 불어나면서 숙주 세포의 ( 세포막 )이 터져 파괴됨.

### 어 휘 · 어 법

1 번  2 침  3 섭  4 감  5 복제
6 통제  7 장악

해제 | 이 글은 바이러스의 특성과 증식 과정, 그리고 감염 경로와 예방 방법 등에 대해 설명하고 있다. 바이러스는 숙주 세포에 자신의 유전 물질을 주입하여 숙주 세포의 기능을 장악하고 자신을 복제하도록 명령해 증식한다. 바이러스는 인간에게 매우 다양한 질병을 일으키는데, 기침이나 재채기를 할 때 나오는 침 등의 작은 물방울을 통해 전파되는 경우가 많다. 때로는 공기 중에 떠다니다가 호흡기로 감염되기도 한다. 바이러스 감염을 예방하기 위한 가장 좋은 방법은 백신 접종이다. 그러나 바이러스는 변이가 잘 나타나기 때문에 백신을 통한 바이러스 감염 예방이나 통제가 어려운 경우도 있다. 따라서 바이러스의 전파와 감염을 예방하기 위해서는 위생 수칙을 철저히 지키는 것이 중요하다.

주제 | 바이러스의 특성 및 증식 과정, 감염 경로와 예방법

출전 제임스 콜만, 윤영삼 역, 「내추럴리 데인저러스」

1 4문단에서 바이러스는 변이가 잘 나타나기 때문에 백신이 개발되어도 바이러스의 변종이 생겨 기존의 백신이 무력화되기도 한다고 하였다. 따라서 바이러스 백신이 개발된다고 해도 바이러스의 변이가 나타날 수 있다고 보는 것이 적절하다.

|오답 풀이|

①, ⑤ 1문단에서 바이러스는 혼자서 증식하지 못한다고 하였으며, 2문단에서 바이러스는 숙주 세포에 자신의 유전 물질을 집어넣어 세포의 기능을 장악하고 자신을 복제하도록 명령하여 증식한다고 하였다. 따라서 바이러스에 감염된 숙주 세포는 바이러스를 복제하는 역할을 하며, 바이러스는 숙주 세포가 있어야만 증식할 수 있음을 알 수 있다.
② 4문단에서 항생제는 생명체를 죽이는 약물이므로 바이러스 감염을 막을 수 없다고 하였다.
③ 3문단에서 바이러스 중에는 공기 중에 떠다니다가 다른 사람이 공기를 흡입할 때 호흡기로 감염되는 것도 있다면서, 이 경우 폭발적인 전파가 일어날 수 있다고 하였다.

2 2문단에서 바이러스는 숙주 세포에 자신의 유전 물질을 집어넣어 세포의 기능을 장악한 뒤 증식한다고 하였다. 이것이 '유전적 반란'이다. 따라서 ㉠에는 이러한 과정을 통해 번식하는 '바이러스'가 들어가는 것이 적절하다. 또 숙주 세포는 복제된 바이러스가 계속 불어나면서 세포막이 터져 파괴된다고 하였으므로 ㉡에는 '파괴되는'이 들어가는 것이 적절하다.

3 ㉢의 '개발(開發)'은 '새로운 물건을 만들거나 새로운 생각을 내어놓음.'을 뜻하는 말이다. 제시된 설명은 '계발(啓發)'의 뜻에 해당한다.

### 어 휘 · 어 법

5 '복제'는 '본디의 것과 똑같은 것을 만듦. 또는 그렇게 만든 것.'을 뜻하므로 빈칸에 들어가기에 적절하다.
6 '통제'는 '일정한 방침이나 목적에 따라 행위를 제한하거나 제약함.'을 뜻하므로 빈칸에 들어가기에 적절하다.
7 '장악'은 '손안에 잡아 쥔다는 뜻으로, 무엇을 마음대로 할 수 있게 됨을 이르는 말.'을 뜻하므로 빈칸에 들어가기에 적절하다.

1 ③　　2 ⑤　　3 ②

## 지문 분석

### 문단 요약

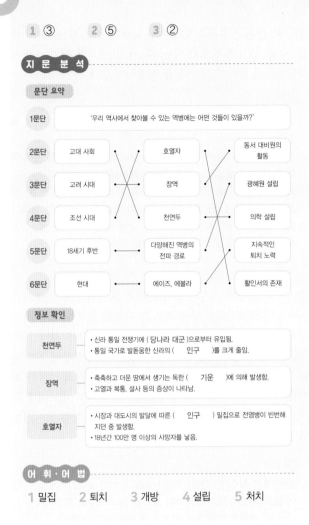

| 1문단 | '우리 역사에서 찾아볼 수 있는 역병에는 어떤 것들이 있을까?' | | |
| --- | --- | --- | --- |

2문단　고대 사회　　호열자　　동서 대비원의 활동

3문단　고려 시대　　장역　　광혜원 설립

4문단　조선 시대　　천연두　　의학 설립

5문단　18세기 후반　　다양해진 역병의 전파 경로　　지속적인 퇴치 노력

6문단　현대　　에이즈, 에볼라　　활인서의 존재

### 정보 확인

| 천연두 | • 신라 통일 전쟁기에 ( 당나라 대군 )으로부터 유입됨.<br>• 통일 국가로 발돋움한 신라의 ( 인구 )를 크게 줄임. |
| --- | --- |
| 장역 | • 축축하고 더운 땅에서 생기는 독한 ( 기운 )에 의해 발생함.<br>• 고열과 복통, 설사 등의 증상이 나타남. |
| 호열자 | • 시장과 대도시의 발달에 따른 ( 인구 ) 밀집으로 전염병이 빈번해지던 중 발생함.<br>• 18년간 100만 명 이상의 사망자를 낳음. |

## 어휘·어법

1 밀집　2 퇴치　3 개방　4 설립　5 처치

해제 | 이 글은 우리나라의 전염병 역사를 설명하고 있다. 우리 역사에서 찾아볼 수 있는 역병에는 통일 신라 시대의 천연두, 고려 시대의 장역, 조선 시대의 호열자 등이 있다. 전염병의 역사는 곧 전염병 퇴치를 위한 노력의 역사이기도 하다. 천연두가 유행하자 의학이 설립되었고, 장역이 유행하자 동서 대비원에서 병자를 돌보았다. 동서 대비원은 조선 시대에 활인서로 이름을 바꾸어 의료에 관한 일을 맡았다. 18세기 후반 문호 개방 이후에는 광혜원이 설립되어 서양 의학적 대응책까지 사용하게 되었고, 현대에 들어서는 항생제의 발전으로 전염병으로 인한 사망 사례가 급격히 줄어들었다. 글쓴이는 오늘날에도 전염병의 위협이 끝나지 않았으므로, 전염병 퇴치를 위한 노력이 끊임없이 이어져야 함을 당부하고 있다.

주제 | 우리 역사에 기록된 전염병과 이에 대한 대응과 노력

출전 마릴리 피터스, 지여울 역, 『탐정이 된 과학자들』

---

1　동서 대비원은 고려 시대에 가난한 병자를 돌보기 위해 나라에서 설립한 기관이다. 우리나라 역사상 최초의 국립 의과 대학은 통일 신라 시기였던 692년에 설립된 '의학'이다.

| 오답 풀이 |

① 1문단에서 중세 유럽 사회를 붕괴시킨 페스트처럼 인간의 역사에는 대규모 전염병이 존재한다고 하였다.
② 2문단에서 신라 통일 전쟁기에 파견된 당나라 대군이 천연두 균을 가지고 왔다고 하였다.
④ 4문단에서 조선 시대에는 경제 활성화로 시장과 대도시가 발달하여 인구가 밀집하면서 전염병의 발생과 유행이 이전보다 더욱 빈번해졌다고 하였다.
⑤ 6문단에서 현대에는 항생제 사용이 보편화되어 전염병 사망 사례가 급격히 줄어들었으나, 20세기 후반에 에이즈, 21세기에 들어 에볼라라는 새로운 전염병을 만나게 되었다고 하였다.

2　5문단에서 1885년 광혜원이 설립되면서 민간요법과 한의학적 처치뿐만 아니라 서양 의학적 대응책까지 사용하게 되었다고 했을 뿐, 전통 민간요법과 서양 의학적 대응책의 차이를 비교하여 설명하고 있지는 않다.

| 오답 풀이 |

① 1문단에서 역병의 개념을 정의하며 글의 중심 화제를 밝히고 있다.
② 2~4문단에서 고대 사회, 고려 시대, 조선 시대에 발생한 역병을 시대순으로 설명하고 있다.
③ 2문단에서 천연두의 발생 원인(당나라 대군의 파견)과 그에 따른 결과(통일 신라의 인구 감소)를, 4문단에서 호열자의 유행 원인(시장과 대도시 발달에 따른 인구 밀집)과 그에 따른 결과(18년간 100만 명 이상의 사망자 발생)를 제시하고 있다.
④ 2~5문단에서 통일 신라의 의학 설립, 고려 시대의 동서 대비원의 활동, 조선 시대의 활인서의 존재, 18세기 후반 이후의 광혜원 설립 등 시대별로 역병 퇴치를 위해 어떤 노력이 있었는지를 밝히고 있다.

3　㉠의 '추정(推定)'은 '미루어 생각하여 판정함.'을 뜻하는 말이다. ①은 '추앙(推仰)', ③은 '추진(推進)', ④는 '추산(推算)', ⑤는 '추천(推薦)'의 사전적 의미이다.

## 어휘·어법

4 '설비'는 '필요한 것을 베풀어서 갖춤. 또는 그런 시설.'을 뜻한다.
5 '비치'는 '마련하여 갖추어 둠.'을 뜻한다.

**1** ⑤　　**2** ⑤

### 지문 분석

#### 문단 요약

| 1문단 | 공기의 ( 압력차 )를 이용하는 진공청소기 |
|---|---|

▼

| 2문단 | 진공청소기의 구성 요소 – ( 호스 ) 부분, 필터 부분, ( 송풍 장치 ) 부분 |
|---|---|

▼

| 3문단 | 진공청소기의 작동 원리 및 과정 ① |
|---|---|

▼

| 4문단 | 진공청소기의 작동 원리 및 과정 ② |
|---|---|

▼

| 5문단 | 진공청소기의 ( 필터 ) 청소 및 정기적인 교체의 필요성 |
|---|---|

#### 정보 확인

**송풍 장치**

| 모터가 강하게 ( 회전 )함. | → | 청소기 내부의 ( 공기 )를 외부로 내보냄. | → | 청소기 내부의 ( 기압 )이 외부에 비해 낮아짐. |
|---|---|---|---|---|

▼

**호스**

외부의 공기가 ( 먼지 )나 ( 티끌 ) 등과 함께 청소기 내부로 빨려 들어옴.

**( 필터 )**

호스를 따라 들어온 먼지나 티끌, 미세한 먼지까지 모두 걸러 냄.

### 어휘·어법

1 ㉠　　2 ㉡　　3 배출　　4 흡입　　5 미세

**해제 |** 이 글은 공기의 압력차를 이용하는 진공청소기의 구성 요소와 작동 원리에 대해 설명하고 있다. 진공청소기는 일반적으로 호스, 필터, 송풍 장치의 세 부분으로 구성된다. 먼저 모터가 연결된 송풍 장치가 강한 회전을 통해 청소기 내부의 공기를 밖으로 내보내면 청소기 내부의 기압이 외부보다 낮아진다. 그래서 더 기압이 높은 외부의 공기가 먼지나 티끌 등과 함께 호스를 통해 들어오고, 필터 시스템을 거치며 미세한 먼지까지 모두 걸러진 후 깨끗한 공기만 청소기 뒤로 빠져나가게 된다. 글쓴이는 이러한 진공청소기의 작동 원리를 설명한 뒤, 필터를 제대로 관리해야 강력한 흡입력을 유지할 수 있음을 언급하며 글을 끝맺고 있다.

**주제 |** 진공청소기의 구성 요소와 작동 원리

**출전** 서울 과학 교사 모임, 『시크릿 스페이스』

---

**1** 이 글은 진공청소기의 구성 요소를 호스 부분, 필터 부분, 송풍 장치 부분으로 나눈 뒤, 이들 장치가 각각 어떻게 작동하는지 밝히며 그 기능을 설명하고 있다.

**| 오답 풀이 |**

① 이 글에서 문답 형식으로 내용을 전달하고 있는 부분은 찾아볼 수 없다.

② 진공청소기의 작동 원리를 설명한 부분에서 기술적 특성을 일부 엿볼 수 있으나, 앞으로의 발전 전망을 제시하고 있지는 않다.

③ 진공청소기의 작동 원리를 작동 순서에 따라 설명하고 있을 뿐, 진공청소기의 변천 과정을 시간 순서에 따라 설명하고 있지는 않다.

④ 진공청소기를 구성하는 요소와 그 기능을 설명하고 있을 뿐, 진공청소기의 종류를 밝히고 장단점을 비교하고 있지는 않다.

**2** 〈보기〉에서 ㉠은 오물과 먼지가 포함된 외부의 공기가 들어오는 호스 부분, ㉡은 오물과 먼지를 걸러 내고 깨끗한 공기만 통과시키는 필터 부분, ㉢은 모터를 회전시켜 약한 수준의 진공 상태를 만들어 내는 송풍 장치 부분에 해당한다. 3문단에서 모터가 연결된 송풍 장치는 모터의 강력한 회전을 통해 청소기 내부의 공기를 청소기 외부로 내보내게 되고, 그러면서 청소기 내부의 기압이 외부에 비해 낮아지게 된다고 하였다.

**| 오답 풀이 |**

① 3문단에서 청소기 내부의 기압이 외부에 비해 낮아지면서 더 기압이 높은 청소기 외부의 공기가 호스를 통해 내부로 빨려 들어오는데, 이때 먼지와 티끌 등도 함께 섞여 들어온다고 하였다.

② 4문단에서 호스를 따라 들어온 먼지나 티끌 등은 필터 시스템을 거치면서 걸러진다고 하였다.

③ 5문단에서 필터는 오래 사용하면 필터 사이에 먼지가 끼어 청소기의 흡입력을 떨어뜨릴 수 있다면서 강력한 흡입력을 유지하려면 필터를 자주 청소하고, 제때 교체해 주어야 한다고 하였다.

④ 3문단에서 송풍 장치에 연결된 모터가 1분에 만 번 이상 강력하게 회전하면서 청소기 내부의 공기를 청소기 외부로 내보내게 된다고 하였다.

### 어휘·어법

3 생활 하수를 내보낸다는 의미이므로, 빈칸에는 '안에서 밖으로 밀어 내보냄.'을 뜻하는 '배출'이 들어가는 것이 적절하다.

4 주민들이 연기를 들이마셨다는 의미이므로, 빈칸에는 '기체나 액체 따위를 빨아들임.'을 뜻하는 '흡입'이 들어가는 것이 적절하다.

5 그는 아주 작은 변화도 눈치챈다는 의미이므로, 빈칸에는 '분간하기 어려울 정도로 아주 작음.'을 뜻하는 '미세'가 들어가는 것이 적절하다.

**1** ④    **2** ③

### 지문 분석

#### 문단 요약

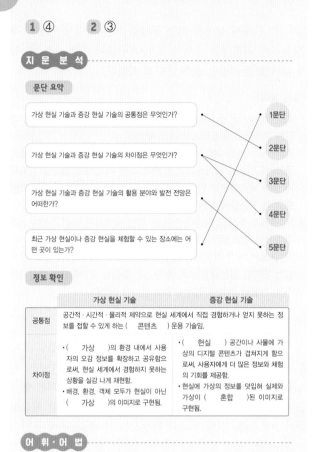

| 가상 현실 기술과 증강 현실 기술의 공통점은 무엇인가? | → 1문단 |
| 가상 현실 기술과 증강 현실 기술의 차이점은 무엇인가? | → 2문단 |
| 가상 현실 기술과 증강 현실 기술의 활용 분야와 발전 전망은 어떠한가? | 3문단 |
| 최근 가상 현실이나 증강 현실을 체험할 수 있는 장소에는 어떤 곳이 있는가? | 4문단 |
|  | 5문단 |

#### 정보 확인

| | 가상 현실 기술 | 증강 현실 기술 |
|---|---|---|
| 공통점 | 공간적 · 시간적 · 물리적 제약으로 현실 세계에서 직접 경험하거나 얻지 못하는 정보를 접할 수 있게 하는 ( 콘텐츠 ) 운용 기술임. | |
| 차이점 | • ( 가상 )의 환경 내에서 사용자의 오감 정보를 확장하고 공유함으로써, 현실 세계에서 경험하지 못하는 상황을 실감 나게 재현함.<br>• 배경, 환경, 객체 모두가 현실이 아닌 ( 가상 )의 이미지로 구현됨. | • ( 현실 ) 공간이나 사물에 가상의 디지털 콘텐츠가 겹쳐지게 함으로써, 사용자에게 더 많은 정보와 체험의 기회를 제공함.<br>• 현실에 가상의 정보를 덧입혀 실제와 가상이 ( 혼합 )된 이미지로 구현됨. |

### 어휘 · 어법

**1** ⓒ    **2** ⓔ    **3** ㉠    **4** 재현    **5** 운용

**6** 전망

**해제** | 이 글은 최근 그 쓰임이 많이 늘어나고 있는 가상 현실 기술과 증강 현실 기술에 대해 설명하고 있다. 가상 현실 기술과 증강 현실 기술은 공간적 · 시간적 · 물리적 제약으로 현실 세계에서 직접 경험하거나 얻지 못하는 정보를 접할 수 있게 하는 콘텐츠 운용 기술이다. 이 두 기술은 구현되는 이미지의 성격에 차이가 있다. 가상 현실 기술은 배경, 환경, 객체 등 구현되는 모든 이미지가 현실이 아닌 가상의 이미지이지만, 증강 현실 기술은 현실에 가상의 정보를 덧입혀 실제와 가상이 혼합된 이미지를 구현한다. 가상 현실 기술과 증강 현실 기술은 오늘날 다양한 분야에서 활용되며 나날이 발전이 가속화되고 있으며, 앞으로 더 큰 시장을 형성할 것으로 전망되고 있다.

**주제** | 가상 현실 기술과 증강 현실 기술의 개념과 특징

**출전** 한국 전자 통신 연구원, 「가상 현실 증강 현실의 미래」

**1** 5문단에서 가상 현실 기술은 게임과 같은 몰입형 콘텐츠로 발전할 것으로, 증강 현실 기술은 기존 산업의 응용 분야와 융합하여 더 큰 시장을 형성할 것으로 전망된다고 하였다.

| 오답 풀이 |

① 4문단에서 가상 현실 기술은 증강 현실 기술과 달리 배경, 환경, 객체 모두가 현실이 아닌 가상의 이미지로 구현된 기술이며, 구현된 모든 이미지가 가상이라고 하였다.

②, ③ 4문단에서 가상 현실 기술에서 구현된 모든 이미지는 가상이지만, 증강 현실 기술은 현실에 가상의 정보를 덧입혀 실제와 가상이 혼합된 이미지를 구현한다고 하였다. 따라서 모든 이미지가 가상으로 구현되는 가상 현실 기술이 실제의 이미지와 가상의 이미지가 혼합되는 증강 현실 기술에 비해 상상 속의 허구적 상황을 구현하는 데 더 적합하다고 볼 수 있다.

⑤ 1문단에서 가상 현실 기술과 증강 현실 기술은 제4차 산업 혁명을 이끌 핵심 기술 중 하나로 떠오르면서 최근 많은 관심을 받고 있다고 하였다.

**2** 〈보기〉는 사용자가 바라보고 있는 현실 공간을 휴대 전화 카메라로 비추자 가상의 디지털 콘텐츠인 장소 및 위치 정보가 나타난 증강 현실 화면이다. 이 화면에서 사용자의 오감 정보를 확장하고 공유하는 모습은 찾아볼 수 없다. 가상의 환경 내에서 사용자의 오감 정보를 확장하고 공유함으로써, 현실 세계에서 경험하지 못하는 상황을 실감 나게 체험할 수 있게 하는 것은 증강 현실 기술이 아니라 가상 현실 기술이다.

| 오답 풀이 |

① 휴대 전화 화면에 나타난 장소 아이콘들은 현실 공간에는 존재하지 않는 것으로, 현실 공간에 겹쳐지게 한 가상의 디지털 콘텐츠라고 볼 수 있다.

② 휴대 전화 화면에 비친 공간은 사용자가 실제 현실에서 바라보고 있는 현실 공간이다.

④ 휴대 전화 화면에 나타난 장소 아이콘들은 해당 공간이 어떤 성격의 공간인지, 또 현재 장소에서의 거리와 방향이 어떠한지 등의 정보를 제공하고 있다.

⑤ 제시된 휴대 전화 화면에 장소와 관련된 추가적인 정보나 설명, 안내 캐릭터 등의 디지털 콘텐츠를 추가할 경우, 사용자에게 더 많은 정보를 제공할 수 있다.

**1** ③　　**2** ①

### 지문 분석

#### 문단 요약

| 1문단 | ( 자연 )을 모방하는 기술인 생체 모방 기술 |

▼

| 2문단 | 생체 모방 기술의 예 ① – 상어의 ( 비늘 ) 모양을 본뜬 삼각형 형태의 작은 돌기인 ( 리블렛 )을 활용한 전신 수영복 |

▼

| 3문단 | 생체 모방 기술의 예 ② – ( 정육각형 )으로 이루어진 벌집의 구조를 활용한 건축물 |

▼

| 4문단 | 다양한 분야에서 활용되며 우리 삶을 더 ( 유익 )하게 만들 생체 모방 기술 |

#### 글의 구조

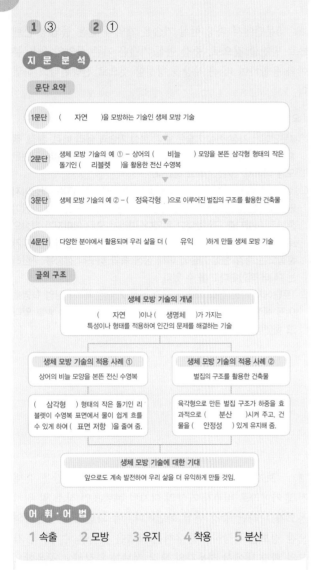

**생체 모방 기술의 개념**
( 자연 )이나 ( 생명체 )가 가지는
특성이나 형태를 적용하여 인간의 문제를 해결하는 기술

**생체 모방 기술의 적용 사례 ①**
상어의 비늘 모양을 본뜬 전신 수영복

**생체 모방 기술의 적용 사례 ②**
벌집의 구조를 활용한 건축물

( 삼각형 ) 형태의 작은 돌기인 리블렛이 수영복 표면에서 물이 쉽게 흐를 수 있게 하여 ( 표면 저항 )을 줄여 줌.

육각형으로 만든 벌집 구조가 하중을 효과적으로 ( 분산 )시켜 주고, 건물을 ( 안정성 ) 있게 유지해 줌.

**생체 모방 기술에 대한 기대**
앞으로도 계속 발전하여 우리 삶을 더 유익하게 만들 것임.

### 어휘·어법

**1** 속출　**2** 모방　**3** 유지　**4** 착용　**5** 분산

해제 | 이 글은 자연을 모방한 생체 모방 기술의 개념을 설명하고, 그 적용 사례를 소개하고 있다. 생체 모방 기술은 자연이나 생명체가 가지는 특성이나 형태를 응용한 기술이다. 이 기술을 활용한 사례로는 상어의 비늘 모양을 본뜬 돌기인 리블렛을 활용하여 표면 저항을 줄인 전신 수영복, 정육각형으로 이루어진 벌집의 구조를 활용하여 안정성을 높인 건축물 등이 있다. 글쓴이는 구체적인 예를 들어 생체 모방 기술에 대한 독자들의 이해를 돕고, 현재 다양한 분야에서 적용되고 있는 생체 모방 기술이 앞으로 더욱 발전하여 우리 삶을 유익하게 만들 수 있을 것이라는 기대감을 드러내고 있다.

주제 | 자연을 모방한 생체 모방 기술과 적용 사례

출전 이동국·한승배·오규찬·오정훈·심세용,『기술 선생님이 들려주는 궁금한 친환경·생명 기술의 세계』

**1** 2문단에서 상어의 비늘 모양을 본뜬 삼각형 형태의 작은 돌기인 리블렛은 수영복 표면에서 물이 쉽게 흐를 수 있게 하여 표면 저항을 줄여 준다고 하였다.

|오답 풀이|

① 4문단에서 자연을 모방한 생체 모방 기술은 제조, 건축, 의료 등 다양한 분야에서 활용되고 있다고 하였다.
② 3문단에서 어반 하이브는 내부에 기둥이 하나도 없고, 구멍 뚫린 콘크리트만으로 지어졌다고 하였다. 또한 이 건물은 철근을 정밀하게 엮어 육각형으로 만든 벌집 구조를 활용한 것이지, 육각형 모양으로 된 기둥을 설치한 것은 아니다.
④ 2문단에서 최첨단 기술이 적용된 전신 수영복은 가볍고 방수성이 우수한 소재로 만든다고 하였다.
⑤ 3문단에서 어반 하이브는 철근을 정밀하게 엮어 육각형으로 만든 벌집 구조를 활용하였는데, 이 구조는 하중을 효과적으로 분산시켜 주고, 건물을 안정성 있게 유지해 준다고 하였다.

**2** 〈보기〉는 연잎 효과에 대해 설명하고 있다. 연잎 효과는 나노 돌기에 의해 잎의 표면에 물방울이 닿는 부분이 최소화되어, 물방울이 퍼지지 않고 동그랗게 맺히게 되는 현상을 말한다. 따라서 〈보기〉의 빈칸에는 이를 응용한 제품이 들어가야 한다. 연잎 효과의 특성으로 볼 때, 빈칸에는 방수가 되는 옷, 물이 흡수되지 않는 페인트 등 물방울이 퍼지지 않는 효과를 응용한 제품이 들어가는 것이 적절하다.

|오답 풀이|

② 대표적인 예로 게코 테이프가 있다. 이는 벽이나 천장을 자유자재로 이동하는 게코 도마뱀의 발바닥에 나 있는 털의 특성을 응용한 것이다.
③ 입술을 대면 자동으로 입구가 열리고 입술을 떼면 자동으로 닫히는 제품으로, 입술 인식 및 터치 기능을 적용한 것이다.
④, ⑤ 물방울이 퍼지지 않고 동그랗게 맺히는 연잎 효과를 응용하기에 적절하지 않은 제품이다.

### 어휘·어법

**3** 건강한 몸 상태를 그대로 보존한다는 의미이므로, 빈칸에는 '어떤 상태나 상황을 그대로 보존하거나 변함없이 계속하여 지탱함.'을 뜻하는 '유지'가 들어가는 것이 적절하다.
**4** 좌석의 안전벨트를 찬다는 의미이므로, 빈칸에는 '의복, 모자, 신발, 액세서리 따위를 입거나, 쓰거나, 신거나 차거나 함.'을 뜻하는 '착용'이 들어가는 것이 적절하다.
**5** 서울의 인구를 인근 지역으로 흩어지게 한다는 의미이므로, 빈칸에는 '갈라져 흩어짐. 또는 그렇게 되게 함.'을 뜻하는 '분산'이 들어가는 것이 적절하다.

# 04 우주 물체, 어떻게 감시할까

**1** ④　　**2** ①　　**3** ③

## 지 문 분 석

### 문단 요약

| 1문단 | 우주 물체의 개념과 우주 물체 ( 감시 ) 시스템의 필요성 |
|---|---|

▼

| 2문단 | 우주 물체의 감시 과정: 탐지 – ( 위치 추적 ) – 식별 – 목록화 |
|---|---|

▼

| 3문단 | 우주 물체를 감시하는 방법 ① – ( 광학 ) 감시 방법 |
|---|---|

▼

| 4문단 | 우주 물체를 감시하는 방법 ② – ( 레이더 ) 감시 방법 |
|---|---|

▼

| 5문단 | 우주 물체 감시 및 대응을 위한 ( 국제 ) 협력과 나라별 독자적 체계 구축 |
|---|---|

### 정보 확인

| | 광학 감시 방법 | 레이더 감시 방법 |
|---|---|---|
| 원리 | ( 태양 )에 반사되어 빛을 내는 우주 물체를 영상으로 찍어 밝기와 위치, 방향 등을 확인함. | 지상에서 쏜 전자파가 우주 물체에 ( 반사 )되어 되돌아오는 전파 신호를 통해 우주 물체의 속도와 위치, 크기, 형태 등을 파악함. |
| 장점 | • 낮은 궤도뿐만 아니라 높은 궤도에 있는 우주 물체에 대한 감시와 추적이 가능함.<br>• ( 비용 )이 상대적으로 저렴함. | • 우주 물체의 이동 ( 방향 ) 및 관측자로부터의 거리를 파악할 수 있음.<br>• 기상 상황과 시간에 관계없이 관측이 가능하여 ( 정확성 )이 높음. |
| 단점 | ( 날씨 )와 관측 시간의 영향을 받기 때문에 비가 오는 날이나 낮에는 관측이 어려움. | 전자파를 먼 거리까지 쏴야 하므로 ( 고가 )의 장비가 필요함. |

## 어 휘 · 어 법

**1** 병행　　**2** 구축　　**3** 독자적　　**4** 식별　　**5** 탐지
**6** 축적

**해제 |** 이 글은 우주 물체의 감시 과정과 방법에 대해 설명하고 있다. 우주 물체의 감시 과정은 '탐지 – 위치 추적 – 식별 – 목록화'의 단계를 거친다. 우주 물체의 감시 방법에는 광학 감시 방법과 레이더 감시 방법이 있다. 광학 감시 방법은 우주 물체에서 반사되는 빛을 활용하는 방법이고, 레이더 감시 방법은 지상에서 쏜 전자파가 우주 물체에 반사되어 되돌아오는 전파 신호를 이용하는 방법이다. 광학 감시 방법은 비용이 상대적으로 저렴하나 날씨나 관측 시간의 제약을 받는다. 반면 레이더 감시 방법은 기상 상황의 제약이 없어 정확성이 높으나 고가의 장비가 필요하다. 각국은 우주 물체의 정확한 감시를 위해 국제 협력을 하는 한편, 독자적인 감시 및 대응 체계도 구축하고 있다.

**주제 |** 우주 물체의 감시 과정과 방법

**출전** 한국 천문 연구원, 『우주로부터의 위험』

**1** 5문단에서 관측 장비가 많을수록 우주 물체에 대한 더 정확한 감시가 가능하지만, 비용 문제로 그 수를 늘리는 데 한계가 있다고 하였다.

| 오답 풀이 |

① 1문단에서 우주 물체 중 큰 것이 지구에 추락하거나 지구와 충돌할 경우 심각한 피해가 발생할 수 있다고 하였다.
② 5문단에서 관측 장비가 많을수록 우주 물체를 정확히 감시할 수 있다고 하였다.
③ 1문단에서 지구에 추락하거나 서로 충돌할 위험이 있는 자연·인공 물체를 우주 물체라고 한다고 하였다.
⑤ 5문단에서 국제 협력을 통해 우주 물체에 대한 공동 대응 체계를 구축하려는 노력이 강화되는 한편, 각국에서는 독자적인 감시 및 대응 체계를 병행하여 구축하고 있다고 하였다.

**2** a는 우주 물체 X를 발견한 것이므로 '탐지' 단계라고 볼 수 있다. b는 우주 물체 X의 10일 후 위치를 추정한 것이므로 그 경로를 파악한 '위치 추적' 단계로 볼 수 있다. c는 우주 물체 X의 크기와 성분을 파악한 것이므로 '식별' 단계, d는 우주 물체 X와 지구의 충돌 확률 및 예상 피해 범위를 분석하여 기록한 것이므로 '목록화' 단계로 볼 수 있다. 이를 우주 물체 감시 과정의 순서대로 배열하면 'a – b – c – d'이다.

**3** 3문단에서 광학 감시 방법은 우주 물체에서 반사되는 빛을 활용한다고 하였으며, 4문단에서 레이더 감시 방법은 우주 물체에 반사되어 되돌아오는 전파 신호를 통해 우주 물체를 관측한다고 하였다. 따라서 우주 물체 관측을 위해 빛을 활용하는 것은 ㉠이라고 할 수 있다.

| 오답 풀이 |

① 3문단에서 광학 감시 방법은 비용이 상대적으로 저렴하다고 하였고, 4문단에서 레이더 감시 방법은 전자파를 먼 거리까지 쏴야 하므로 고가의 장비가 필요하다고 하였다.
②, ④ 3문단에서 광학 감시 방법은 날씨와 관측 시간의 영향을 받기 때문에 비가 오는 날이나 낮에는 관측이 어렵다고 하였으며, 4문단에서 레이더 감시 방법은 기상 상황과 시간에 관계없이 관측이 가능하여 정확성이 높다고 하였다.
⑤ 3~4문단을 통해 광학 감시 방법과 레이더 감시 방법 모두 우주 물체를 감시하고 그 위치를 추적하는 데 활용되는 방법임을 알 수 있다.

기술

# 05 자율 주행 자동차는 어떻게 움직일까

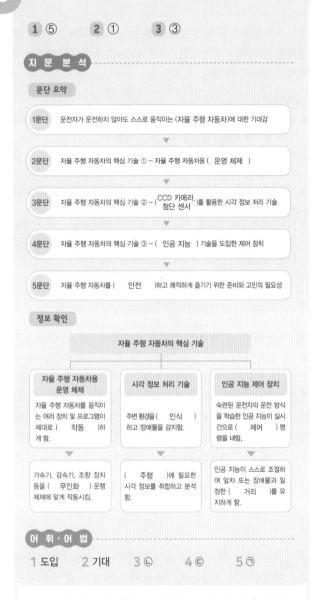

112~115쪽

1 ⑤ 2 ① 3 ③

## 지문 분석

### 문단 요약

1문단 운전자가 운전하지 않아도 스스로 움직이는 (자율 주행 자동차)에 대한 기대감

2문단 자율 주행 자동차의 핵심 기술 ① – 자율 주행 자동차용 ( 운영 체제 )

3문단 자율 주행 자동차의 핵심 기술 ② – (CCD 카메라, 첨단 센서)를 활용한 시각 정보 처리 기술

4문단 자율 주행 자동차의 핵심 기술 ③ – ( 인공 지능 ) 기술을 도입한 제어 장치

5문단 자율 주행 자동차를 ( 안전 )하고 쾌적하게 즐기기 위한 준비와 고민의 필요성

### 정보 확인

자율 주행 자동차의 핵심 기술

| 자율 주행 자동차용 운영 체제 | 시각 정보 처리 기술 | 인공 지능 제어 장치 |
|---|---|---|
| 자율 주행 자동차를 움직이는 여러 장치 및 프로그램이 제대로 ( 작동 )하게 함. | 주변 환경을 ( 인식 ) 하고 장애물을 감지함. | 숙련된 운전자의 운전 방식을 학습한 인공 지능이 실시간으로 ( 제어 ) 명령을 내림. |
| 가속기, 감속기, 조향 장치 등을 ( 무인화 ) 운행 체제에 맞게 작동시킴. | ( 주행 )에 필요한 시각 정보를 취합하고 분석함. | 인공 지능이 스스로 조절하여 앞차 또는 장애물과 일정한 ( 거리 )를 유지하게 함. |

## 어휘·어법

1 도입 2 기대 3 ㉡ 4 ㉢ 5 ㉠

해제 | 이 글은 자율 주행 자동차의 세 가지 핵심 기술에 대해 설명하고 있다. 첫 번째는 자율 주행 자동차용 운영 체제이다. 이는 자동차의 가속기와 감속기, 조향 장치 등을 무인화 운행 체제에 맞게 작동시킨다. 두 번째는 CCD 카메라와 첨단 센서를 활용한 시각 정보 처리 기술이다. 이는 주변 환경이나 장애물 등 주행에 필요한 정보를 취합하고 분석한다. 세 번째는 인공 지능 제어 장치이다. 이는 숙련된 운전자의 운전 방식을 학습한 인공 지능이 실시간으로 제어 명령을 내리게 한다. 글쓴이는 자율 주행 자동차가 사람들의 삶을 더욱 편안하게 만들 것이라면서, 기술의 혜택을 누리기 위해 법적 · 사회적 제도의 뒷받침이 필요함을 지적하고 있다.

주제 | 자율 주행 자동차의 핵심 기술

출전 안종제 · 심선희 · 정지수, 『세상을 바꿀 미래 과학 설명서 1』

**1** 4문단에서 자율 주행 자동차는 숙련된 운전자의 운전 방식을 학습한 인공 지능이 제어 명령을 내리게 한다고 하였다. 즉, 인공 지능이 운전 방법을 학습하는 것이지, 운전자가 운전 방법을 학습하도록 돕는 것은 아니다.

| 오답 풀이 |

① 1문단에서 자율 주행 자동차는 운전자가 운전하지 않아도 스스로 움직이는 자동차라고 하였다.
② 5문단에서 자율 주행 자동차 이용에 필요한 법적, 사회적 제도가 뒷받침되지 않으면 기술의 혜택을 누릴 수 없다고 하였다.
③ 3문단에서 자율 주행 자동차는 CCD 카메라와 첨단 센서를 활용하여 주변 환경을 인식하고 장애물을 감지한다고 하였다.
④ 2문단에서 자율 주행 자동차용 운영 체제는 가속기와 감속기, 조향 장치 등을 무인화 운행 체제에 맞게 작동시킨다고 하였다.

**2** 1문단에서 이미 자동차 기업은 물론, IT 기업에서도 자율 주행 자동차 개발에 뛰어들었다고 하였다.

| 오답 풀이 |

② 자율 주행 자동차는 인공 지능이 제어 명령을 내리므로, 인공 지능에 운전면허를 발급하는 법률 제정이 필요함을 추론할 수 있다.
③ 자율 주행 자동차는 CCD 카메라와 첨단 센서를 통해 주행에 필요한 시각 정보를 취합하고 분석한다. 따라서 센서의 인식 오류에 안전하게 대응할 수 있는 시스템 구축이 필요함을 추론할 수 있다.
④ 자율 주행 자동차는 자율 주행 자동차용 운영 체제로 자동차의 여러 장치들을 작동시킨다. 따라서 이 운영 체제가 해킹을 당하지 않도록 보안 시스템을 강화하는 것이 필요함을 추론할 수 있다.
⑤ 자율 주행 자동차는 운전자가 직접 운전하지 않아도 기계가 스스로 조작하고 움직이는 자동차이므로, 주행 중 일어난 사고의 책임을 누가 져야 하는지에 대한 합의가 필요함을 추론할 수 있다.

**3** 문맥상 ㉮에는 머지않은 미래에 자율 주행 자동차가 일상적으로 쓰이게 될 것이라는 의미의 단어가 들어가야 한다. 따라서 '일상적으로 쓰이게 됨. 또는 그렇게 만듦.'을 뜻하는 '상용화'가 가장 적절하다.

| 오답 풀이 |

① 간소화: 간략하고 소박하게 됨. 또는 그렇게 되게 함.
② 단일화: 하나로 됨. 또는 그렇게 만듦.
④ 양극화: 서로 점점 더 달라지고 멀어짐.
⑤ 토착화: 어떤 제도나 풍습, 사상 따위가 그 지방의 성질에 맞게 동화되어 뿌리를 내리게 됨. 또는 그렇게 함.

# 어떤 컴퓨터가 더 좋은 걸까

116~119쪽

① ④    ② ⑤

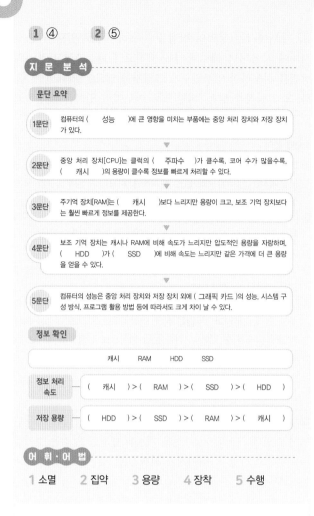

**지문 분석**

**문단 요약**

**1문단** 컴퓨터의 ( 성능 )에 큰 영향을 미치는 부품에는 중앙 처리 장치와 저장 장치가 있다.

▼

**2문단** 중앙 처리 장치[CPU]는 클럭의 ( 주파수 )가 클수록, 코어 수가 많을수록, ( 캐시 )의 용량이 클수록 정보를 빠르게 처리할 수 있다.

▼

**3문단** 주기억 장치[RAM]는 ( 캐시 )보다 느리지만 용량이 크고, 보조 기억 장치보다는 훨씬 빠르게 정보를 제공한다.

▼

**4문단** 보조 기억 장치는 캐시나 RAM에 비해 속도가 느리지만 압도적인 용량을 자랑하며, ( HDD )가 ( SSD )에 비해 속도는 느리지만 같은 가격에 더 큰 용량을 얻을 수 있다.

▼

**5문단** 컴퓨터의 성능은 중앙 처리 장치와 저장 장치 외에 ( 그래픽 카드 )의 성능, 시스템 구성 방식, 프로그램 활용 방법 등에 따라서도 크게 차이 날 수 있다.

**정보 확인**

|  | 캐시 | RAM | HDD | SSD |
|---|---|---|---|---|
| 정보 처리 속도 | ( 캐시 ) > ( RAM ) > ( SSD ) > ( HDD ) |
| 저장 용량 | ( HDD ) > ( SSD ) > ( RAM ) > ( 캐시 ) |

**어휘·어법**

1 소멸   2 집약   3 용량   4 장착   5 수행

**해제** | 이 글은 컴퓨터의 성능에 영향을 미치는 요소들에 대해 설명하고 있다. 컴퓨터의 성능에 큰 영향을 미치는 부품은 연산을 수행하는 중앙 처리 장치와 정보를 저장하는 주기억 장치, 보조 기억 장치이다. 중앙 처리 장치인 CPU는 클럭의 주파수가 클수록, 코어 수가 많을수록, 캐시의 용량이 클수록 더 많은 정보를 빠르게 처리할 수 있다. 주기억 장치인 RAM은 캐시보다 느리지만 용량이 크고, 보조 기억 장치보다는 훨씬 빠르게 정보를 제공한다. 주기억 장치의 부족한 용량을 보완하기 위해 쓰는 보조 기억 장치에는 HDD와 SSD가 있는데, HDD가 SSD에 비해 속도는 느리지만 같은 가격에 더 큰 용량을 얻을 수 있다. 글쓴이는 이처럼 컴퓨터의 성능에 영향을 미치는 CPU, RAM, HDD, SSD에 대해 설명한 뒤, 이 부품들 외에도 그래픽 카드의 성능이나 시스템 구성 방식, 프로그램 활용 방법 등에 따라 컴퓨터의 성능에 차이가 날 수 있음을 밝히고 있다.

**주제** | 컴퓨터의 성능에 영향을 미치는 요소들

**출전** 김도현, 『공대상상 30호』

**1** 3문단에서 RAM은 캐시보다 느리다고 하였고, 4문단에서 HDD, SSD와 같은 보조 기억 장치는 캐시나 RAM에 비해 속도가 느리다고 하였다. 또 HDD는 SSD에 비해 속도가 느리다고 하였다. 이를 모두 종합하면 캐시, RAM, SSD, HDD의 순서대로 정보 처리 속도가 빠르다고 정리할 수 있다.

**2** ㉮의 CPU와 ㉯의 CPU 모두 캐시 용량은 8MB로 동일하다. 그러나 CPU의 성능에는 캐시의 용량 외에도 클럭의 주파수와 코어 수가 영향을 미친다. ㉯의 CPU는 ㉮의 CPU에 비해 클럭의 주파수도 더 크고, 코어 수도 더 많다. 따라서 전체적으로 ㉯의 CPU가 ㉮의 CPU보다 정보 처리 속도가 빠르다고 볼 수 있다.

| 오답 풀이 |

① 2문단에서 CPU는 클럭의 주파수가 클수록, 코어 수가 많을수록 정보 처리 속도가 빠르다고 하였다. ㉮의 CPU는 ㉯의 CPU에 비해 코어 수가 적고, 클럭 주파수도 낮으므로 상대적으로 성능이 떨어진다고 볼 수 있다.

② 3문단에서 프로그램이 너무 크거나 여러 프로그램을 동시에 실행하면 RAM의 용량보다 프로그램의 용량이 더 커져서 보조 기억 장치를 사용하게 되어 컴퓨터가 느려진다고 하였다. ㉮의 RAM 용량은 ㉯의 RAM 용량보다 작으므로 프로그램을 실행하는 데 더 부담이 된다고 볼 수 있다.

③ ㉮의 CPU는 4코어, ㉯의 CPU는 8코어이다. 2문단에서 코어 수는 곧 CPU의 개수로, 코어 수가 많으면 처리 속도가 빨라진다고 하였다. 따라서 CPU의 개수가 두 배인 ㉯가 ㉮보다 정보 처리 속도가 더 빠르다고 볼 수 있다.

④ 4문단에서 HDD는 SSD에 비해 속도가 느리지만, 같은 가격에 더 큰 용량을 얻을 수 있다고 하였다. ㉮에 장착된 보조 기억 장치는 SSD로 용량은 256GB이며, ㉯에 장착된 보조 기억 장치는 HDD로 용량은 1TB(1024GB)이다. 따라서 ㉯는 ㉮에 비해 속도는 느리지만 용량이 큰 보조 기억 장치가 장착되어 있다고 볼 수 있다.

**어휘·어법**

1 '사라져 없어짐.'을 뜻하는 단어는 '소멸'이다.
2 '한데 모아서 요약함.'을 뜻하는 단어는 '집약'이다.
3 '저장할 수 있는 정보의 양.'을 뜻하는 단어는 '용량'이다.
4 '장착'은 '의복, 기구, 장비 따위에 장치를 부착함.'을 뜻하고 '정착'은 '일정한 곳에 자리를 잡아 붙박이로 있거나 머물러 삶.'을 뜻하므로, 빈칸에는 '장착'이 들어가는 것이 적절하다.
5 '동행'은 '같이 길을 감.'을 뜻하고 '수행'은 '생각하거나 계획한 대로 일을 해냄.'을 뜻하므로, 빈칸에는 '수행'이 들어가는 것이 적절하다.

# 해시계 앙부일구

1 ④   2 ②

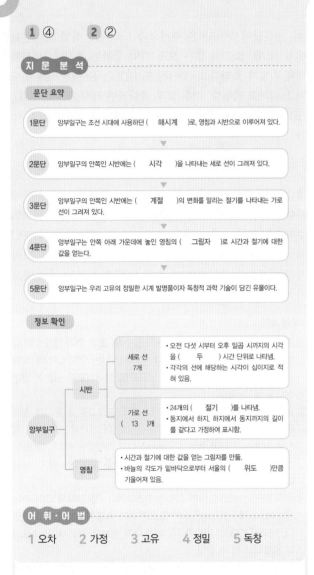

**지문분석**

**문단 요약**

1문단 | 앙부일구는 조선 시대에 사용하던 ( 해시계 )로, 영침과 시반으로 이루어져 있다.

2문단 | 앙부일구의 안쪽인 시반에는 ( 시각 )을 나타내는 세로 선이 그려져 있다.

3문단 | 앙부일구의 안쪽인 시반에는 ( 계절 )의 변화를 알리는 절기를 나타내는 가로 선이 그려져 있다.

4문단 | 앙부일구는 안쪽 아래 가운데에 놓인 영침의 ( 그림자 )로 시간과 절기에 대한 값을 얻는다.

5문단 | 앙부일구는 우리 고유의 정밀한 시계 발명품이자 독창적 과학 기술이 담긴 유물이다.

**정보 확인**

앙부일구
- 시반
  - 세로 선 7개
    - 오전 다섯 시부터 오후 일곱 시까지의 시각을 ( 두 ) 시간 단위로 나타냄.
    - 각각의 선에 해당하는 시각이 십이지로 적혀 있음.
  - 가로 선 ( 13 )개
    - 24개의 ( 절기 )를 나타냄.
    - 동지에서 하지, 하지에서 동지까지의 길이를 같다고 가정하여 표시함.
- 영침
  - 시간과 절기에 대한 값을 얻는 그림자를 만듦.
  - 바늘의 각도가 밑바닥으로부터 서울의 ( 위도 )만큼 기울어져 있음.

**어휘·어법**

1 오차   2 가정   3 고유   4 정밀   5 독창

해제 | 이 글은 우리 고유의 해시계인 앙부일구의 구조에 대해 설명하고 있다. 앙부일구는 움푹 파인 형태를 띠고 있으며, 그림자를 만드는 막대인 영침과 그 그림자를 받는 시반으로 구성된다. 앙부일구의 안쪽에 해당하는 시반에는 일곱 개의 세로 선과 열세 개의 가로 선이 그려져 있다. 세로 선은 오전 다섯 시부터 오후 일곱 시까지의 시각을 두 시간 단위로 표시한 것이며, 가로 선은 절기를 표시한 것이다. 영침은 앙부일구의 안쪽 아래 가운데에 위치하며 서울의 위도만큼 기울어져 있다. 글쓴이는 앙부일구를 우리 고유의 정밀하고 독창적인 과학 기술이 담긴 유물이라고 평가하고 있다.

주제 | 우리 고유의 해시계 앙부일구의 구조

출전 신동원, 「한국 과학사 이야기 1」

1 [A]에서는 정의의 방법을 사용하여 앙부일구가 '조선 시대에 사용하던 해시계'임을 밝히고 있다. 그리고 분석의 방법을 사용하여 앙부일구가 그림자를 만드는 막대인 '영침'과 그 그림자를 받는 '시반'으로 이루어져 있음을 설명하고 있다.

| 오답 풀이 |

① 대조를 통해 앙부일구의 가치를 설명하고 있는 것은 5문단이다. 5문단에서는 앙부일구와 평면 해시계를 비교하여 앙부일구가 오차를 없앤 정밀한 발명품임을 밝히고 있다.
② [A]에서 "솥 안쪽을 닮은 해시계"라고 서술된 부분은 '앙부일구'라는 이름의 뜻을 풀어 쓴 것으로, 비유적 표현을 사용한 것은 아니다.
③ 이 글에서 인과의 방법으로 앙부일구가 만들어진 배경을 설명한 부분은 찾아볼 수 없다.
⑤ [A]에서는 앙부일구의 개념과 모양, 그리고 구성 요소에 대해 설명하고 있다. 2문단과 3문단을 통해 앙부일구로 시간과 계절을 읽는 방법을 이해할 수 있으나, 이를 문답 형식으로 설명하고 있지는 않다.

2 〈보기〉에서 ㉠은 시반, ㉡은 영침에 해당한다. 3문단에서 시반에 그려진 가로 선은 계절의 변화를 알리는 절기를 나타낸다고 하였다. 십이지가 적혀 있는 것은 시각을 나타내는 세로 선이다.

| 오답 풀이 |

① 2문단에서 시반에 그려진 세로 선은 시각을 나타내는 것으로, 그림자가 있는 낮 시간, 즉 오전 다섯 시부터 오후 일곱 시까지의 시각을 두 시간 단위로 나타낸 것이라고 하였다.
③ 4문단에서 앙부일구는 영침의 각도를 밑바닥으로부터 서울의 위도만큼 기울어지게 하여 우리나라의 시간을 재는 해시계임을 분명히 했다고 하였다.
④, ⑤ 4문단에서 그림자 바늘인 영침이 정확하게 남쪽에 꽂히고, 바늘 끝은 솥의 정중앙에 머물러 북쪽을 바라보게 설치하여 시간과 절기에 대한 정확한 값을 얻었다고 하였다.

**어휘·어법**

1 '오점'은 '명예롭지 못한 흠이나 결점.'을 뜻하고 '오차'는 '실지로 셈하거나 측정한 값과 이론적으로 정확한 값과의 차이.'를 뜻하므로, 빈칸에는 '오차'가 들어가는 것이 적절하다.
2 '가정'은 '사실이 아니거나 또는 사실인지 아닌지 분명하지 않은 것을 임시로 인정함.'을 뜻하고 '긍정'은 '그러하다고 생각하여 옳다고 인정함.'을 뜻하므로, 빈칸에는 '가정'이 들어가는 것이 적절하다.

28 · 중학 국어 비문학 독해 0

# 조선 시대의 도자기

**1** ② **2** ③ **3** ⑤

## 지문 분석

### 문단 요약

**1문단** 청자에 ( 백토 )를 바른 뒤 유약을 입혀 구워 낸 도자기인 분청사기는 고려청자의 전통을 계승하면서도 분청사기만의 참신한 미의 세계를 개척했다.

**2문단** 담백한 흰색과 균형 잡힌 형태, 부드러운 곡선을 특징으로 하는 ( 백자 )가 조선 시대 도자기의 주류를 이루었다.

**3문단** 아무 장식 없이 순수한 흰색의 아름다움을 보여 주는 ( 순백자 )가 조선 시대 백자의 주류를 이루었다.

**4문단** 흰색의 그릇 표면에 ( 회청 )을 써서 문양을 그려 넣은 청화 백자는 차분한 느낌을 자아내며, 일상적 용기와 문방구로 만들어져 쓰였다.

**5문단** 조선 시대의 도자기에는 보편적인 한국적 ( 미의식 )이 담겨 있으며 다양한 계층의 문화가 반영되어 있다.

### 정보 확인

조선 시대의 도자기

**분청사기**
• 청자에 백토를 바른 뒤 유약을 입혀 구워 낸 도자기
• ( 고려청자 )의 전통을 계승하면서도 새로운 미를 창조함.

**백자**
• 조선 시대의 도자기를 대표함.
• 담백한 흰색, 균형 잡힌 형태, 부드러운 ( 곡선 )이 특징임.
• 고려 시대의 백자와 중국 백자의 영향을 수용하며 발전함.

**순백자**
아무 ( 장식 ) 없이 흰색의 아름다움을 보여 주는 백자

**( 청화 백자 )**
흰색의 그릇 표면에 회청으로 다양한 문양을 그려 넣은 백자

## 어휘·어법

**1** 참신하다 **2** 차분하다 **3** 소박하다 **4** 정취 **5** 표면
**6** 개척

**해제** | 이 글은 조선 시대 도자기의 종류와 특징에 대해 설명하고 있다. 조선 시대의 도자기는 크게 분청사기와 백자로 나눌 수 있다. 분청사기는 고려청자의 전통을 계승하는 한편, 분청사기만의 참신한 미의 세계를 개척했다. 조선 시대 도자기의 주류인 백자는 담백하고 균형 잡힌 형태로 흰 것을 숭상하던 조선 시대 선조들의 미의식을 잘 보여 주며, 순백자와 청화 백자 등으로 구분된다. 이러한 조선 시대의 도자기에는 다양한 계층의 문화가 반영되어 있어 보편적인 한국적 미의식이 담겨 있다고 할 수 있다.

**주제** | 조선 시대 도자기의 종류 및 특징

**출전** 안휘준, 『한국의 미술과 문화』

**1** 2문단에서 조선 시대 도자기의 주류를 이루는 것은 백자라고 하였고, 3문단에서 조선 시대 백자의 주류를 이루는 것은 순백자라고 하였다. 따라서 조선 시대 도자기의 주류를 이루는 것은 순백자라고 볼 수 있다.

| 오답 풀이 |

① 4문단에서 청화 백자는 흰색의 바탕과 요란하지 않은 푸른색이 조화를 이루어 차분한 느낌을 자아낸다고 하였다.
③ 3문단에서 아무 장식 없이 순수한 흰색의 아름다움을 보여 주는 것은 순백자이며, 청화 백자는 회청으로 문양을 그려 넣은 백자라고 하였다.
④ 1문단에서 조선 시대의 분청사기도 고려청자와 마찬가지로 청자 유약을 발랐다고 하였다.
⑤ 2문단에서 조선 시대의 백자는 원·명으로부터 들어온 중국 백자의 영향을 수용하였다고 하였다.

**2** 5문단에서 조선 시대의 도자기에는 상층 문화가 반영되어 있으며 서민들의 소박한 미감도 드러나 있다고 하였다. 〈보기〉에서는 판소리에 평민들과 양반들의 언어문화가 모두 반영되어 있다고 하였다. 이를 통해 볼 때 조선 시대의 도자기와 판소리에는 다양한 계층의 문화가 반영되어 있다고 이해할 수 있다.

| 오답 풀이 |

① 5문단에서 조선 시대의 도자기는 신분이 낮은 도공들이 제작했다고 하였으므로, 조선 시대의 도자기는 주로 서민 계층이 생산했다고 볼 수 있다.
② 5문단에서 조선 시대의 도자기는 주로 왕족이나 사대부 계층이 사용했다고 하였다.
④, ⑤ 판소리와 조선 시대의 도자기 모두 상층 문화와 서민 문화가 반영되어 있지만, 조선 시대의 도자기에 어떤 문화가 더 많이 반영되어 있는지는 이 글과 〈보기〉를 통해 알 수 없다.

**3** ⓤ의 '은연중'은 '남이 모르는 가운데.'를 뜻하므로 이를 '조심스럽게'로 바꿔 쓰는 것은 적절하지 않다.

| 오답 풀이 |

① ⓐ의 '계승하다'는 '조상의 전통이나 문화유산, 업적 따위를 물려받아 이어 나가다.'라는 뜻이다.
② ⓑ의 '숭상하다'는 '높여 소중히 여기다.'라는 뜻이다.
③ ⓒ의 '주류'는 '사상이나 학술 따위의 주된 경향이나 갈래.'라는 뜻이다.
④ ⓓ의 '투박하다'는 '생김새가 볼품없이 둔하고 튼튼하기만 하다.'라는 뜻이다.

# 이집트 미술, 정면과 측면을 혼합하다

**1** ①    **2** ⑤    **3** ②

## 지문 분석

### 문단 요약

**1문단** 고대 이집트 사람들은 인물을 완전히 표현해야 그 인물이 ( 영원 )할 수 있다고 여겨 정면과 측면의 모습을 혼합하여 표현하였다.

▼

**2문단** 「헤지레의 초상」에서 ( 얼굴 윤곽 )은 측면으로, ( 눈 )은 정면으로 그려져 있다.

▼

**3문단** 「새 사냥」에서 인물의 눈과 어깨, 가슴은 ( 정면 )을, 얼굴과 허리 아래는 ( 측면 )을 향하고 있다.

▼

**4문단** 이집트 미술에서는 인물의 크기로 ( 계급 )을 나타내었다.

▼

**5문단** 이집트 미술에서는 인물의 자세와 크기로 ( 완전한 인간 )의 모습을 구현하여 현실의 사건과 인물이 영원히 지속되기를 바랐다.

### 정보 확인

**고대 이집트 사람들의 생각**

인물을 ( 완전히 ) 표현해야 그 인물이 영원할 수 있음.

▼

**이집트 미술에서의 표현**

• 인체 각 부분의 특징을 가장 잘 보여 주는 각도에서 본 모습들을 혼합하여 표현함.
　－ (눈, 어깨, 가슴)은 정면으로, (얼굴, 허리 아래)는 측면으로 그림.
• 계급이 높을수록 인물을 ( 크게 ) 그림.

▼

**이집트 미술의 특징**

인물의 ( 자세 )와 크기로 완전한 인간의 모습을 구현하고자 함.

## 어휘·어법

**1** 완전    **2** 지속    **3** 영원    **4** ㉡    **5** ㉠

**해제** | 이 글은 이집트 회화와 조각에서 나타나는 이집트 미술의 특징을 설명하고 있다. 이집트 회화와 조각을 살펴보면 인물의 눈과 어깨, 가슴은 정면을, 얼굴과 허리 아래는 측면을 향하고 있다. 고대 이집트 사람들은 이러한 모습이 인물을 완전하게 표현한 것이라고 생각했고, 그렇게 표현해야 그 인물이 영원해질 수 있다고 여겼다. 또 이집트 미술에서는 인물의 크기로 계급을 나타내기도 했다. 즉, 계급이 높은 인물은 크게, 계급이 낮은 인물은 작게 표현한 것이다. 이처럼 이집트 미술은 인물의 자세와 크기로 완전한 인간의 모습을 구현하면서 이를 통해 현실의 사건과 인물이 영원하기를 바랐다.

**주제** | 인물의 자세와 크기로 완전한 인간의 모습을 구현하고자 한 이집트 미술

**출전** 양민영, 「서양 미술사를 보다」

**1** 4문단에서 이집트 미술에서는 인물의 크기로 계급을 나타냈다고 하였다. 즉, 신분이 높은 인물은 크게 그리고, 신분이 낮은 인물은 작게 그렸다는 것이다. 그러나 계급이 높을수록 화려하게 표현했다는 내용은 이 글에서 찾아볼 수 없다.

| 오답 풀이 |

② 1문단에서 이집트 회화와 조각을 살펴보면 인물들의 눈과 어깨, 가슴은 정면을, 얼굴과 허리 아래는 측면을 향하고 있다고 하였다. 이는 2문단의 「헤지레의 초상」, 3문단의 「새 사냥」에 대한 설명에서도 확인할 수 있다.

③ 4문단에서 「새 사냥」을 보면, 주인공인 남자는 크게 그려져 있고, 여자 시종은 아주 작게 표현되어 있다면서 이는 인물의 크기로 계급을 나타낸 것이라고 하였다.

④ 1문단에서 고대 이집트 사람들은 인물을 완전히 표현해야 그 인물이 영원할 수 있다고 여겼다고 하였다.

⑤ 2문단에서 눈은 영혼의 창이라는 말이 있듯이, 고대 이집트 사람들은 똑바로 앞을 바라보는 눈을 통해서만 한 인간을 완전하게 알 수 있다고 생각했다고 하였다.

**2** ㉮의 앞부분을 보면, 고대 이집트 사람들은 눈과 어깨, 가슴은 정면을, 얼굴과 허리 아래는 측면을 향한 자세를 '완전한 인간'의 모습이라고 생각했고, 이렇게 인물을 완전히 표현해야 그 인물이 영원할 수 있다고 여겼음을 알 수 있다. 따라서 ㉮에는 이집트 미술에서 인물을 완전히 표현하는 방법에 대한 내용이 들어가야 한다. 1문단에 제시된 각 신체 기관의 모습, 그리고 2문단에서 얼굴 윤곽은 옆에서 볼 때 가장 잘 나타난다고 한 점, 고대 이집트 사람들이 똑바로 앞을 바라보는 눈을 통해서만 한 인간을 완전하게 알 수 있다고 생각했다는 내용 등을 고려할 때, ㉮에는 '인체 각 부분의 특징을 가장 잘 보여 주는 각도에서 본 모습들을 혼합하여' 표현했다는 내용이 들어가는 것이 가장 적절하다.

**3** ㉠의 '구현하다'는 '어떤 내용을 구체적인 사실로 나타나게 하다.'라는 뜻이다. 따라서 ㉠은 '나타내었다'로 바꾸어 쓸 수 있다.

## 어휘·어법

**4** '사진, 그림 따위에 나타낸 사람의 얼굴이나 모습.'을 뜻하는 단어는 '초상(肖像)'이다.

**5** '사물의 테두리나 대강의 모습.'을 뜻하는 단어는 '윤곽(輪廓)'이다.

# 03 영화 매체의 특징

132~135쪽

**1** ⑤     **2** ⑤

## 지문 분석

### 문단 요약

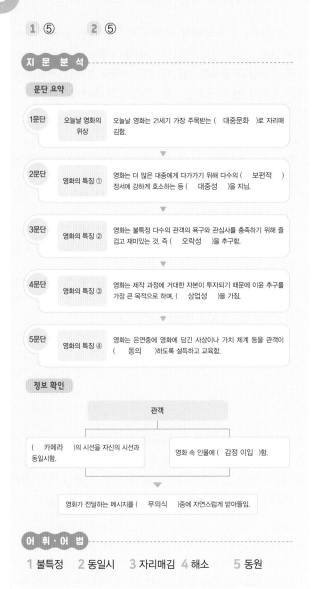

| 1문단 | 오늘날 영화의 위상 | 오늘날 영화는 21세기 가장 주목받는 ( 대중문화 )로 자리매김함. |
| 2문단 | 영화의 특징 ① | 영화는 더 많은 대중에게 다가가기 위해 다수의 ( 보편적 ) 정서에 강하게 호소하는 등 ( 대중성 )을 지님. |
| 3문단 | 영화의 특징 ② | 영화는 불특정 다수의 관객의 욕구와 관심사를 충족하기 위해 즐겁고 재미있는 것, 즉 ( 오락성 )을 추구함. |
| 4문단 | 영화의 특징 ③ | 영화는 제작 과정에 거대한 자본이 투자되기 때문에 이윤 추구를 가장 큰 목적으로 하며, ( 상업성 )을 가짐. |
| 5문단 | 영화의 특징 ④ | 영화는 은연중에 영화에 담긴 사상이나 가치 체계 등을 관객이 ( 동의 )하도록 설득하고 교육함. |

### 정보 확인

관객

( 카메라 )의 시선을 자신의 시선과 동일시함.　　　영화 속 인물에 ( 감정 이입 )함.

영화가 전달하는 메시지를 ( 무의식 )중에 자연스럽게 받아들임.

## 어휘·어법

**1** 불특정　**2** 동일시　**3** 자리매김　**4** 해소　**5** 동원

**해제** | 이 글은 오늘날 가장 주목받는 대중문화로 자리매김한 영화 매체의 특징에 대해 설명하고 있다. 대중 영화는 더 많은 대중에게 다가가기 위해 다수의 보편적 정서에 호소한다는 점에서 대중성을 지니며, 대중성을 지향하기에 즐겁고 재미있는 것, 즉 오락성을 추구한다. 또 영화는 제작에 거대 자본이 투자되기 때문에 상업성을 지닌다. 한편 영화는 시선의 동일시와 감정 이입을 통해 영화에 담긴 사상이나 가치 체계 등을 관객이 동의하도록 은연중에 설득하고 교육한다. 이러한 까닭에서 영화의 내용이나 메시지, 관점 등을 둘러싼 논란이 종종 일어난다. 영화는 그만큼 사회적 파급력이 큰 대중 매체이기 때문이다.

**주제** | 대중 매체로서의 영화 매체의 특징

**출전** 양경미, 『영화 이야기』

**1** 5문단에서 영화는 단순히 재미있고 오락적인 이야기를 들려주는 통로로만 작용하는 것이 아니라, 은연중에 영화에 담긴 사상이나 가치 체계 등을 관객이 동의하도록 설득하고 교육한다고 하였다. 따라서 대중 영화가 이념이나 사상을 배제한다는 서술은 적절하지 않다.

**| 오답 풀이 |**

① 1문단에서 탄생 초기의 영화는 지금의 우리가 생각하는 영화와는 전혀 다른 모습이라고 하였다.

② 2문단에서 영화는 실제로 존재하는 것 같은 허구의 이야기를 통해 정서적 반응을 불러일으키고, 현실에서 얻지 못한 충족감을 느끼게 한다고 하였다.

③ 3문단에서 대중성을 지향하는 상업 영화는 무겁고 진지한 이야기 대신 쉽고 친근하며, 관객의 스트레스를 해소시켜 줄 수 있는 것을 지향한다고 하였다.

④ 4문단에서 영화는 제작 과정에 거대한 자본이 투자된다는 점에서 무엇보다 이윤 추구를 가장 큰 목적으로 하는 사업이라고 하였다. 그래서 근본적으로 많은 관객을 동원하기 위해 상업성을 가질 수밖에 없다고 하였다.

**2** 〈보기〉에서 뤼미에르 형제는 「공장에서 퇴근하는 노동자」를 '유료'로 상영하면서 공식적인 영화의 탄생을 알렸다고 하였다. 그리고 이 영화는 짧은 분량의 작품임에도 '대중을 상대로 영화를 유료로 상영'했다는 점에서 큰 의미가 있다고 하였다. 따라서 「공장에서 퇴근하는 노동자」는 영화에 상업적 가치를 부여했다는 점에서 중요한 의미를 지닌다고 이해할 수 있다.

**| 오답 풀이 |**

① 「공장에서 퇴근하는 노동자」는 카메라의 움직임이 없는 단일한 화면의 작품이라고 하였으므로 화려한 촬영 기법이 사용되었다고 보기는 어렵다.

② 「공장에서 퇴근하는 노동자」는 필름 길이가 17m밖에 되지 않는 1분가량의 영화라고 하였다.

③ 「공장에서 퇴근하는 노동자」의 내용이 무엇인지 〈보기〉에 구체적으로 제시되어 있지 않으므로, 이를 둘러싸고 큰 논란이 일어났을지 여부는 추측하기 어렵다.

④ 「공장에서 퇴근하는 노동자」는 1분가량의 분량으로, 단일한 화면의 작품이라고 하였다. 그러나 1문단에서 1895년 탄생 초기의 영화는 움직임을 재현하고 기록할 수 있다는 것만으로도 매우 흥미로웠다고 하였으므로, 이 영화가 당시 대중에게 별다른 흥미를 끌지 못했을 것이라고 보기는 어렵다.

# 04 음악당 천장은 왜 구불구불할까

1 ②　　2 ②

### 지문 분석

**문단 요약**

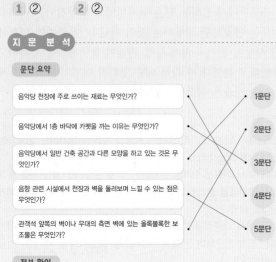

음악당 천장에 주로 쓰이는 재료는 무엇인가? → 1문단

음악당에서 1층 바닥에 카펫을 까는 이유는 무엇인가? → 2문단

음악당에서 일반 건축 공간과 다른 모양을 하고 있는 것은 무엇인가? → 3문단

음향 관련 시설에서 천장과 벽을 둘러보며 느낄 수 있는 점은 무엇인가? → 4문단

관객석 앞쪽의 벽이나 무대의 측면 벽에 있는 올록볼록한 보조물은 무엇인가? → 5문단

**정보 확인**

| 음악당의 설계 방식 | |
|---|---|
| 기본 설계 | ( 음원 )이 음악당 전체로 골고루 퍼져 나가도록 설계함. |
| 무대 주변, 무대 인근 측면, 관객석 앞쪽의 벽 | • 소리가 잘 ( 반사 )되어 멀리 뒤까지 퍼져 나갈 수 있게 함.<br>• 올록볼록한 보조물인 반사판을 이용하여 소리를 멀리 퍼뜨림. |
| 관객석 뒤쪽 벽면 | 음이 완전히 ( 흡수 )되는 재료로 구성하여 소리가 반사되지 않게 함. |
| 1층 바닥과 2층 발코니 사이 | • 2층 발코니 하부의 천장을 약간 ( 경사 )지게 설계하여 소리가 흩어지게 함.<br>• 1층 바닥에는 ( 카펫 )을 깔아 음이 흡수되게 함. |
| ( 천장 ) | • 주로 ( 반사재 )로 이루어진 재료를 사용함.<br>• 아래쪽으로 볼록한 형태로 구성하여 볼록한 면에 부딪힌 소리가 넓게 확산되게 함. |

### 어휘·어법

1 확산　　2 흡수　　3 ⓛ　　4 ⓒ　　5 ㉠

**해제 |** 이 글은 음악이 연주되는 음악당의 건축 설계에 대해 설명하고 있다. 음악당은 기본적으로 노래나 악기 연주 소리가 잘 전달되도록 설계된다. 무대 주변이나 무대와 가까운 측면 벽, 관객석 앞쪽의 벽은 소리를 멀리 퍼뜨리기 위해 올록볼록한 반사판으로 구성된다. 반면 관객석 뒤쪽은 소리가 반사되어 음이 지저분해지지 않도록 음을 흡수하는 재료로 구성된다. 그리고 1층 바닥과 2층 발코니 사이는 경사를 주어 소리가 흩어지게 하고, 1층 바닥에는 카펫을 깔아 음이 흡수되게 한다. 또 천장은 아래쪽으로 볼록한 형태의 반사재를 사용하여 소리가 넓게 확산되게 한다. 글쓴이는 이와 같은 음악당의 천장과 벽의 형태를 통해, 음악당이 관객을 배려한 공간임을 느낄 수 있다고 이야기하고 있다.

**주제 |** 관객에게 소리가 잘 전달되도록 설계된 음악당 천장과 벽

**출전** 조원용, 「건축, 생활 속에 스며들다」

1　5문단에서 음악당의 천장과 벽의 형태는 중요한 음향적 특징을 나타낸다고 하였다. 2문단, 4문단의 내용을 통해서도 음악당의 올록볼록한 벽이나 아래로 볼록한 천장의 형태는 소리가 잘 전달되는 것, 즉 청각적 측면에서의 배려가 담긴 것임을 알 수 있다.

| 오답 풀이 |

① 2문단에서 음악당은 기본적으로 음원이 음악당 전체로 골고루 퍼져 나가도록 설계된다고 하였다.

③ 2문단에서 무대에서 가수가 부르는 노래나 악기 연주 소리를 '음원'이라고 한다고 하였다.

④ 이 글의 내용으로 볼 때, 음악당의 설계는 소리가 잘 반사되어 멀리 퍼져나갈 수 있게 하거나, 음이 반사되어 지저분해지지 않도록 흡수되게 하는 것을 중심으로 이루어짐을 알 수 있다.

⑤ 1문단에서 음악당과 같이 음악이 연주되는 공간은 일반적인 건축 공간과는 상당히 다른 모양을 하고 있다고 하였다. 멋있고 특이하게 보이는 높은 천장과 벽 등이 이에 해당한다.

2　2문단에서 관객석 앞쪽의 벽이나 무대의 측면 벽을 보면 올록볼록한 보조물이 있는데, 이것이 바로 소리를 멀리 퍼뜨리기 위한 반사판이라고 하였다. 이는 소리가 멀리 뒤까지 퍼져 나가게 하기 위한 설계이다.

| 오답 풀이 |

① 4문단에서 천장은 면에 부딪힌 소리가 넓게 확산될 수 있도록 아래쪽으로 볼록한 형태로 되어 있다고 하였다. 면에 부딪힌 소리가 중심부에 집중되는 것은 면이 오목한 형태일 때로, 이 경우에는 어느 한 곳에서는 소리가 아주 잘 들리지만 다른 곳에서는 잘 들리지 않게 된다.

③ 3문단에서 관객석 뒤쪽까지 전달된 음이 다시 앞으로 반사되면 오히려 음이 지저분해질 수 있다면서, 관객석 뒤쪽 벽면은 완전히 음이 흡수되는 재료로 구성해야 한다고 하였다.

④ 4문단에서 천장의 재료는 주로 반사재로 이루어져 있다고 하였다. 벽과 벽 사이에서 생긴 울림이 사라지지 않고 반복되는 것은 2층 발코니 하부의 천장과 1층 바닥 사이가 평행이 될 때 나타나는 현상으로, 이렇게 되면 음이 지저분해질 수 있다.

⑤ 3문단에서 2층 발코니 하부 천장과 1층 바닥 사이가 평행이 되면 벽과 벽 사이에서 생긴 울림이 사라지지 않고 반복되는 현상이 생길 수 있다고 하였다. 따라서 이를 방지하기 위해 그 사이가 평행이 되지 않도록 2층 발코니 하부의 천장을 약간 경사지게 설계하여 소리가 흩어지게 하고, 1층 바닥에는 카펫을 깔아 음이 흡수되게 해야 한다고 하였다.

# 투박함 속에서 발견한 민족의 아름다움

1 ③　　2 ④

## 지문 분석

### 문단 요약

1문단　박수근의 작품에는 우리 ( 민족 )이 겪은 현대사의 아픔과 고향에 대한 ( 추억 )이 담겨 있어 많은 사람의 공감과 감동을 이끌어 낸다.

2문단　박수근의 작품은 경제적으로 궁핍했던 1950~1960년대의 ( 보편적 )인 풍경을 소재로 하여 한국인의 근원적인 정서를 파고든다.

3문단　박수근은 그만의 독특한 표현 기법을 사용하였는데, 특히 두꺼운 화면의 질감은 ( 화강암 )의 표면과 비슷하다.

4문단　박수근은 많은 ( 실험 )을 거듭한 끝에 화강암의 투박하고 거친 질감을 표현하고 그 속에 형상들을 자연스럽게 융화시켰다.

5문단　박수근은 우리 민족의 아름다움을 현대적으로 구현해 낸 작가로 평가받고 있다.

### 정보 확인

박수근의 작품 세계

| 중심 소재 | 표현 기법 |
| --- | --- |
| 일하는 아낙, 할 일 없이 앉아 있는 노인과 아이들, 도시 변두리의 풍경, 앙상하게 마른 ( 나무 )들이 서 있는 자연 등 | 화강암의 표면과 비슷한 두꺼운 화면의 ( 질감 ), 회색 조의 색감, 직선을 주로 하는 단순한 묘사 방식 등 |

우리 민족이 지닌 아픔과 추억을 특유의 기법으로 표현하여 우리 ( 민족 )의 아름다움을 현대적으로 구현해 냄.

## 어휘 · 어법

1 근간　2 공감　3 ⓒ　4 ⓛ　5 ㉠

해제 | 이 글은 우리나라의 현대 미술가 박수근의 작품 세계에 대해 설명하고 있다. 박수근은 일하는 아낙, 할 일 없이 앉아 있는 노인과 아이들, 도시 변두리의 풍경, 앙상하게 마른 나무들이 서 있는 자연 등을 주요 소재로 삼았다. 이는 1950~1960년대의 궁핍한 시대상을 대표하는 모습들로, 한국인의 근원적인 정서를 파고들어 많은 사람에게 공감을 얻었다. 또한 박수근은 화강암의 표면과 비슷한 두꺼운 화면의 질감, 회색 조의 색감, 직선을 주로 하는 단순한 묘사 방식 등 독특한 표현 기법을 활용하여 작품을 완성했다. 이러한 점에서 박수근은 우리 민족이 지닌 아픔과 추억을 특유의 기법으로 표현함으로써 우리 민족의 아름다움을 현대적으로 구현해 낸 작가로 평가받고 있다.

주제 | 박수근 작품의 주요 소재와 독특한 표현 기법

출전 | 박차지현, 『청소년을 위한 한국미술사』

---

1　박수근은 많은 실험을 거듭하여 화강암의 투박하고 거친 표면과 비슷한 두꺼운 질감을 만들어 냈을 뿐, 화강암을 작품에 직접 사용하지는 않았다.

| 오답 풀이 |

①, ② 2문단에서 일하는 아낙, 할 일 없이 앉아 있는 노인과 아이들, 도시 변두리의 풍경, 앙상하게 마른 나무들이 서 있는 자연 등 1950~1960년대의 경제적 궁핍함을 보여 주는 보편적인 풍경이 박수근 작품의 주요 소재라고 하였다.

④ 3문단에서 두꺼운 화면의 질감, 회색 조의 색감, 직선을 주로 하는 단순한 묘사 방식 등이 박수근의 독특한 표현 기법이라고 하였다.

⑤ 1문단에서 박수근의 작품에는 우리 민족이 겪은 현대사의 아픔과 고향에 대한 추억이 담겨 있어 많은 사람이 공감을 느낀다고 하였다. 또 2문단에서 박수근은 시대를 대표하는 모습을 소재로 다루어 많은 사람에게 커다란 공감대를 얻었다고 하였다.

2　〈보기〉의 그림이 다소 회색 조의 색감을 띠고 있으나, 이 때문에 대중성을 얻고 있다고 보기는 어렵다. 박수근의 작품이 많은 사람의 공감을 이끌어 내며 대중적인 인기를 얻은 것은 그림의 소재가 된 시대를 대표하는 모습들이 한국인의 근원적인 정서를 파고드는 힘을 가지고 있기 때문이다.

| 오답 풀이 |

① 2문단에서 박수근 작품의 주요 소재는 1950~1960년대의 보편적인 풍경을 보여 주는 대상들이라고 하였다. 〈보기〉의 그림에 나타난 앙상하게 마른 나무도 궁핍하고 어려웠던 시대상을 보여 주는 소재 중 하나이다.

② 3문단에서 박수근은 직선을 주로 하는 단순한 묘사 방식을 취했다고 하였다. 〈보기〉의 그림에서도 앙상하게 마르고 꺾인 나뭇가지와 여인의 모습이 직선적으로 표현되어 있다.

③ 4문단에서 박수근은 물감을 칠하고 긁어내는 과정을 수없이 반복해서 우둘투둘한 바위의 질감을 만들었다고 하였다.

⑤ 2문단에서 박수근이 작품의 주요 소재로 삼은 1950~1960년대의 경제적 궁핍함은 그 시대의 보편적인 풍경이었으며, 그는 이를 통해 한국인의 근원적인 정서를 파고든다고 하였다.

## 어휘 · 어법

1 '근간'은 '사물의 바탕이나 중심이 되는 중요한 것.'을 뜻하고 '화근'은 '재앙의 근원.'을 뜻하므로, 빈칸에는 '근간'이 들어가는 것이 적절하다.

2 '공감'은 '남의 감정, 의견, 주장 따위에 대하여 자기도 그렇다고 느낌. 또는 그렇게 느끼는 기분.'을 뜻하고 '예감'은 '어떤 일이 일어나기 전에 암시적으로 또는 본능적으로 미리 느낌.'을 뜻하므로, 빈칸에는 '공감'이 들어가는 것이 적절하다.

# 06 감성 해방을 위한 원색의 물결, 야수주의

144~147쪽

1 ③   2 ④

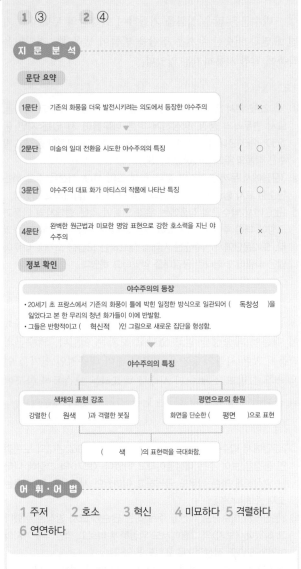

## 지문 분석

### 문단 요약

| 1문단 | 기존의 화풍을 더욱 발전시키려는 의도에서 등장한 야수주의 | ( × ) |

▼

| 2문단 | 미술의 일대 전환을 시도한 야수주의의 특징 | ( ○ ) |

▼

| 3문단 | 야수주의 대표 화가 마티스의 작품에 나타난 특징 | ( ○ ) |

▼

| 4문단 | 완벽한 원근법과 미묘한 명암 표현으로 강한 호소력을 지닌 야수주의 | ( × ) |

### 정보 확인

**야수주의의 등장**

• 20세기 초 프랑스에서 기존의 화풍이 틀에 박힌 일정한 방식으로 일관되어 ( 독창성 )을 잃었다고 보고 한 무리의 청년 화가들이 이에 반발함.
• 그들은 반항적이고 ( 혁신적 )인 그림으로 새로운 집단을 형성함.

▼

**야수주의의 특징**

**색채의 표현 강조**
강렬한 ( 원색 )과 격렬한 붓질

**평면으로의 환원**
화면을 단순한 ( 평면 )으로 표현

▼

( 색 )의 표현력을 극대화함.

## 어휘·어법

1 주저   2 호소   3 혁신   4 미묘하다   5 격렬하다
6 연연하다

해제 | 이 글은 20세기 초에 프랑스에서 일어난 야수주의에 대해 설명하고 있다. 야수주의 화가들은 기존의 화풍이 매너리즘에 빠졌다고 보고 반항적이고 혁신적인 그림으로 새로운 집단을 형성했다. 야수주의의 가장 큰 특징은 강렬한 원색과 격렬한 붓질로 색채 자체의 표현을 강조한 것이다. 이들은 기존의 빛의 묘사나 명암의 단계적 재현을 피하고 화가의 본능과 주관에 바탕을 둔 감각적인 색채 표현을 중요시했다. 글쓴이는 이처럼 화가가 본능으로 느낀 색채를 강조한 야수주의의 특징을 야수주의의 대표적인 화가 마티스의 작품을 예로 들어 설명하고, 야수주의가 화면을 평면화하고 색채 표현을 극대화하여 감각적으로 강한 호소력을 지녔다고 덧붙이고 있다.

주제 | 화면을 평면화하고 색채의 표현을 강조한 야수주의

출전 박갑영, 「이야기 청소년 서양 미술사」

1   2문단에서 야수주의 화가들은 강렬한 원색과 격렬한 붓질로 기존의 빛의 묘사나 명암의 단계적 재현을 피하고 색채 자체의 표현을 강조했다고 하였다.

| 오답 풀이 |
① 1문단에서 야수주의는 기존의 화풍이 틀에 박힌 일정한 방식으로 일관되어 독창성을 잃었다고 보고 이에 반발한 한 무리의 청년 화가들을 중심으로 일어났다고 하였다.
② 2문단에서 야수주의 화가들은 형태를 단순화하여 전통적인 회화 개념을 부정했다고 하였다.
④ 4문단에서 야수주의는 화면을 단순한 평면으로 돌려놓고, 색채를 주저 없이 사용함으로써 색의 표현력을 극대화하고자 했다고 하였다.
⑤ 2문단에서 야수주의 화가들은 강렬한 원색과 격렬한 붓질로 색채 자체의 표현을 강조하고, 화가의 본능과 주관을 바탕에 두었다고 하였다. 또 3문단에서 마티스의 작품은 본능으로 느낀 색채를 사용했다고 하였으며, 마티스는 "색채의 표현은 내게 완전히 본능으로 이해되는 것이다."라고 말했다고 하였다. 따라서 야수주의 화가들은 색채의 표현을 화가의 본능과 주관에 따라 이루어지는 것으로 보았다고 이해할 수 있다.

2   3문단에서 마티스의 작품 「붉은빛의 커다란 실내」에서 천장과 벽과 바닥의 경계를 암시하는 것은 아무것도 없으며, 벽과 바닥은 하나의 빨간색으로 칠해져 평면화되어 있다면서 이는 일부러 공간감을 주지 않은 것이라고 하였다. 즉, 마티스는 여러 공간을 하나의 색으로 칠함으로써 공간의 경계를 없애고 화면을 평면화하여 색채의 표현을 극대화한 것이다. 그리고 4문단에서 이러한 색채 표현의 극대화는 감각적으로 강한 호소력을 지닌다고 하였다.

| 오답 풀이 |
① 2문단에서 야수주의 화가들은 기존의 빛의 묘사나 명암의 단계적 재현을 피하고 색채 자체의 표현을 강조했다고 하였다. 〈보기〉의 그림은 화면 전체를 하나의 빨간색으로 칠해 색채의 표현을 강조한 작품이다.
② 〈보기〉의 작품은 테이블이 원근법에 맞지 않게 일부 왜곡되어 있으나, 이를 통해 화가 내면의 고뇌를 표현했다고 볼 근거는 찾아볼 수 없다.
③ 〈보기〉의 작품은 의자와 테이블이 놓인 실내의 모습을 그린 것으로, 현실에서 볼 수 없는 소재를 환상적으로 표현했다고 보기는 어렵다.
⑤ 〈보기〉의 작품은 벽과 바닥을 하나의 빨간색으로 칠해 화면을 평면화하여 표현하고 있다.

# 예술 07 행진곡 대취타

1 ③    2 ②

## 지문 분석

### 문단 요약

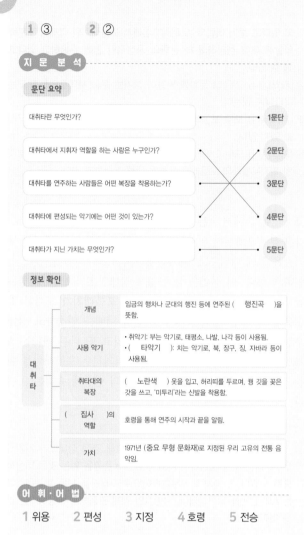

| | |
|---|---|
| 대취타란 무엇인가? | 1문단 |
| 대취타에서 지휘자 역할을 하는 사람은 누구인가? | 2문단 |
| 대취타를 연주하는 사람들은 어떤 복장을 착용하는가? | 3문단 |
| 대취타에 편성되는 악기에는 어떤 것이 있는가? | 4문단 |
| 대취타가 지닌 가치는 무엇인가? | 5문단 |

### 정보 확인

| 대취타 | 개념 | 임금의 행차나 군대의 행진 등에 연주된 ( 행진곡 )을 뜻함. |
|---|---|---|
| | 사용 악기 | • 취악기: 부는 악기로, 태평소, 나발, 나각 등이 사용됨.<br>• ( 타악기 ): 치는 악기로, 북, 장구, 징, 자바라 등이 사용됨. |
| | 취타대의 복장 | ( 노란색 ) 옷을 입고, 허리띠를 두르며, 꿩 깃을 꽂은 갓을 쓰고, '미투리'라는 신발을 착용함. |
| | ( 집사 )의 역할 | 호령을 통해 연주의 시작과 끝을 알림. |
| | 가치 | 1971년 (중요 무형 문화재)로 지정된 우리 고유의 전통 음악임. |

## 어휘·어법

1 위용   2 편성   3 지정   4 호령   5 전승

해제 | 이 글은 우리 전통 음악인 대취타에 대해 설명하고 있다. 대취타는 임금의 행차나 군대의 행진 등에 연주된 행진곡으로, 걷거나 움직이면서 연주해야 하기 때문에 부는 악기인 취악기와 치는 악기인 타악기가 사용된다. 대취타를 연주하는 사람들인 취타대는 노란색 의복과 허리띠, 갓, 미투리 등을 착용하며, 지휘자 역할을 하는 집사의 호령에 따라 연주를 시작하고 마친다. 글쓴이는 이러한 대취타가 삼국 시대부터 있었던 것으로 추정된다면서 대취타가 오래전부터 오늘날까지 전승된 전통 음악이자 중요 무형 문화재임을 밝히고, 사람들에게 대취타를 한 번쯤 감상해 볼 것을 권하고 있다.

주제 | 우리의 전통 음악인 행진곡 대취타

출전 박소영, 「우리가 몰랐던 우리 음악 이야기」

---

1  이 글은 객관적인 입장에서 대취타에 관한 여러 정보를 전달하고 있을 뿐, 대화의 형식을 활용하고 있지는 않다. 4문단의 "징을 치면 음악을 시작하라!", "요란한 소리 이제 그만." 등은 집사의 호령을 현대어로 풀어 해석한 것이다.

| 오답 풀이 |

① 1문단에서 '대취타', 2문단에서 '취악기'와 '타악기', 3문단에서 '취타대' 등의 개념을 정의하면서 독자의 이해를 돕고 있다.
② 2문단에서 대취타에 편성된 취악기와 타악기들을 나열하면서 설명하고 있다.
④ 1문단에서 '4,960개의 판', '1,779명의 사람', '779필의 말' 등과 같이 구체적인 수치를 제시하며 대상을 자세하게 설명하고 있다.
⑤ 5문단의 마지막 문장에서 글쓴이는 우리의 행진곡 대취타를 한 번쯤 감상해 보는 것은 어떠냐고 제안하며 글을 마무리하고 있다.

2  2문단에서 부는 악기로 유일하게 선율을 연주하는 것은 태평소라고 하였다. 나각은 소라의 껍데기로 만든 옛 군악기로, 한 음만을 낸다.

| 오답 풀이 |

① 3문단에서 취타대는 조선 시대 무관이 입던 노란색 옷을 입었다고 하였다. 〈보기〉의 그림에서도 노란색 옷을 입은 취타대의 모습을 엿볼 수 있다.
③ 4문단에서 음악을 마칠 때는 집사가 "요란한 소리 이제 그만."이라는 뜻의 "허라금."이라고 외친다고 하였으므로 집사의 호령과 함께 취타대의 연주자들은 연주를 멈추었을 것으로 이해할 수 있다.
④ 1문단에서 「정조 대왕 화성 능행반차도」는 임금 정조가 화성에 행차한 모습을 그린 것이라고 하였다. 또 4문단에서 집사가 등채를 머리 위로 높이 들며 "징을 치면 음악을 시작하라!"라는 뜻의 구호를 호령하면 연주가 시작된다고 하였으므로, 징 소리와 함께 취타대의 연주가 시작되었을 것으로 이해할 수 있다.
⑤ 2문단에서 대취타는 걷거나 움직이면서 연주해야 하기 때문에 주로 불고, 치는 악기를 중심으로 편성되었다고 하였다. 〈보기〉의 그림에서도 부는 악기인 취악기와 치는 악기인 타악기로 구성된 취타대의 모습을 확인할 수 있다.

## 어휘·어법

4 '침묵'은 '아무 말도 없이 잠잠히 있음. 또는 그런 상태.'를 뜻하고 '호령'은 '여러 사람이 일정한 동작을 일제히 취하도록 하기 위하여 지휘자가 말로 내리는 간단한 명령.'을 뜻하므로, 빈칸에는 '호령'이 들어가는 것이 적절하다.
5 '전승'은 '문화, 풍속, 제도 따위를 이어받아 계승함. 또는 그것을 물려주어 잇게 함.'을 뜻하고 '전염'은 '다른 사람의 습관, 분위기, 기분 따위에 영향을 받아 물이 듦.'을 뜻하므로, 빈칸에는 '전승'이 들어가는 것이 적절하다.

# 복합 01 북서 해안 인디언들의 포틀래치

154~155쪽

1 ④   2 ④

**가** **해제 |** 이 글은 아메리카 북서 해안 지역에 거주하는 콰키우틀족의 포틀래치 문화에 대해 설명하고 있다. 콰키우틀족에게는 부를 과시하여 사회적 위신을 얻으려는 독특한 문화가 있다. 이들은 상대가 답례할 수 없을 만큼 많은 선물을 하거나, 상대가 따라 할 수 없을 만큼 막대한 재산을 파괴하는 등 광적일 정도의 낭비와 무절제한 소비가 이루어지는 큰 잔치인 포틀래치를 벌인다. 글쓴이는 구리판과 관련된 사례를 들어 포틀래치에 대한 이해를 돕고, 이러한 문화가 과대망상적인 생활 양식을 따른 것이라고 평가하고 있다.

**주제 |** 콰키우틀족의 과대망상적인 포틀래치 문화

**출전 |** 루스 베네딕트, 이종인 역, 『문화의 패턴』

**나** **해제 |** 이 글은 콰키우틀족의 포틀래치가 단순히 사회적 위신을 강화하기 위한 낭비와 소비의 경쟁이 아니라, 경제적 재분배 역할을 했음을 설명하고 있다. 글쓴이는 포틀래치의 경쟁적인 성격을 인정하면서, 그와 동시에 이 행위가 콰키우틀족 전체의 경제적 재분배가 꾸준히 이루어질 수 있게 하는 역할을 했음을 밝히고 있다. 이는 경제적 관점에서 포틀래치를 분석한 것으로, 포틀래치가 콰키우틀족 전체의 안녕과 관련이 있음을 보여 준다.

**주제 |** 콰키우틀족의 경제적 재분배 역할을 담당한 포틀래치 문화

**출전 |** 마빈 해리스, 박종렬 · 서진영 역, 『문화의 수수께끼』

1 (가)와 (나)는 모두 아메리카 북서 해안 지역에 거주하는 인디언들인 콰키우틀족의 포틀래치 문화에 주목하여 그 의미를 분석하고 있다. (가)에서는 광적인 낭비와 무절제한 소비를 통해 경쟁하는 문화인 포틀래치가 콰키우틀족의 과대망상적인 생활 양식을 보여 준다고 평가하고 있다. 그러면서 콰키우틀족을 이해하려면, 포틀래치를 통해 경쟁자를 누르고 사회적 위신을 얻는 것이 이상적이라고 본 그들의 심리적 구조를 이해해야 한다고 말하고 있다. 반면 (나)에서는 포틀래치가 무절제한 낭비와 소비를 통해 경쟁하는 독특한 문화인 동시에, 콰키우틀족 전체에 있어서는 경제적인 재분배 역할을 담당하는 유익한 측면도 있음을 설명하고 있다. 따라서 (가)와 (나)는 콰키우틀족의 포틀래치라는 동일한 문화 현상에 대해 나름의 관점에서 각기 다른 해석을 내리고 있다고 이해할 수 있다.

| 오답 풀이 |

① (가)의 글쓴이는 포틀래치를 설명하며 '과대망상적인', '이상한' 등의 표현을 사용하고 있다. 따라서 타 문화의 긍정적인 면에 주목하

고 있다고 보기 어렵다. 오히려 (나)에서 포틀래치의 경제적 재분배 역할에 대해 설명하며 타 문화의 긍정적인 면에 주목하고 있다고 볼 수 있다.

② (가)와 (나) 모두 타 문화를 받들어 섬기는 문화 사대주의적 태도는 나타나지 않는다.

③ (가)와 (나) 모두 포틀래치 문화의 변화 가능성에 대해서는 언급하고 있지 않다.

⑤ (가)와 (나) 모두 아메리카 북서 해안 지역에 거주하는 인디언 부족인 콰키우틀족의 포틀래치 문화에 대해 설명하고 있다.

2 〈보기〉에서 A는 콰키우틀족 중 한 부족의 수장으로, 다른 부족으로부터 위엄을 얻기 위해 자신의 귀한 재산인 구리판을 불에 태워 모두 파괴하겠다며 포틀래치를 열 것을 선언하고 있다. 이 선언을 들은 경쟁 상대인 B가 보일 수 있는 반응은 두 가지이다. 하나는 A가 연 포틀래치가 도저히 맞대응할 수 없는 수준일 경우 자신의 패배를 인정하고 상대 수장의 위엄을 존중하는 것이다. 그리고 또 다른 하나는 A가 연 포틀래치보다 더 많은 재산을 파괴하는 포틀래치를 여는 것이다. 이에 해당하는 것은 후자의 반응에 속하는 ④이다.

| 오답 풀이 |

①, ②, ③, ⑤ 콰키우틀족은 포틀래치를 통해 경쟁 상대보다 자기가 우수하다는 것을 증명하여 사회적 위신과 존경을 얻는 것을 이상적으로 보았다. B 역시 콰키우틀족이므로 구리판을 모두 파괴하겠다는 A의 선언을 비판하거나, 일반적인 경제 관점에서 반응하지는 않을 것이다.

# 02 인간은 합리적으로 행동하는가

1 ④    2 ④    3 ①    4 ②

**가** | 해제 | 이 글은 인간이 어떤 사항에 대해 판단을 내릴 때, 초기에 제시된 기준에 영향을 받는다는 닻 내림 효과에 대해 설명하고 있다. 유엔 가입국 중 아프리카 국가가 차지하는 비율을 짐작해 보는 실험에서, 참가자들은 자신이 제비뽑기에서 뽑은 아무 의미도 없는 숫자에 영향을 받아 판단을 하였다. 글쓴이는 이러한 닻 내림 효과의 영향으로 이루어진 판단은 합리적 판단과는 거리가 멀다면서, 이러한 현상이 아주 드물게 나타나는 것이 아님을 지적하고 있다.

주제 | 닻 내림 효과에서 알 수 있는 인간의 비합리적인 행동

출전 이준구, 『36.5℃ 인간의 경제학』

**나** | 해제 | 이 글은 어떤 대상을 소유하고 나면 그것을 다시 내놓으려하지 않거나 그것을 갖고 있기 전보다 더 높게 평가하는 부존 효과에 대해 설명하고 있다. 미국의 한 대학에서 머그잔을 이용한 실험을 실시한 결과, 물건의 소유 여부가 사람들로 하여금 그 물건의 가치를 평가하는 데 영향을 미치는 현상이 나타났다. 글쓴이는 합리성의 관점에서 보면 소유 여부와 관계없이 동일한 물건에 대한 평가는 언제나 똑같아야 한다면서, 부존 효과의 존재가 합리성을 전제로 하는 전통적 경제 이론에 문제를 일으키고 있음을 지적하고 있다.

주제 | 부존 효과에서 알 수 있는 인간의 비합리적인 행동

출전 이준구, 『36.5℃ 인간의 경제학』

**1** ㉮의 닻 내림 효과는 바로 직전에 본 의미 없는 숫자가 판단에 영향을 미치는 것, ㉯의 부존 효과는 자신이 소유했다는 이유만으로 물건의 가치를 더 높게 평가하는 것을 보여 준다. 의미 없는 숫자가 판단에 영향을 미치거나, 자신이 소유했다는 이유만으로 물건에 더 높은 가치를 부여하는 것은 비합리적인 행동이다. 따라서 ㉮와 ㉯는 모두 인간이 합리적으로만 판단하고 행동하는 것이 아님을 보여 주는 현상이라고 이해할 수 있다.

| 오답 풀이 |

① (가)와 (나)에서 실험 방식에 문제가 있다고 판단할 근거는 찾아볼 수 없다.
② (가)와 (나)의 실험에서 드러나듯이 ㉮, ㉯ 모두 생활 속에서 실제로 발견되는 현상이다.
③ ㉯에만 해당하는 설명이다. (나)의 3문단에서 부존 효과는 지금 갖고 있는 것을 잃어버리기 싫어하는 손실 기피적인 태도와 밀접한 관련이 있다고 하였다.
⑤ ㉮, ㉯ 모두와 관련이 없는 설명이다.

**2** ㉠은 닻 내림 효과가 발생하는 계기가 되는 행동이다. 의미 없는 숫자이지만 이때 뽑은 숫자가 닻을 내린 위치가 되어 이후의 판단에 영향을 미친다. 〈보기〉에서 이와 같은 역할을 하는 것은 실험 참가자들의 사회 보장 번호 마지막 두 자리 숫자를 언급한 것이라고 볼 수 있다. 아무 관련이 없는 사회 보장 번호의 마지막 두 자리 숫자가 닻 역할을 하여 이후 판단에 영향을 준 것이다.

**3** (가)의 4문단에서는 "전통적 경제 이론에서 말하는 합리적 판단"이라고 하였고, (나)의 4문단에서는 "합리성을 전제로 하는 전통적 경제 이론"이라고 하였다. 이를 통해 볼 때 전통적 경제 이론에서는 인간을 합리적으로 판단하고 행동하는 존재로 보고 있다고 추론할 수 있다.

**4** 〈보기〉에서 소비자는 처음엔 운동 기구에 10만 원까지만 지급할 의사가 있었으나, 운동 기구를 한 달 동안 무료로 사용한 뒤 12만 원을 내고 사게 된다. (나)의 내용으로 볼 때, 이는 운동 기구를 사용한 한 달 동안 소유한 물건의 가치를 높게 평가하는 부존 효과가 발생하여 더 많은 돈을 지급하고 제품을 사게 된 것으로 이해할 수 있다. 이는 최근 흔히 볼 수 있는 무료 체험 마케팅이 존재하는 까닭을 보여 주는 사례이기도 하다.

| 오답 풀이 |

① 부존 효과는 물건을 소유함으로써 생기는 것이므로, 가게 주인이 운동 기구 무료 체험을 권유한 순간에 부존 효과가 바로 생겼다고 보기는 어렵다.
③ 소비자는 운동 기구를 한 달 동안 무료로 사용하면서 운동 기구의 가치를 기존보다 높게 평가하게 되었다고 볼 수 있다.
④ 소비자가 운동 기구를 산 것은 부존 효과 때문이다. (나)와 〈보기〉에서 소비자의 심리적인 빚과 관련된 내용은 찾아볼 수 없다.
⑤ 소비자는 부존 효과로 운동 기구의 가치가 12만 원에 달하거나 더 높다고 판단하여 물건을 산 것이므로 후회하지 않을 것이다.

# 무엇이든 예술이 될 수 있을까

1 ② 　　2 ⑤ 　　3 ①

**가** **해제** | 이 글은 예술은 경계를 넘나들며 새로운 가능성을 탐색하는 것이라는 견해를 담고 있다. 기성품인 남성용 소변기를 뒤집어 변기에 대한 새로운 생각을 창조한 「샘」, 자연을 예술 작품으로 정의한 「시간 풍경」 등을 예로 들어 예술은 무엇을 말하는지가 중요하다고 강조하고 있다. 글쓴이는 예술은 창조적 상상력을 발휘하여 경계를 넘나들며 새로운 가능성을 탐색하는 것이라고 규정하며, 기이하고 낯선 것이라도 그것이 지닌 독창성과 혁신성, 이로 인해 떠올리게 되는 철학적 의미 등을 고려할 때 이것을 예술이 아니라고 말할 수는 없다고 이야기하고 있다.

**주제** | 창조적 상상력을 발휘하여 경계를 넘나들며 새로운 가능성을 탐색하는 예술

**출전** 한지희, 「중학생 토론 학교 예술과 아름다움」

**나** **해제** | 이 글은 예술은 작품을 매개로 예술가와 관객이 상호 소통해야 한다는 견해를 담고 있다. 미술 관계자들의 견해나 작가의 의도와 달리 대중의 반발로 결국 해체된 「기울어진 호」의 사례를 통해 예술가의 창작만큼이나 관객의 감상이 중요하다는 것을 강조하고 있다. 글쓴이는 예술 작품을 통해 예술가와 관객이 서로 소통하는 것이 예술 본연의 역할임을 강조하면서, 독창성과 새로움만을 내세우며 관객과 동떨어진 오늘날 예술계의 특정 세태에 대해 비판적인 태도를 보이고 있다.

**주제** | 작품을 매개로 예술가와 관객이 상호 소통해야 하는 예술

**출전** 한지희, 「중학생 토론 학교 예술과 아름다움」

**1** (가)의 2문단에서 「시간 풍경」은 대도시의 한가운데 만든 작은 숲으로, 손피스트가 오래전 뉴욕시에서 자랐을 나무와 풀들을 골라 심어 꾸민 것이라고 하였다.

| 오답 풀이 |

① (가)의 1문단에서 뒤샹의 「샘」은 남성용 소변기를 뒤집은 다음 "R. Mutt, 1917"이라고 서명한 작품이라고 하였다.

③ (가)의 3문단에서 현대에는 사람들이 쓰고 버린 폐품이나 쓰레기도 모두 예술이 된다고 하였다.

④, ⑤ (나)의 1문단에서 리처드 세라의 「기울어진 호」는 뉴욕 맨해튼의 정부 청사 광장에 설치되었다고 하였고, (나)의 2문단에서 이 작품의 철거를 둘러싸고 7년 동안 치열한 논쟁이 계속된 끝에 결국 해체되어 고철로 돌아갔다고 하였다.

**2** (가)에서는 기이하고 낯선 것이라도 그것이 지닌 독창성과 혁신성, 이로 인해 떠올리게 되는 철학적 의미 등을 생각할 때 이 또한 예술이 될 수 있다고 하였다. 이를 통해 (가)

에서는 예술과 철학이 어느 정도 관련되어 있다고 보았음을 알 수 있다. 그러나 (나)에서는 예술 본연의 역할이 예술가와 관객의 소통에 있다고 강조하고 있을 뿐 예술을 철학과 연결하고 있지는 않다.

| 오답 풀이 |

① (가)에서는 예술은 그것이 무엇으로 되어 있는가가 아니라 무엇을 말하는지가 중요하다고 하였다. 반면 (나)에서는 예술가의 의도가 어떠하든 이를 관객이 받아들이지 못한다면 예술이 아니라고 보고 있다.

②, ③ (가)에서는 「샘」, 「시간 풍경」의 사례를 들어 예술은 창조적 상상력을 발휘하여 경계를 넘나들며 새로운 가능성을 탐색하는 것임을 강조하고, 무엇이든 예술이 될 수 있다는 관점을 보이고 있다. 반면 (나)에서는 「기울어진 호」의 사례를 들어 무엇이든 예술이 될 수 있다는 생각에 의심이 든다면서 예술에 경계가 있다는 견해를 내비치고 있다. (나)에서는 예술가의 의도를 관객이 수용할 수 있어야만 예술이 될 수 있다고 보고 있다.

④ (나)에서는 「기울어진 호」의 사례가 작품에 대한 관객의 권리라는 새로운 관점을 보여 준다면서, 예술가의 창작만큼이나 관객의 감상이 중요하다고 강조하고 있다.

**3** (가)에서는 「샘」, 「시간 풍경」의 사례를 통해 기성품이나 새로운 생각, 자연 등이 모두 예술이 될 수 있음을 이야기하고 있다. 또 예술은 무엇을 말하는지가 중요하다면서 작품의 메시지와 작가의 의도, 작품이 지닌 독창성과 혁신성, 그에 따른 철학적 의미 등을 강조하고 있다. ①에 언급된 앵그르의 작품은 전통적인 방식으로 미술의 가장 근본적인 목적인 미(美)를 표현한 것이므로 (가)를 뒷받침할 사례로는 적절하지 않다.

| 오답 풀이 |

② 「4분 33초」는 침묵을 연주하고 소음을 감상하도록 했다는 점에서 혁신적이며 음악에 대한 새로운 관점을 제시했다고 볼 수 있으므로 (가)의 뒷받침 사례로 적절하다.

③ 「스카이 스페이스」는 대자연을 예술로 승화시켰다는 점에서 손피스트의 「시간 풍경」과 유사한 부분이 있다. 즉, 자연을 예술로 끌어들였다는 점에서 (가)의 뒷받침 사례로 적절하다.

④ 장 아르프의 작품은 (가)의 3문단에 언급된 "색종이의 우연적 배열"에 해당한다. 따라서 (가)의 뒷받침 사례로 적절하다.

⑤ 피에로 만초니의 작품은 예술 작품에 담긴 의미, 즉 메시지를 강조한 것이다. 따라서 (가)의 뒷받침 사례로 적절하다.

# 원격 로봇과 마이크로 로봇

1 ④　　2 ⑤　　3 ③　　4 ④

**가** 해제 | 이 글은 먼 거리에서 조종하는 원격 로봇에 대해 설명하고 있다. 원격 로봇 시스템은 센서, 표시 장치, 제어 장치, 원격 도구, 통신 수단의 다섯 가지로 구성되어 있다. 원격 로봇의 센서는 작업 상황과 주변 환경에 대한 정보를 수집하며, 표시 장치에 이 정보가 재현된다. 조종실에서는 이를 보고 제어 장치로 로봇의 행동을 지시하고, 로봇은 원격 도구를 사용하여 지시를 행동으로 옮긴다. 이 과정에서 통신 수단은 센서와 표시 장치, 제어 장치와 원격 도구 사이에서 정보를 전달하는 역할을 한다. 원격 로봇은 조종자와 로봇이 멀리 떨어져 있기 때문에 인간과 로봇 사이에 교환되는 정보의 질에 그 성패가 달려 있다. 원격 로봇은 인간의 접근이 불가능하거나 위험한 환경에서 인간을 대신하여 다양한 임무를 수행하고 있다.

주제 | 원격 로봇의 작동 과정과 활용 양상

출전 이인식, 「나는 멋진 로봇 친구가 좋다」

**나** 해제 | 이 글은 맨눈으로 볼 수 없을 만큼 작은 기계 장치들로 제작된 마이크로 로봇에 대해 설명하고 있다. 마이크로 로봇은 현미경으로나 볼 수 있는 아주 작은 세계에서 임무를 수행한다. 마이크로 로봇이 활용되는 대표적인 분야는 의료 분야이다. 의료용 마이크로 로봇은 인체 내에 투입되어 진단 및 치료에 활용되고 있다. 마이크로 로봇이 활용되는 또 다른 분야는 환경 분야이다. 환경 감시 마이크로 로봇은 대기 및 수중, 재해 현장이나 오염으로 사람의 출입이 어려운 지역에서 정보를 수집하고 상황을 확인하는 데 유용하게 활용될 수 있다. 나아가 마이크로 로봇은 우주 항공, 생명 공학, 건설 산업 등 다양한 분야에서 광범위하게 활용되어, 인간의 복지와 삶의 질을 향상하는 데 크게 이바지할 것으로 기대되고 있다.

주제 | 마이크로 로봇의 개념과 활용 분야

출전 이인식, 「나는 멋진 로봇 친구가 좋다」

**1** (가)는 4문단에서 중심 화제인 원격 로봇이 활용되는 양상에 대해 설명하고 있으며, (나)는 2~3문단에서 중심 화제인 마이크로 로봇이 의료 및 환경 분야에서 어떻게 활용되고 있는지를 구체적으로 설명하고 있다.

| 오답 풀이 |

① (나)에서 마이크로 로봇은 기술의 발전으로 맨눈으로 볼 수 없을 만큼 작은 기계 장치를 만드는 것이 가능해지면서 개발되었다고 하였다. 그러나 (가)에서는 원격 로봇이 개발된 배경을 제시하고 있지 않다.
② (가)와 (나) 모두 원격 로봇과 마이크로 로봇의 장점만 제시되어 있을 뿐, 단점은 제시되어 있지 않다.

③, ⑤ (가)와 (나) 모두 중심 화제인 원격 로봇과 마이크로 로봇을 제작하는 데 필요한 소재나 개발 과정 등에 대해서는 언급하고 있지 않다.

**2** 원격 로봇의 '원격'은 '멀리 떨어져 있음.'이라는 뜻으로, 원격 로봇은 멀리 떨어져 있는 로봇을 제어한다는 의미에서 붙여진 이름이라고 볼 수 있다. 그리고 마이크로 로봇에서 '마이크로'는 매우 작은 단위를 의미하므로, 마이크로 로봇은 로봇의 크기를 바탕으로 붙여진 이름이라고 볼 수 있다.

**3** 〈보기〉의 로봇은 이용자가 실시간으로 전해지는 혈관 영상을 보고 명령한 임무를 수행하고 있다. 따라서 센서, 표시 장치, 제어 장치, 원격 도구, 통신 수단이 사용되면서 작동하고 있음을 알 수 있다. 그러나 이 로봇이 인공 피부를 지니고 있다고 볼 근거는 찾아볼 수 없다.

| 오답 풀이 |

①, ② 〈보기〉의 로봇이 임무를 수행하는 혈관은 사람이 직접 접근할 수 없는 아주 작은 공간이므로, 이 로봇은 맨눈으로 볼 수 없을 만큼 작은 기계 장치를 만드는 마이크로 기술을 이용한 마이크로 로봇으로 볼 수 있다.
④ 〈보기〉의 로봇에 달린 모터는 인체 외부에 있는 이용자가 혈관의 노폐물을 제거하도록 작동시키는 장치이므로, 외부의 조종자가 제어 장치를 통해 내린 지시에 따라 로봇이 사용하는 원격 도구로 볼 수 있다.
⑤ 〈보기〉의 로봇은 혈관 내에 침투해 있고, 이 로봇에게 인체 외부에 있는 이용자가 이동과 작동 등을 명령하고 있다. 따라서 〈보기〉의 로봇은 원격 제어가 가능하다고 볼 수 있다.

**4** ㉣의 '탐사(探査)'는 '알려지지 않은 사물이나 사실 따위를 샅샅이 더듬어 조사함.'이라는 뜻이다. ④에 제시된 뜻을 지닌 단어는 '획득(獲得)'이다.

# 빠작ON⁺

## 빠작온플러스와 함께 독해력 플러스!

빠작ON⁺ 는
빠작 중학 국어(비문학 독해, 문학 독해)에서
제공되는 온라인 학습 서비스입니다!

# 온라인 학습 콘텐츠

빠른 채점 〉 지문/작품 해제 〉 배경지식 영상 〉 추가 어휘 퀴즈 〉 학습 이력 관리

# 내신과 수능의 빠른시작!
# 중학 국어 빠작 시리즈

**비문학 독해** 0~3단계

**독해력과 어휘력을**
함께 키우는
독해 기본서

**문학 독해** 1~3단계

**필수 작품**을 통해
**문학 독해력**을 기르는
독해 기본서

 **빠작ON⁺와 함께**
**독해력 플러스!**

**문학X비문학 독해** 1~3단계

**문학 독해력**과
**비문학 독해력**을 함께 키우는
독해 기본서

**고전 문학 독해**

**필수 작품**을 통해
**고전 문학 독해력**을 기르는
독해 기본서

**어휘** 1~3단계

**내신**과 **수능**의
**기초**를 마련하는
중학 어휘 기본서

**한자 어휘**

**중학 국어 필수 어휘**를
배우는 한자 어휘 기본서

**서술형 쓰기**

**유형**으로 익히는
**실전 TIP** 중심의
서술형 실전서

**첫 문법**

중학 국어 문법을
**쉽게 익히는** 문법 입문서

**문법**

**풍부한 문제**로 문법 개념을
**정리**하는 문법서

실전으로 가는 **빠른시작!**

# 고등 국어 빠작 시리즈

동아출판

## 중학 국어
# 비문학 독해 **0**

### 내신과 수능의 빠른시작!
국어 학습의 기본을 다지는 중학 국어 시리즈

- **독해**  비문학 0~3 / 문학 1~3 / 문학X비문학 1~3 / 고전 문학
- **어휘**  어휘 1~3 / 한자 어휘
- **문법**  첫 문법 / 문법
- **서술형**  서술형 쓰기

**빠작ON⁺와 함께 독해력 플러스!**
- 빠른 채점, 지문 해제까지 빠르게!
- 배경지식 영상, 어휘 퀴즈로 독해력 UP!
- 학습 이력 관리까지 한눈에!

9 788900 476651   53710

ISBN 978-89-00-47665-1
**정가 14,000원**

⚠주의
책 모서리에
다칠 수 있으니
주의하시기
바랍니다.

KC마크는 이 제품이 공통안전기준에 적합하였음을 의미합니다.

**동아출판**

📞 **Telephone** 1644-0600
🏠 **Homepage** www.bookdonga.com
✉ **Address** 서울시 영등포구 은행로 30 (우 07242)

- 정답 및 해설은 동아출판 홈페이지 내 학습자료실에서 내려받을 수 있습니다.
- 교재에서 발견된 오류는 동아출판 홈페이지 내 정오표에서 확인 가능하며, 잘못 만들어진 책은 구입처에서 교환해 드립니다.
- 학습 상담, 제안 사항, 오류 신고 등 어떠한 이야기라도 들려주세요.